（商業 742）準拠

財務会計Ⅱ 準拠問題集

解答編

実教出版

第1編　総論

第1章　財務会計の基本概念 (p.2)

1－1

ア	イ
会計	管理会計
ウ	エ
財務会計	(意思決定)有用性
オ	カ
認識	測定

1－2

	期首			期末			収益	費用	純利益
	資産	負債	資本	資産	負債	資本			
A社	1,000	400	600	1,200	560	640	400	360	40
B社	1,200	700	500	1,720	1,120	600	620	520	100
C社	2,600	1,600	1,000	3,200	2,260	940	600	660	-60

解説

A社：期首資本＝1,000－400＝600
期末資本＝1,200－560＝640
純利益＝640－600＝40
費用＝400－40＝360

B社：期首負債＝1,200－500＝700
期末資本＝500＋100＝600
期末資産＝1,120＋600＝1,720
収益＝520＋100＝620

C社：期首資産＝1,600＋1,000＝2,600
純利益＝600－660＝△60(純損失)
期末資本＝1,000－60＝940
期末負債＝3,200－940＝2,260

1－3

(1)	(2)	(3)	(4)
×	×	×	○

解説

(1) 内部者に対して情報を提供するものを管理会計という。
(2) より広い意味をもつものを財務報告という。
(3) 収益は資産の増加または負債の減少をもたらし，費用は，資産の減少または負債の増加をもたらす。

1－4

ア	イ	ウ	エ	オ	カ
8	14	6	4	5	11
キ	ク	ケ	コ	サ	シ
1	2	2	1	17	16

1－5

ア	イ	ウ	エ
取引	取引価格	原価	変動
オ	カ	キ	
時価	時価	未実現	

第2章　資産負債アプローチと収益費用アプローチ (p.6)

2－1

ア	イ
資産負債アプローチ	収益費用アプローチ
ウ	エ
包括利益	純利益
オ	
その他の包括利益	

2－2

収　益	434	費　用	400	純利益	34
期末資産	444	期末負債	210	期末資本	234
貸借対照表等式		444＝210＋234			

解説

収益＝収入600－借入160－前受30－未収24＝434
費用＝支出560－貸付120－前払60－未払20＝400
純利益＝収益434－費用400＝34
期末資産＝現金(200＋600－560)＋貸付120＋前払60＋未収24＝444
期末負債＝借入160＋前受30＋未払20＝210
期末資本＝期首資本200＋純利益34＝234
貸借対照表等式は，次のように成立している。
資産444＝負債210＋資本234

2－3

ア	イ	ウ	エ	オ	カ	キ	ク	ケ
8	11	5	9	13	4	10	20	15
コ	サ	シ	ス	セ	ソ	タ	チ	ツ
12	19	1	7	10	3	6	12	18

第3章　会計基準の国際的統合 (p.11)

3−1

ア	イ
企業会計審議会	企業会計基準委員会
ウ	**エ**
金融商品取引法	会社法
オ	**カ**
国際会計基準委員会(IASC)	国際財務報告基準(IFRS)

3−2

A 群	ア	イ	ウ	エ	オ
B 群	4	2	5	3	1

3−3

ア	イ	ウ	エ
国際会計	IAS	国際会計基準審議会	IFRS

第2編　各論〔1〕

第4章　資産会計 (p.13)

4−1

ア	イ
原価	取得原価
ウ	**エ**
時価	公正価値

4−2

(1)	¥47,619	(2)	¥86,384	(3)	¥81,697

解説

(1) $\dfrac{¥50,000}{1+0.05} = ¥47,619$

(2) $\dfrac{¥100,000}{(1+0.05)^3} = ¥86,384$

(3) $\dfrac{¥30,000}{1+0.05} + \dfrac{¥30,000}{(1+0.05)^2} + \dfrac{¥30,000}{(1+0.05)^3} = ¥81,697$

4−3

(1)	¥4,313,000	(2)	¥1,692,000

解説

(1) $¥5,000,000 \times 0.8626 = ¥4,313,000$

(2) $¥2,500,000 \times 0.6768 = ¥1,692,000$

※現価係数は現価係数表を用いる。

4−4

(1)	¥13,739,100	(2)	¥3,286,150

解説

(1) $¥3,000,000 \times 4.5797 = ¥13,739,100$

(2) $¥1,000,000 \times 2.8286 + ¥500,000 \times 0.9151 = ¥3,286,150$

4−5

(1)	¥3,161,200	(2)	¥1,869,090	(3)	¥7,024,980

解説

(1) $¥4,000,000 \times 0.7903 = ¥3,161,200$

(2) $¥300,000 \times 6.2303 = ¥1,869,090$

(3) $¥1,000,000 \times 6.7327 + ¥400,000 \times 0.7307 = ¥7,024,980$

4−6

ア	イ
売買目的	時価
ウ	**エ**
償却原価	時価
オ	
評価・換算差額等	

4-7

(1)	5,720千円	(2)	4,000千円	(3)	16,720千円
(4)	4,800千円				

解説

(1) 売買目的有価証券
A社株式期末時価3,480千円 + B社株式期末時価2,240千円
= 5,720千円

(2) 満期保有目的の債券
C社社債帳簿価額4,000千円

(3) その他有価証券
D社株式期末時価7,560千円 + F社株式期末時価9,160千円
= 16,720千円

(4) 子会社株式
S社株式帳簿価額4,800千円

4-8

①定額法	20X1年度期末	￥463,000
	20X2年度期末	￥481,500
②利息法	20X1年度期末	￥462,280
	20X2年度期末	￥480,771

解説

① 定額法による場合
20X1年度期末の貸借対照表価額
= ￥444,500 + ￥18,500 = ￥463,000
※償却額 = (￥500,000 − ￥444,500) ÷ 3年 = ￥18,500
20X2年度期末の貸借対照表価額
= ￥463,000 + ￥18,500 = ￥481,500

② 利息法による場合
20X1年度期末の貸借対照表価額
= ￥444,500 + (￥444,500 × 0.04) = ￥462,280
20X2年度期末の貸借対照表価額
= ￥462,280 + (￥462,280 × 0.04) = ￥480,771

4-9

	借 方		貸 方	
(1)	先物取引差入証拠金	200,000	当 座 預 金	200,000
(2)	先物取引差金	120,000	先 物 損 益	120,000
	先 物 損 益	40,000	先物取引差金	40,000
(3)	当 座 預 金	280,000	先物取引差金	80,000
			先物取引差入証拠金	200,000

解説

(1) 先物取引自体はこの時点で価値がゼロであるため仕訳しない。支払った証拠金については資産として計上する。

(2) 決算日までに生じた評価差額を当期の損益として認識する。

先物損益　￥4,000,000 × $\dfrac{￥99 − ￥96}{￥100}$ = ￥120,000（評価益）

(3) 決済日までに生じた評価差額を当期の損益として計上する。次に, 先物取引差金の決済と証拠金の返金について仕訳する。

先物損益　￥4,000,000 × $\dfrac{￥98 − ￥99}{￥100}$ = △￥40,000（評価損）

先物取引差金の決済額　￥120,000 − ￥40,000 = ￥80,000

4-10

	借 方		貸 方	
(1)	オプション資産	230,000	現 金	230,000
(2)	オプション資産	70,000	オプション損益	70,000

解説

(1) 支払ったオプション料（オプションの価値）でオプション資産を計上する。

(2) 保有するオプションの価値を時価評価し, 購入価額との差額を当期の損益とする。

4-11

	借 方		貸 方	
(1)	支 払 利 息	200,000	当 座 預 金	200,000
(2)	金利スワップ	140,000	金利スワップ損益	140,000

解説

(1) 金利スワップ契約にもとづく純支払額を計上する。

(2) 金利スワップの価値（時価）を計上する。

4-12

	借 方		貸 方	
(1)	仕訳なし			
(2)	支 払 利 息	180,000	普 通 預 金	180,000
	金利スワップ	150,000	繰延ヘッジ損益	150,000

解説

(1) 金利スワップ取引の契約時点の時価はゼロなので, 仕訳を行わない。

(2) まず, 金利スワップ契約にもとづく純支払額￥180,000を計上する。次に, 金利スワップ取引の時価￥150,000を計上するが, 金利スワップの損益は, ヘッジ対象（借入金）の損益と対応させるため, 期末においては繰り延べる（繰延ヘッジ）。

4-13

(1)	6,360千円	(2)	1,880千円	(3)	3,900千円	(4)	8,100千円

解説

(1) 売買目的有価証券
A社株式期末時価2,160千円 + B社株式期末時価4,200千円
= 6,360千円

(2) 満期保有目的の債券
C社社債帳簿価額1,850千円を償却原価法（定額法）によって評価する。
償却額 = (2,000千円 − 1,850千円) ÷ 5年 = 30千円
C社社債帳簿価額1,850千円 + 償却額30千円 = 1,880千円

(3) その他有価証券
D社株式期末時価1,400千円 + E社株式期末時価2,500千円
= 3,900千円

(4) 子会社株式
F社株式帳簿価額8,100千円

4－14

	20X1年度期末	20X2年度期末
①定額法	¥5,340,523	¥5,505,392
②利息法	¥5,330,924	¥5,490,852

解説

① 定額法による場合
　　20X1年度期末の貸借対照表価額
　　　＝¥5,175,654＋¥164,869＝¥5,340,523
　　　※償却額＝（¥6,000,000－¥5,175,654）÷5年＝¥164,869
　　20X2年度期末の貸借対照表価額
　　　＝¥5,340,523＋¥164,869＝¥5,505,392
② 利息法による場合
　　20X1年度期末の貸借対照表価額
　　　＝¥5,175,654＋（¥5,175,654×0.03）＝¥5,330,924
　　20X2年度期末の貸借対照表価額
　　　＝¥5,330,924＋（¥5,330,924×0.03）＝¥5,490,852

4－15

	借　　方		貸　　方	
(1)	その他有価証券	1,000,000	当 座 預 金	1,000,000
	先物取引差入証拠金	30,000	当 座 預 金	30,000
(2)	その他有価証券	10,000	その他有価証券評価差額金	❶10,000
	繰延ヘッジ損益	❷10,000	先 物 取 引 差 金	10,000

解説

(1) まずヘッジ対象であるその他有価証券を計上し，同時に支払った証拠金についても資産計上する。
(2) まずヘッジ対象のその他有価証券の時価評価をし，さらに先物取引の時価評価も行う。先物取引の損益は，ヘッジ対象の損益と対応させるため，決算時の評価時点では原則として繰り延べる。

❶ $¥1,000,000 × \dfrac{¥101－¥100}{¥100} = ¥10,000$

❷ $¥1,000,000 × \dfrac{¥96－¥97}{¥100} = △¥10,000（損失）$

4－16

	借　　方		貸　　方	
(1)	その他有価証券	2,000,000	当 座 預 金	2,000,000
(2)	その他有価証券評価差額金	120,000	その他有価証券	120,000
	金 利 ス ワ ッ プ	140,000	繰延ヘッジ損益	140,000

解説

(1) ヘッジ対象（その他有価証券）について仕訳する。金利スワップ取引の契約時点の時価はゼロなので，ヘッジ手段の仕訳は行わない。
(2) まず，ヘッジ対象の時価評価を行う。次に，金利スワップ取引の時価を計上するが，金利スワップの損益はヘッジ対象の損益と対応させるため，決算時は繰り延べる。

4－17

	借　　方		貸　　方	
(1)	普 通 預 金	2,500,000	借 入 金	2,500,000
(2)	支 払 利 息	87,500	普 通 預 金	87,500

解説

(1) ヘッジ対象について仕訳する。なお，ヘッジ手段については，金利スワップの特例処理では時価評価は行わない。
(2) 特例処理では，借入金（ヘッジ対象）の支払利息と，金利スワップ取引による利息の受け払いの純額を一体のものと捉えて処理を行う。ここでは，次の2つの仕訳をまとめている。
　　（借）支払利息　100,000　（貸）普通預金　100,000
　　　　　　　　　　… ヘッジ対象の変動金利による利息
　　（借）普通預金　12,500　（貸）支払利息　12,500
　　　　　　　　　　… スワップ契約による金利受払の純額

4－18

(1)	(2)	(3)	(4)	(5)	(6)	(7)	(8)
×	×	○	×	×	×	×	×

解説

(1) その他有価証券も，売買目的有価証券と同じく決算時の時価で評価を行う。
(2) 保有目的が売買目的であるならば，貸借対照表日から1年を超えて満期の到来する公社債であっても流動資産となる。
(3) 簡便法である定額法が例外であることに注意する。
(4) 満期保有目的債券，その他有価証券であっても，決算日の翌日から1年以内に満期が到来する場合，流動資産に有価証券として表示する。〔会社計算規則第74条3項一へ〕
(5) その他有価証券のうち流動資産に属するもの以外は，有形固定資産ではなく，投資その他の資産に区分して表示する。
(6) 他の企業への影響力を行使する目的で保有する株式が，関連会社株式である。子会社株式と関連会社株式は，貸借対照表上は「関係会社株式」と表示する。
(7) 時価をもって貸借対照表価額とする。
(8) 評価差額を純資産の部において繰延ヘッジ損益として繰り延べる。

4－19

	借方科目	金　　額	貸方科目	金　　額
(1)	現 　　 金	30,000	有価証券利息	41,160
	満期保有目的債券	11,160		
(2)	現 　　 金	20,000	有価証券利息	31,525
	満期保有目的債券	11,525		

解説

(1) 償却原価法（利息法）
　　$3,000,000円 × \dfrac{98円}{100円} × 1.4\% － 3,000,000円 × 1\%$
　　$= 11,160円$
(2) 償却原価法（利息法）
　　$1,000,000円 × \dfrac{97円}{100円} × 3.25\% － 1,000,000円 × 2\%$
　　$= 11,525円$

4−20

	借方科目	金額	貸方科目	金額
(1)	現　　　　金	5,844,000	売買目的有価証券	5,820,000
	有価証券売却損	60,000	有価証券利息	84,000
(2)	当　座　預　金	3,515,000	売買目的有価証券	3,415,000
			有価証券売却益	100,000
(3)	現　　　　金	60,000	有価証券利息	88,989
	満期保有目的債券	28,989		

解説

(1) 端数利息

$6,000,000円 \times 3.65\% \times \dfrac{140日（×1年7月1日〜×1年11月17日）}{365日}$

$= 84,000円$

(2) 売却される有価証券の帳簿価額の計算

$\dfrac{(500株 \times 3,000円 + 30,000円) + (1,500株 \times 3,500円 + 50,000円)}{500株 + 1,500株}$

$= 3,415円（平均単価）$

$3,415円 \times 1,000株 = 3,415,000円$

手取金額の計算

$1,000株 \times 3,550円 - 35,000円 = 3,515,000円$

(3) 償却原価法（利息法）

1年目の償却原価

$3,000,000円 \times \dfrac{96円}{100円} \times 3.06\% - 3,000,000円 \times 2\% = 28,128円$

2年目の償却原価

$(3,000,000円 \times \dfrac{96円}{100円} + 28,128円) \times 3.06\% - 3,000,000円 \times 2\%$

$= 28,989円$

4−21

		借方科目	金額	貸方科目	金額
(1)	×2年3月31日	当　座　預　金	30,000	有価証券利息	37,440
		満期保有目的債券	7,440		
	×3年3月31日	当　座　預　金	30,000	有価証券利息	37,730
		満期保有目的債券	7,730		
(2)	×2年3月31日	売買目的有価証券	10,000	有価証券評価益	10,000

解説

(1) 1年目の償却原価

$1,000,000円 \times \dfrac{96円}{100円} \times 3.9\% - 1,000,000円 \times 3\% = 7,440円$

2年目の償却原価

$(1,000,000円 \times \dfrac{96円}{100円} + 7,440円) \times 3.9\% - 1,000,000円 \times 3\%$

$= 7,730円$

(2) $1,000,000円 \times \dfrac{97円 - 96円}{100円} = 10,000円$

4−22

	①先入先出法	②移動平均法	③総平均法
当月の売上原価	¥643,600	¥646,400	¥647,200
月末商品棚卸高	¥974,400	¥971,600	¥970,800

解説

① 先入先出法

当月の売上原価 $= 500個 \times @¥800 + 300個 \times @¥812^* = ¥643,600$

※取引運賃を加味した6/10の仕入単価 $= (1,000個 \times @¥790 + ¥22,000) \div 1,000個 = @¥812$

月末商品棚卸高 $= 700個 \times @¥812 + 500個 \times @¥812 = ¥974,400$

② 移動平均法

当月の売上原価 $= 800個 \times @¥808^* = ¥646,400$

※移動平均単価 $= (500個 \times @¥800 + 1,000個 \times @¥812) \div 1,500個 = @¥808$

月末商品棚卸高 $= 700個 \times @¥808 + 500個 \times @¥812 = ¥971,600$

③ 総平均法

当月の売上原価 $= 800個 \times @¥809^* = ¥647,200$

※総平均単価 $= (500個 \times @¥800 + 1,000個 \times @¥812 + 500個 \times @¥812) \div 2,000個 = @¥809$

月末商品棚卸高 $= 1,200個 \times @¥809 = ¥970,800$

4−23

¥248,400

解説

総平均単価

$= \dfrac{300個 \times @¥400 + 500個 \times @¥410 + 700個 \times @¥415 + 500個 \times @¥425}{300個 + 500個 + 700個 + 500個}$

$= @¥414$

期末商品棚卸高 $= 600個 \times @¥414 = ¥248,400$

4−24

	①先入先出法	②移動平均法	③総平均法
当月の売上原価	¥273,600	¥274,200	¥274,560
月末商品棚卸高	¥38,400	¥37,800	¥37,440

解説

① 先入先出法

当月の売上原価 $= 200個 \times @¥600 + 240個 \times @¥640^*$

$= ¥273,600$

※取引運賃を加味した1/18の仕入単価 $= (300個 \times @¥620 + ¥6,000) \div 300個 = @¥640$

月末商品棚卸高 $= 60個 \times @¥640 = ¥38,400$

② 移動平均法

当月の売上原価 $= 100個 \times @¥600 + 340個 \times @¥630^*$

$= ¥274,200$

※移動平均単価 $= (100個 \times @¥600 + 300個 \times @¥620 + ¥6,000) \div 400個 = @¥630$

月末商品棚卸高 $= 60個 \times @¥630 = ¥37,800$

③ 総平均法

当月の売上原価 $= 440個 \times @¥624^* = ¥274,560$

※総平均単価 $= (200個 \times @¥600 + 300個 \times @¥620 + ¥6,000) \div 500個 = @¥624$

月末商品棚卸高 $= 60個 \times @¥624 = ¥37,440$

4－25

ア	イ
取得原価	圧縮記帳
ウ	エ
固定資産圧縮損	圧縮積立金
オ	カ
総合償却	平均耐用年数

4－26

	①定額法	②定率法
20X1年度	¥ 400,000	¥ 800,000
20X2年度	¥ 400,000	¥ 480,000
20X3年度	¥ 400,000	¥ 288,000
20X4年度	¥ 400,000	¥ 216,000
20X5年度	¥ 399,999	¥ 215,999

解説

① 定額法

20X1年度～20X4年度までの減価償却費 ＝ ¥2,000,000 × 0.200※
　　　　　　　　　　　　　　　　　 ＝ ¥400,000

※耐用年数が5年の場合の償却率 ＝ $\frac{1}{5年}$ ＝ 0.200

20X5年度の減価償却費 ＝ ¥400,000 － ¥1 ＝ ¥399,999

② 定率法

20X1年度の減価償却費 ＝ ¥2,000,000 × 0.400※ ＝ ¥800,000
　　※0.400 ＝ 0.200 × 2
20X2年度の減価償却費 ＝ ¥1,200,000 × 0.400 ＝ ¥480,000
20X3年度の減価償却費 ＝ ¥720,000 × 0.400 ＝ ¥288,000
20X4年度の減価償却費 ＝ ¥432,000 × 0.500 ＝ ¥216,000
　　※当該年度の減価償却費については，定率法にもとづく償却
　　額(¥432,000 × 0.400 ＝ ¥172,800)よりも，残存耐用年数(2
　　年，改訂償却率0.500)にもとづく均等償却額(¥432,000 ×
　　0.500 ＝ ¥216,000)のほうが大きくなるので，¥216,000が
　　減価償却費の金額となる。
20X5年度の減価償却費 ＝ ¥216,000 － ¥1 ＝ ¥215,999

4－27

30,000	千円

解説

各資産の定額法による年償却額
備品A　30,000千円 ÷ 5年 ＝ 6,000千円
機械B　90,000千円 ÷ 10年 ＝ 9,000千円
構築物C　120,000千円 ÷ 8年 ＝ 15,000千円

$\frac{備品A30,000千円＋機械B90,000千円＋構築物C120,000千円}{備品A6,000千円＋機械B9,000千円＋構築物C15,000千円} ＝ 8年$

(備品A30,000千円＋機械B90,000千円＋構築物C120,000千円)
÷ 8年 ＝ 30,000千円

4－28

	借　　方		貸　　方	
①	現 金 預 金	2,000,000	国庫補助金受贈益	2,000,000
②	機 械 装 置	6,000,000	現 金 預 金	6,000,000
③	固定資産圧縮損	2,000,000	機 械 装 置	2,000,000
	減 価 償 却 費	❶400,000	機械装置減価償却累計額	400,000

解説

❶ 減価償却費 ＝ (¥6,000,000 － ¥2,000,000) ÷ 10年 ＝ ¥400,000

4－29

	借　　方		貸　　方	
①	現 金 預 金	3,000,000	国庫補助金受贈益	3,000,000
②	機 械 装 置	11,000,000	現 金 預 金	11,000,000
③	繰越利益剰余金	3,000,000	圧 縮 積 立 金	3,000,000
	減 価 償 却 費	❶1,375,000	機械装置減価償却累計額	1,375,000
	圧 縮 積 立 金	❷375,000	繰越利益剰余金	375,000

解説

❶ 減価償却費 ＝ ¥11,000,000 ÷ 8年 ＝ ¥1,375,000
❷ 圧縮積立金の取崩額 ＝ ¥3,000,000 ÷ 8年 ＝ ¥375,000

4－30

(1)	¥4,000,000	(2)	¥900,000

解説

(1) 定額法による減価償却費の計算

耐用年数が20年の場合の償却率 ＝ $\frac{1}{20年}$ ＝ 0.05

20X1年度～20X4年度までの減価償却費 ＝ ¥5,000,000 × 0.05
　　　　　　　　　　　　　　　　　 ＝ ¥250,000

建物 ＝ ¥5,000,000 － ¥250,000 × 4年
　　 ＝ ¥4,000,000

(2) 法人税法上の定率法(200%定率法)による減価償却費の計算

定額法の償却率の2倍の償却率 ＝ $\frac{1}{8年}$ × 2
　　　　　　　　　　　　　 ＝ 0.25

20X3年度の減価償却費 ＝ ¥1,600,000 × 0.25 ＝ ¥400,000
20X4年度の減価償却費 ＝ ¥1,200,000 × 0.25 ＝ ¥300,000
備品 ＝ ¥1,600,000 － (¥400,000 ＋ ¥300,000)
　　 ＝ ¥900,000

4－31

	20X1年度	20X2年度	20X3年度	20X4年度	20X5年度
①定額法	¥307,200	¥307,200	¥307,200	¥307,200	¥307,199
②定率法	¥614,400	¥368,640	¥221,184	¥165,888	¥165,887

解説

① 定額法

20X1年度～20X4年度までの減価償却費 ＝ ¥1,536,000 × 0.200※
　　　　　　　　　　　　　　　　　 ＝ ¥307,200

※耐用年数が5年の場合の償却率 ＝ $\frac{1}{5年}$ ＝ 0.200

20X5年度の減価償却費 ＝ ¥307,200 － ¥1 ＝ ¥307,199

② 定率法(200%定率法)

20X1年度の減価償却費 ＝ ¥1,536,000 × 0.400※ ＝ ¥614,400
　　※0.400 ＝ 0.200 × 2
20X2年度の減価償却費 ＝ ¥921,600 × 0.400 ＝ ¥368,640
20X3年度の減価償却費 ＝ ¥552,960 × 0.400 ＝ ¥221,184
20X4年度の減価償却費 ＝ ¥331,776 × 0.500 ＝ ¥165,888
　　※当該年度の減価償却費については，定率法にもとづく償却
　　額(¥331,776 × 0.400 ＝ ¥132,710)よりも，残存耐用年数(2
　　年，改訂償却率0.500)にもとづく均等償却額(¥331,776 ×
　　0.500 ＝ ¥165,888)のほうが大きくなるので，¥165,888が
　　減価償却費の金額となる。
20X5年度の減価償却費 ＝ ¥165,888 － ¥1 ＝ ¥165,887

4−32

	借　　　方		貸　　　方	
(1)	現　　　　　金	1,000,000	国庫補助金受贈益	1,000,000
	機 械 装 置	2,500,000	現　　　　　金	2,500,000
	固定資産圧縮損	1,000,000	機 械 装 置	1,000,000
(2)	減 価 償 却 費	❶150,000	機械装置減価償却累計額	150,000

解説

❶　減価償却費 = (¥2,500,000 − ¥1,000,000) ÷ 10年 = ¥150,000

4−33

(1)	(2)	(3)	(4)	(5)	(6)
×	×	×	×	○	○

解説

(1)(2)　投資目的で保有する不動産の減価償却費は，営業外費用の区分に計上する。

(3)　通常の販売目的で保有する不動産は，流動資産の区分の棚卸資産として表示する。

(4)　減価償却の対象となるのは経常的減価であり，偶発的減価は減価償却の対象にならない。

4−34

	借 方 科 目	金　　額	貸 方 科 目	金　　額
(1)	車両減価償却累計額	1,404,000	車　　　　　両	3,000,000
	減 価 償 却 費	108,000	未 払 金	2,700,000
	車　　　　　両	4,500,000	固定資産売却益	312,000
(2)	備品減価償却累計額	131,250	備　　　　　品	300,000
	減 価 償 却 費	31,250	未 払 金	190,000
	備　　　　　品	320,000		
	固定資産売却損	7,500		
(3)	固定資産圧縮損	2,000,000	機 械 装 置	2,000,000
	減 価 償 却 費	500,000	機械装置減価償却累計額	500,000
(4)	減 価 償 却 費	400,000	建物減価償却累計額	400,000

解説

(1)　旧車両の前期末までに累計された減価償却費

$$(3,000,000円 − 300,000円) × \frac{78,000km}{150,000km} = 1,404,000円$$

旧車両の当年度の減価償却費

$$(3,000,000円 − 300,000円) × \frac{6,000km}{150,000km} = 108,000円$$

(2)　旧備品の前期末までに累計された減価償却費

$$\frac{300,000円 − 0円}{4年} × \frac{21か月(×5年7月〜×7年3月)}{12か月}$$
$$= 131,250円$$

旧備品の当年度の減価償却費

$$\frac{300,000円 − 0円}{4年} × \frac{5か月(×7年4月〜×7年8月)}{12か月}$$
$$= 31,250円$$

(3)　減価償却費 = (5,000,000円 − 2,000,000円) ÷ 6年 = 500,000円

(4)　減価償却費 = (9,000,000円 − 3,000,000円) ÷ 15年 = 400,000円

4−35

(1)	車両運搬具減価償却累計額	6,244,000円
(2)	機 械 装 置	3,000,000円
(3)	機械装置減価償却累計額	1,125,000円
(4)	鉱 業 権	6,190,000円
(5)	減 価 償 却 費	1,131,000円

解説

(1)　200%定率法の償却率 = $\frac{1}{5年}$ × 200% = 0.4

車両運搬具減価償却累計額
1年目2,800,000円 + 2年目1,680,000円 + 3年目1,008,000円 + 4年目756,000円 = 6,244,000円

4年目の減価償却費は償却率0.4で計算すると604,800円(= 1,512,000円×0.4)となり，保証額756,000円(= 7,000,000円×0.108)を下回るため，要償却額1,512,000円に改定償却率(0.500)を掛けて計算する。

車両運搬具の減価償却

	期首帳簿価額	減価償却費	減価償却累計額	期末帳簿価額
1年目	7,000,000	2,800,000	2,800,000	4,200,000
2年目	4,200,000	1,680,000	4,480,000	2,520,000
3年目	2,520,000	1,008,000	5,488,000	1,512,000
4年目	1,512,000	756,000	6,244,000	756,000
5年目	756,000	755,999	6,999,999	1

(2)　機械装置 = 取得原価6,000,000円 − 国庫補助金3,000,000円
　　　　　　= 3,000,000円

(3)　機械装置減価償却累計額 = (6,000,000円 − 3,000,000円) ÷ 8年 × 3年
　　　　　　　　　　　　　= 1,125,000円

(4)　鉱業権

$$鉱業権償却 = (10,800,000円 − 0円) × \frac{23,050t}{54,000t} = 4,610,000円$$

鉱業権 = 10,800,000円 − 4,610,000円 = 6,190,000円

(5)　減価償却費 = 車両運搬具756,000円 + 機械装置375,000円
　　　　　　　= 1,131,000円

4－36

減 価 償 却 費	2,600,000円

解説

各資産の定額法による年償却額：

機械A　$3,000,000円 ÷ 6 年 = 500,000円$

機械B　$5,600,000円 ÷ 7 年 = 800,000円$

機械C　$2,400,000円 ÷ 8 年 = 300,000円$

機械D　$9,800,000円 ÷ 10年 = 980,000円$

平均耐用年数：

$$\frac{3,000,000円 + 5,600,000円 + 2,400,000円 + 9,800,000円}{500,000円 + 800,000円 + 300,000円 + 980,000円} = 8.062\cdots$$

→ 8 年

減価償却費：

$(3,000,000円 + 5,600,000円 + 2,400,000円 + 9,800,000円) ÷ 8 年$
$= 2,600,000円$

4－37

(1)　直接減額方式

①　国庫補助金受入時

借 方 科 目	金 額	貸 方 科 目	金 額
現　　　　金	1,000,000	国庫補助金受贈益	1,000,000

②　機械装置取得時

借 方 科 目	金 額	貸 方 科 目	金 額
機 械 装 置	10,000,000	現　　　　金	10,000,000

③　×2年度決算時の圧縮記帳と減価償却費の計上

借 方 科 目	金 額	貸 方 科 目	金 額
固定資産圧縮損	1,000,000	機 械 装 置	1,000,000
減 価 償 却 費	❶1,800,000	機械装置減価償却累計額	1,800,000

(2)　積立金方式

①　国庫補助金受入時

借 方 科 目	金 額	貸 方 科 目	金 額
現　　　　金	1,000,000	国庫補助金受贈益	1,000,000

②　機械装置取得時

借 方 科 目	金 額	貸 方 科 目	金 額
機 械 装 置	10,000,000	現　　　　金	10,000,000

③　×2年度決算時の圧縮記帳と減価償却費の計上

借 方 科 目	金 額	貸 方 科 目	金 額
繰越利益剰余金	1,000,000	圧 縮 積 立 金	1,000,000
減 価 償 却 費	❷2,000,000	機械装置減価償却累計額	2,000,000
圧 縮 積 立 金	❸200,000	繰越利益剰余金	200,000

解説

❶　$(10,000,000円 - 1,000,000円) ÷ 5 年 = 1,800,000円$

❷　$10,000,000円 ÷ 5 年 = 2,000,000円$

❸　$1,000,000円 ÷ 5 年 = 200,000円$

4－38

ア	イ
定額	無形固定資産
ウ	
貸借対照表	

4－39

	借 　方	貸 　方
(1)	特許権償却　　450,000	特　許　権　　450,000
(2)	鉱業権償却　1,620,000	鉱　業　権　1,620,000

解説

(1)　特許権償却 $= ¥4,800,000 × \dfrac{9 か月}{12 か月 × 8 年} = ¥450,000$

(2)　鉱業権償却 $= ¥14,400,000 × \dfrac{8,100 トン}{72,000 トン} = ¥1,620,000$

4－40

20X1年度	20X2年度	20X3年度
¥1,024,000	¥512,000	¥384,000

解説

ソフトウェア（取得原価） $= ¥2,720,000 × (1 - 0.9)$
$\qquad\qquad\qquad\quad + ¥1,400,000 × (1 - 0.4)$
$\qquad\qquad\qquad\quad + ¥2,020,000 × (1 - 0.6)$
$\qquad\qquad\qquad\quad = ¥1,920,000$

20X1年度におけるソフトウェア償却費

①　見込販売数量にもとづく償却額

$\qquad = ¥1,920,000 × \dfrac{8,000 個}{8,000 個 + 4,000 個 + 3,000 個} = ¥1,024,000$

②　残存有効期間にもとづく均等償却額

$\qquad = ¥1,920,000 ÷ 3 年 = ¥640,000$

①＞②であるため，20X1年度の償却額は¥1,024,000となる。

20X2年度におけるソフトウェア償却費

①　見込販売数量にもとづく償却額

$\qquad = 未償却残高 ¥896,000 × \dfrac{4,000 個}{4,000 個 + 3,000 個} = ¥512,000$

②　残存有効期間にもとづく均等償却額

$\qquad = ¥896,000 ÷ 2 年 = ¥448,000$

①＞②であるため，20X2年度の償却額は¥512,000となる。

20X3年度におけるソフトウェア償却費

$¥384,000$（未償却残高のすべてを計上する。）

4−41

(1)	¥495,000	(2)	¥900,000

解説

(1) 20X2年10月～20X5年3月までの特許権償却の合計額

$$= ¥720,000 \times \frac{30\text{か月}}{12\text{か月} \times 8\text{ 年}} = ¥225,000$$

特許権 $= ¥720,000 - ¥225,000$
$= ¥495,000$

(2) 見込販売数量にもとづく生産高比例法
ソフトウェア償却費
① 見込販売数量にもとづく償却額

$$= ¥1,200,000 \times \frac{400\text{個}}{2,000\text{個}} = ¥240,000$$

② 残存有効期間にもとづく均等償却額
$= ¥1,200,000 \div 4\text{ 年} = ¥300,000$

①¥240,000＜②¥300,000であるため，ソフトウェア償却額は¥300,000

ソフトウェア $= ¥1,200,000 - ¥300,000$
$= ¥900,000$

4−42

	20X1年度	20X2年度	20X3年度
ソフトウェアの償却費	¥800,000	¥500,000	¥500,000

解説

20X1年度におけるソフトウェア償却費
① 見込販売数量にもとづく償却額

$$= ¥1,800,000 \times \frac{8,000\text{個}}{8,000\text{個} + 4,000\text{個} + 6,000\text{個}}$$
$$= ¥800,000$$

② 残存有効期間にもとづく均等償却額
$= ¥1,800,000 \div 3\text{ 年} = ¥600,000$

①＞②であるため，20X1年度の償却額は¥800,000となる。
20X2年度におけるソフトウェア償却費
① 見込販売数量にもとづく償却額

$$= ¥1,000,000 \times \frac{4,000\text{個}}{4,000\text{個} + 6,000\text{個}} = ¥400,000$$

② 残存有効期間にもとづく均等償却額
$= ¥1,000,000 \div 2\text{ 年} = ¥500,000$

①＜②であるため，20X2年度の償却額は¥500,000となる。
20X3年度におけるソフトウェア償却費
¥500,000（未償却残高のすべてを計上する。）

4−43

a	b
研究開発費	無形固定資産

解説

研究開発費等に係る会計基準　四の2「市場販売目的のソフトウェアに係る会計処理　市場販売目的のソフトウェアである製品マスターの制作費は，研究開発費に該当する部分を除き，資産として計上しなければならない。ただし，製品マスターの機能維持に要した費用は，資産として計上してはならない。」

4−44

(1)	(2)	(3)	(4)	(5)
○	×	×	○	×

解説

(2) 研究開発費等に係る会計基準　四の1「受注制作のソフトウェアに係る会計処理　受注制作のソフトウェアの制作費は，請負工事の会計処理に準じて処理する。」とあり，誤答となる。
(3) 無形固定資産の償却は，通常は定額法によって行われる。
(5) 自社利用のソフトウェアの償却は，原則5年以内で行う。

4−45

	借　方　科　目	金　　　額	貸　方　科　目	金　　　額
(1)	研 究 開 発 費	2,100,000	当 座 預 金	2,100,000
(2)	ソフトウェア償却	900,000	ソフトウェア	900,000
(3)	研 究 開 発 費	750,000	現　　　金	750,000

解説

(2) ソフトウェア償却費
① 見込販売数量にもとづく償却額

$$= 2,700,000\text{円} \times \frac{2,820\text{個}}{2,820\text{個} + 4,350\text{個} + 1,830\text{個}} = 846,000\text{円}$$

② 残存有効期間にもとづく均等償却額
$= 2,700,000\text{円} \div 3\text{ 年} = 900,000\text{円}$

①＜②より，償却額は900,000円

4－46

(1)	研究開発費の金額	*940,000*円
(2)	×1年度の償却額	*160,000*円
	×2年度の償却額	*100,000*円

解説

1) 研究開発費の金額

従業員給料　*1,100,000*円×80％＝　*880,000*円

機械減価償却費　*200,000*円×30％＝　*60,000*円

合　計　*940,000*円

(2) 市場販売目的のソフトウェアの取得原価は，研究開発費に該当する部分を除き，資産として計上する。その償却は，見込販売数量にもとづく方法またはその他合理的な方法により行う。ただし，毎期の償却額は，残存有効期間にもとづく均等配分額を下回ってはならない。

ソフトウェアの取得原価

＝*1,100,000*円＋*200,000*円－*940,000*円＝*360,000*円

×1年度の償却額

① 見込販売数量による償却額

$=360,000円 \times \dfrac{4,000個}{4,000個+2,000個+3,000個}=160,000円$

② 残存有効期間により均等配分額

＝*360,000*円÷3年＝*120,000*円

①と②のうち大きい金額：*160,000*円

×2年度の償却額

① 見込販売数量による償却額

$=(360,000円-160,000円) \times \dfrac{2,000個}{2,000個+3,000個}=80,000円$

② 残存有効期間により均等配分額

＝(*360,000*円－*160,000*円)÷2年＝*100,000*円

①と②のうち大きい金額：*100,000*円

4－47

ア	イ
減損	減損損失
ウ	エ
純利益	キャッシュ・フロー見積法
オ	カ
財務内容評価法	破産更生債権等

※エとオは順不同

4－48

(1)	*1,620*千円	(2)	*9,660*千円	(3)	*4,800*千円

解説

(1) 満期保有目的の債券

C社社債は，期末時価が著しく下落しているので，期末時価*1,620*千円で評価する。

(2) その他有価証券

D社株式期末時価*7,560*千円＋F社株式期末時価*2,100*千円

＝*9,660*千円

D社株式の評価差額は純資産の部に直接計上されるが，F社株式の評価差額は，時価が著しく下落しているので，評価損として純利益に含めて計上する。

(3) 子会社株式

S社株式の時価は，回復する見込みがあると認められるので，減損処理を行わず，帳簿価額*4,800*千円で評価する。

4－49

¥254,574

解説

① 将来キャッシュ・フローの見積り

利息の回収見込額＝*¥6,000,000*×1.5％＝*¥90,000*

20X3年度	20X4年度	20X5年度
¥90,000	*¥90,000*	*¥6,090,000*

② 貸付金の将来キャッシュ・フローの割引現在価値

$=\dfrac{¥90,000}{1+0.03}+\dfrac{¥90,000}{(1+0.03)^2}+\dfrac{¥6,090,000}{(1+0.03)^3}=¥5,745,426$

③ 貸倒見積高＝*¥6,000,000*－*¥5,745,426*＝*¥254,574*

4－50

	借　　　方		貸　　　方	
(1)	貸倒引当金繰入	360,000	貸 倒 引 当 金	360,000
(2)	破産更生債権等	3,000,000	貸 付 金	3,000,000
	貸倒引当金繰入	600,000	貸 倒 引 当 金	600,000

解説

(1) 貸倒引当金繰入＝(*¥3,000,000*－*¥2,400,000*)×0.6＝*¥360,000*

(2) 貸倒引当金繰入＝*¥3,000,000*－*¥2,400,000*＝*¥600,000*

4－51

(1)	*2,040*千円	(2)	*5,050*千円	(3)	*4,750*千円

解説

(1) 満期保有目的の債券

A社社債は，期末時価が著しく下落しているので，期末時価*2,040*千円で評価する。

(2) その他有価証券

B社株式期末時価*1,050*千円＋C社株式期末時価*4,000*千円

＝*5,050*千円

C社株式の評価差額は純資産の部に直接計上されるが，B社株式の評価差額は，時価が著しく下落しているので，評価損として純利益に含めて計上する。

(3) 子会社株式

D社株式期末時価*950*千円＋E社株式帳簿価額*3,800*千円

＝*4,750*千円

D社株式は，期末時価が著しく下落しているので，期末時価*950*千円で評価する。

E社株式の時価は，回復する見込みがあると認められるので，評価損を計上せず，帳簿価額*3,800*千円で評価する。

4－52

¥113,078

解説

① 将来キャッシュ・フローの見積り

20X4年度

¥2,000,000×1％＝*¥20,000*

20X5年度

¥2,000,000＋*¥2,000,000*×1％＝*¥2,020,000*

② 貸付金の将来キャッシュ・フローの割引現在価値

＝*¥20,000*×0.9615＋*¥2,020,000*×0.9246

＝*¥1,886,922*

③ 貸倒見積高

¥2,000,000－*¥1,886,922*＝*¥113,078*

4－53

借　　方		貸　　方	
(破産更生債権等)	*4,000,000*	貸　付　金	*4,000,000*
貸倒引当金繰入	(*800,000*)	貸倒引当金	(*800,000*)

解説

貸倒引当金繰入

¥4,000,000 － (¥2,000,000 ＋ ¥1,200,000) ＝ ¥800,000

4－54

(1)	(2)
×	×

解説

(1) 経営破綻または実質的に経営破綻に陥っている債務者に対する債権は，破産更生債権等に分類し，財務内容評価法によって貸倒見積高を算定する。

(2) 破産更生債権等については，債権額から担保の処分見込額および保証による回収見込額を減額し，その残額を貸倒見積高とする。

⇒金融商品に関する会計基準第28項(3)

4－55

	借方科目	金　額	貸方科目	金　額
(1)	破産更生債権等	3,000,000	貸　付　金	3,000,000
	貸倒引当金繰入	❶600,000	貸倒引当金	600,000
(2)	破産更生債権等	2,300,000	売　掛　金	2,300,000
	貸倒引当金繰入	❷1,300,000	貸倒引当金	1,300,000

解説

破産更生債権等の貸倒見積額は，債権額から担保の処分見込額および保証による回収見込額を控除した額となる。

❶ 3,000,000円 － 2,400,000円 ＝ 600,000円

❷ 2,300,000円 － 1,000,000円 ＝ 1,300,000円

4－56

(1) 売掛金に対する貸倒引当金設定額 　　96,000円

(2) 長期貸付金に対する貸倒引当金設定額 　181,065円

(3) 破産更生債権等に対する貸倒引当金設定額 　100,000円

解説

(1) 一般債権に対する貸倒設定額 ＝ 一般債権 × 貸倒実績率

一般債権：1,400,000円 ＋ 1,300,000円 ＋ 2,100,000円 ＝ 4,800,000円

貸倒設定額：4,800,000円 × 2 ％ ＝ 96,000円

(2) 貸倒懸念債権に対する貸倒設定額(キャッシュ・フロー見積法)

元本の回収額および利息の回収見込額を当初の約定利子率で割り引いた割引現在価値と債権額との差額。

×2年3月31日以降に受け取る利息：3,000,000円 × 0.8％ ＝ 24,000円

割引現在価値：$\dfrac{24,000円}{(1+0.04)} + \dfrac{3,024,000円}{(1+0.04)^2} = 2,818,935円$

貸倒設定額：3,000,000円 － 2,818,935円 ＝ 181,065円

(3) 破産更生債権等に対する貸倒設定額

債権額から担保の処分見込額および保証による回収見込額を控除した額。

貸倒設定額：600,000円 － 500,000円 ＝ 100,000円

4－57

①

	借方科目	金　額	貸方科目	金　額
1	貸倒引当金繰入	❶77,000	貸倒引当金	77,000
2	貸倒引当金繰入	❷80,000	貸倒引当金	80,000
3	破産更生債権等	1,000,000	売　掛　金	1,000,000
	貸倒引当金繰入	❸550,000	貸倒引当金	550,000

②

貸 借 対 照 表

A商事株式会社　　　　　　×1年3月31日　　　　　　(単位：円)

資 産 の 部

Ⅰ　流動資産

　　　　　　　⋮

　　受 取 手 形 　(8,400,000)

　　　貸倒引当金 (　　84,000) (　　8,316,000)

　　電子記録債権 　(3,000,000)

　　　貸倒引当金 (　　30,000) (　　2,970,000)

　　売 　掛 　金 　(18,500,000)

　　　貸倒引当金 (❹263,000) (　18,237,000)

　　　　　　　⋮

Ⅱ　固定資産

　　　　　　　⋮

　　破産更生債権等 　(1,000,000)

　　　貸倒引当金 (　　550,000) (　　450,000)

解説

❶ 一般債権の貸倒見積額

　＝ (8,400,000円 ＋ 3,000,000円 ＋ 18,300,000円) × 1 ％ ＝ 297,000円

　貸倒引当金の差額補充額

　＝ 297,000円 － 220,000円 ＝ 77,000円

❷ 貸倒懸念債権(B社に対する売掛金)の貸倒見積額

　＝ (200,000円 － 40,000円) × 50％ ＝ 80,000円

❸ 破産更生債権等は経営破綻している債務者に対する債権等であり，破産更生債権等勘定で処理する。

　破産更生債権等(C社に対する売掛金)の貸倒見積額

　＝ 1,000,000円 － 450,000円 ＝ 550,000円

❹ 売掛金(一般債権)の貸倒見積額

　＝ 18,300,000円 × 1 ％ ＝ 183,000円

　売掛金(貸倒懸念債権)の貸倒見積額

　＝ 80,000円(❷より)

　よって，183,000円 ＋ 80,000円 ＝ 263,000円

4－58

　　　¥11,200

解説

商品1個当たりの正味売却価額 ＝ @¥220 － @¥20 ＝ @¥200

棚卸資産の貸借対照表価額 ＝ 56個 × @¥200 ＝ ¥11,200

損 益 計 算 書

自×6年4月1日 至×7年3月31日（単位：円）

Ⅰ 売 上 高 　　　　　　　　　　　　　　（ 28,406,000）
Ⅱ 売 上 原 価
　1．期首商品棚卸高　　（ 1,007,000）
　2．当期商品仕入高　　（ 23,500,000）
　　　　合　　計　　　　（ 24,507,000）
　3．期末商品棚卸高　　（ 930,000）
　　　　差　　引　　　　（ 23,577,000）
　4．棚 卸 減 耗 損　　❶（ 22,500）
　5．商品評価損　　　　❷（ 42,000）　（ 23,641,500）
　　　　売 上 総 利 益　　　　　　　　　（ 4,764,500）

解説

❶ 棚卸減耗損＝期末帳簿棚卸高−実地棚卸高（原価）
　　　　　　＝930,000円−907,500円
　　　　　　＝22,500円

❷ 商品評価損＝7,080円（商品A）+34,920円（商品B）
　　　　　　＝42,000円

（商品A）

@1,200円	
	7,080円
@1,080円	

59個

（商品B）

@700円	
	34,920円
@340円	

97個

なお，決算整理仕訳は次のとおりである。

　（借）仕　　　入　　1,007,000　（貸）繰越商品　　1,007,000
　（借）繰越商品　　　930,000　（貸）仕　　　入　　　930,000
　（借）棚卸減耗損　　　22,500　（貸）繰越商品　　　　22,500
　（借）商品評価損　　　42,000　（貸）繰越商品　　　　42,000
　（借）仕　　　入　　　22,500　（貸）棚卸減耗損　　　22,500
　（借）仕　　　入　　　42,000　（貸）商品評価損　　　42,000

ア	イ
減損の兆候	キャッシュ・フロー
ウ	**エ**
回収可能価額	正味売却価額

減損を認識（する・しない）
減損損失￥440,120
〈計算式〉
　① 減損の認識
　　帳簿価額＝￥3,000,000−￥1,200,000＝￥1,800,000
　　割引前将来キャッシュ・フロー
　　　＝（￥1,000,000−￥500,000）+（￥900,000−￥450,000）
　　　　+（￥850,000−￥425,000）+￥285,000
　　　＝￥1,660,000
　　帳簿価額＞割引前将来キャッシュ・フローにより，減損損失
　　を認識する。
　② 減損損失の測定

$$使用価値＝\frac{￥500,000}{1＋0.1}+\frac{￥450,000}{(1＋0.1)^2}+\frac{￥425,000+￥285,000}{(1＋0.1)^3}$$
$$＝￥1,359,880$$

　　正味売却価額＝￥1,350,000−￥50,000＝￥1,300,000
　　使用価値＞正味売却価額により，回収可能価額は￥1,359,880
　　となる。したがって，帳簿価額￥1,800,000と回収可能価額
　　との差額￥440,120を減損損失として計上する。

ア	イ	ウ
❶2,030,000	❷2,700,000	❸1,833,092
エ	**オ**	**カ**
❹1,550,000	❺1,833,092	❻866,908

解説

❶ 割引前将来キャッシュ・フロー
　＝（￥1,500,000−￥870,000）+（￥1,400,000−￥850,000）
　　+（￥1,200,000−￥700,000）+￥350,000
　＝￥2,030,000

❷ 帳簿価額＝￥4,500,000−￥1,800,000＝￥2,700,000

❸ 使用価値
　＝￥630,000×0.9524+￥550,000×0.9070
　　+（￥500,000+￥350,000）×0.8638
　＝￥1,833,092

❹ 正味売却価額＝￥1,700,000−￥150,000
　＝￥1,550,000

❺ ￥1,833,092＞￥1,550,000であるため，回収可能価額は，
　￥1,833,092となる。

❻ 減損損失＝￥2,700,000−￥1,833,092
　＝￥866,908

a	b
回収可能価額	特別損失

(1)	(2)	(3)
×	×	○

（1）　減損処理では，帳簿価額を回収可能価額まで減額する。
（2）　回収可能価額とは，資産の使用価値と正味売却価額とのいず
　　れか高い方の金額である。

4 −65

借方科目	金　額	貸方科目	金　額
(1) 減損損失	1,200,000	土　　　地	1,200,000
(2) 減損損失	122,923	機械装置	122,923

解説

(1) まず，減損損失の認識の判定を行う。
　　　割引前将来キャッシュ・フロー = 11,200,000円
　　　帳簿価額 = 12,000,000円
　　　割引前将来キャッシュ・フロー＜帳簿価額より，
　　　減損損失を認識する。
　　次に，減損損失の測定を行う。
　　　減損損失の金額
　　　　= 帳簿価額12,000,000円 − 回収可能価額10,800,000円
　　　　= 1,200,000円

(2) 使用価値

$$= \frac{80,000円}{1+0.02} + \frac{80,000円}{(1+0.02)^2} + \frac{80,000円}{(1+0.02)^3} + \frac{80,000円}{(1+0.02)^4} + \frac{80,000円}{(1+0.02)^5}$$

　　= 377,076.76…円
　　　使用価値377,077円＞正味売却価額360,000円
　　　500,000円 − 377,077円 = 122,923円

4 −66

(1) 割引前将来キャッシュ・フローの金額　|　1,997,100円

(2) 有形固定資産の使用価値　|　1,800,000円

(3) 減損損失の金額　|　850,000円

解説

(1) 各年度の将来キャッシュ・フローを計算し，合計する。
　　20X3年度　1,530,000円 − 900,000円　　　　　= 630,000円
　　20X4年度　1,300,000円 − 859,000円　　　　　= 441,000円
　　20X5年度　1,270,000円 − 748,900円 + 405,000円 = 926,100円
　　　　　　　　　　　　　　　　合　計　1,997,100円

(2) 使用価値は，将来のキャッシュ・フローを割引率5％で現在価値に割り引いた金額である。
　　　20X3年度　　　20X4年度　　　20X5年度

$$\frac{630,000円}{(1+0.05)} + \frac{441,000円}{(1+0.05)^2} + \frac{926,100円}{(1+0.05)^3} = 1,800,000円$$

(3) 減損損失の金額は，帳簿価額から回収可能価額を差し引いて求める。また，回収可能価額は使用価値と正味売却価額を比較して大きい金額となる。
　　　帳簿価額：4,500,000円 − 1,800,000円 = 2,700,000円
　　　回収可能価額：1,850,000円
　　　　　使用価値(1,800,000円)＜正味売却価額(2,025,000円
　　　　　　　　　　　　　　　　　　　　− 175,000円 = 1,850,000円)
　　　減損損失の金額：2,700,000円 − 1,850,000円 = 850,000円

4 −67

(ア)の金額　|　870,000円

(イ)の金額　|　120,000円

(ウ)の金額　|　800,000円

(エ)の金額　|　1,960,000円

(オ)の金額　|　510,000円

解説

(1) 当期分の減価償却費

$$\frac{4,000,000円 − 4,000,000円 × 10\%}{30年} = 120,000円$$

　　なお，減価償却費計上の仕訳は次のとおり。
　　(借) 減価償却費　120,000　(貸) 建物減価償却累計額　120,000

(2) 減損の兆候
　　減損の兆候ありと判断している。

(3) 減損の認識
　① 帳簿価額
　　　(建物) 4,000,000円 − 1,840,000円 − 120,000円 = 2,040,000円
　　　(土地) 1,160,000円
　　　帳簿価額合計 = 2,040,000円 + 1,160,000円 = 3,200,000円
　② 割引前将来キャッシュ・フロー = 3,000,000円
　③ 帳簿価額合計＞割引前将来キャッシュ・フロー
　　　よって，減損損失を認識する。

(4) 減損損失の測定
　① 回収可能価額
　　　正味売却価額と使用価値のいずれかの高い方となるので，
　　　正味売却価額2,400,000円＞使用価値2,120,000円より，
　　　回収可能価額は，2,400,000円となる。
　② 減損損失
　　　3,200,000円 − 2,400,000円 = 800,000円
　③ 減損損失の配分
　　　資料より，期末帳簿価額によって比例配分する。
　　　(建物)

$$800,000円 × \frac{2,040,000円}{2,040,000円 + 1,160,000円} = 510,000円$$

　　　(土地)

$$800,000円 × \frac{1,160,000円}{2,040,000円 + 1,160,000円} = 290,000円$$

　　なお，減損損失計上の仕訳は次のとおり。
　　(借) 減損損失　800,000　(貸) 建物減損損失累計額　510,000
　　　　　　　　　　　　　　　　土　　　地　　　　　290,000

以上より，
(ア)の金額 = 1,160,000円 − 290,000円((4)③より) = 870,000円
(イ)の金額 = 120,000円((1)より)
(ウ)の金額 = 800,000円((4)②より)
(エ)の金額 = 1,840,000円 + 120,000円((1)より) = 1,960,000円
(オ)の金額 = 510,000円((4)③より)

①

	1 年目	2 年目	3 年目
割引前将来キャッシュ・フロー	3,000,000円	2,400,000円	1,200,000円
上記の割引現在価値	2,730,000円	1,992,000円	900,000円

使 用 価 値			5,622,000 円

② 正味売却価額 　　　　　　　　　3,700,000 円

③

借 方 科 目	金 額	貸 方 科 目	金 額
減 損 損 失	1,978,000	建　　　物	1,978,000

解説

① 　割引現在価値
　　1 年目：$3,000,000円 \times 0.91 = 2,730,000円$
　　2 年目：$2,400,000円 \times 0.83 = 1,992,000円$
　　3 年目：$(1,000,000円 + 200,000円) \times 0.75 = 900,000円$
　　使用価値 $= 2,730,000円 + 1,992,000円 + 900,000円$
　　　　　　$= 5,622,000円$
② 　$4,400,000円 - 700,000円 = 3,700,000円$
③ 　使用価値＞正味売却価額より，
　　回収可能価額 = 使用価値5,622,000円
　　よって減額損失の金額は，
　　$(40,000,000円 - 32,400,000円) - 5,622,000円 = 1,978,000円$

第5章　負債会計 (p.61)

5 − 1

	借 　　　方		貸 　　　方	
(1)	修 繕 引 当 金 繰 入	100,000	修 繕 引 当 金	100,000
(2)	修 繕 引 当 金	360,000	当 座 預 金	400,000
	修 　 繕 　 費	40,000		
(3)	役員賞与引当金繰入	600,000	役 員 賞 与 引 当 金	600,000
(4)	役 員 賞 与 引 当 金	600,000	未 払 役 員 賞 与	600,000

5 − 2

ア	イ	ウ
経済的負担	金融負債	償却原価法

5 − 3

ア	イ
当期以前の事象	当期の費用

5 − 4

	借 　　　方		貸 　　　方	
(1)	役員賞与引当金繰入	1,200,000	役 員 賞 与 引 当 金	1,200,000
(2)	役 員 賞 与 引 当 金	1,200,000	当 座 預 金	1,200,000

5 − 5

(1)	(2)	(3)
○	○	×

解説

(3) 　償却原価法で評価する。

5 − 6

	借 　　　方		貸 　　　方	
(1)	当 座 預 金	49,000,000	社 　　　債	❶49,000,000
(2)	社 債 利 息	❷500,000	当 座 預 金	500,000
(3)	社 債 利 息	500,000	当 座 預 金	500,000
	社 債 利 息	❸200,000	社 　　　債	200,000
(4)	社 債 利 息	500,000	当 座 預 金	500,000
	社 債 利 息	200,000	社 　　　債	200,000
	社 　　　債	50,000,000	当 座 預 金	50,000,000

解説

❶ 　払込金額：$¥50,000,000 \times \dfrac{¥98}{¥100} = ¥49,000,000$

❷ 　社債利息：$¥50,000,000 \times 2\% \times \dfrac{6か月}{12か月} = ¥500,000$

❸ 　償却原価：$(¥50,000,000 - ¥49,000,000) \times \dfrac{1年}{5年} = ¥200,000$

5-7

① 定額法による場合

	第1期	第2期	第3期	第4期
社 債 利 息	¥181,495	¥181,495	¥181,495	¥181,495
社債の貸借対照表価額	¥4,455,515	¥4,637,010	¥4,818,505	¥0

② 利息法による場合

	第1期	第2期	第3期	第4期
社 債 利 息	¥170,961	¥177,799	¥184,911	¥192,309
社債の貸借対照表価額	¥4,444,981	¥4,622,780	¥4,807,691	¥0

解説

① 定額法による場合

毎期の利息は，一定であり，次のように計算する。

（¥5,000,000－¥4,274,020）÷ 4 年＝¥181,495

② 利息法による場合

毎期の実効利子率は，一定とされるので，次の式を満たす r を求める必要がある。

¥4,274,020×（1 ＋ r）^{4}＝¥5,000,000

この r は，r ＝0.04 と与えられているので，例えば，第 1 期の社債利息と社債の貸借対照表価額は，次のように計算される。

第 1 期の社債利息＝¥4,274,020×0.04＝¥170,961

第 1 期末の貸借対照表価額＝¥4,274,020＋¥170,961＝¥4,444,981

なお，第 4 期の利息¥192,309は端数調整している。

5-8

	借 方		貸 方	
①	社 債	927,402	当 座 預 金	930,000
	社 債 償 還 損	2,598		
②	社 債	924,556	当 座 預 金	930,000
	社 債 償 還 損	5,444		

解説

① 第 2 期末の社債の帳簿価額（額面¥5,000,000分）

　＝¥4,637,010（問題5-7①解答より）

うち，額面¥1,000,000分の帳簿価額

　＝¥4,637,010× $\dfrac{¥1,000,000}{¥5,000,000}$ ＝¥927,402

② 第 2 期末の社債の帳簿価額（額面¥5,000,000分）

　＝¥4,622,780（問題5-7②解答より）

うち，額面¥1,000,000分の帳簿価額

　＝¥4,622,780× $\dfrac{¥1,000,000}{¥5,000,000}$ ＝¥924,556

5-9

	借 方		貸 方	
(1)	社 債	30,000,000	未 払 社 債	30,000,000
(2)	未 払 社 債	30,000,000	当 座 預 金	30,000,000

解説

(1) 抽せんによって償還する社債が決定したときは，社債から未払社債（負債）に振り替える。

5-10

	借 方		貸 方	
①	当 座 預 金	5,000,000	社 債	5,000,000
②	社 債 利 息	200,000	当 座 預 金	200,000
③	社 債 利 息	200,000	当 座 預 金	1,200,000
	社 債	1,000,000		
④	社 債 利 息	160,000	当 座 預 金	1,160,000
	社 債	1,000,000		

解説

各年度末における元本の償還額と利息の支払額は，次のとおり。

（単位：円）

	元本の償還額	利息の支払額	合計
20X1年度末	0	200,000	200,000
20X2年度末	0	200,000	200,000
20X3年度末	1,000,000	200,000	1,200,000
20X4年度末	1,000,000	160,000	1,160,000
20X5年度末	1,000,000	120,000	1,120,000
20X6年度末	1,000,000	80,000	1,080,000
20X7年度末	1,000,000	40,000	1,040,000

5-11

① 定額法

	第1期	第2期	第3期	第4期	第5期
社債利息	¥43,295	¥43,295	¥43,295	¥43,295	¥43,294
貸借対照表価額	¥826,821	¥870,116	¥913,411	¥956,706	¥0

② 利息法

	第1期	第2期	第3期	第4期	第5期
社債利息	¥39,176	¥41,135	¥43,192	¥45,351	¥47,620
貸借対照表価額	¥822,702	¥863,837	¥907,029	¥952,380	¥0

解説

① 定額法

　（¥1,000,000－¥783,526）÷ 5 年＝¥43,295

なお，第 5 期の利息は端数調整をする。

② 利息法

第 1 期の社債利息＝¥783,526×0.05＝¥39,176

第 1 期末の貸借対照表価額＝¥783,526＋¥39,176＝¥822,702

第 2 期の社債利息＝¥822,702×0.05＝¥41,135

第 2 期末の貸借対照表価額＝¥822,702＋¥41,135＝¥863,837

第 3 期・第 4 期も同じく計算を行う。

なお，第 5 期の計算においては端数調整をする。

5-12

	借 方		貸 方	
①	社 債	913,411	当 座 預 金	910,000
			社 債 償 還 益	3,411
②	社 債	907,029	当 座 預 金	910,000
	社 債 償 還 損	2,971		

5-13

(1)	(2)	(3)	(4)
×	×	○	○

解説

(1) 利息法では，実効利子率で各期に配分する。

(2) 抽選償還では，額面金額で償還する。

5-14

(1) 定額法による場合　　　　　　　　　　　　　　　（単位：円）

	×2年3月31日	×3年3月31日	×4年3月31日
社　債　利　息	❶ 2,453,333	❶ 2,453,333	❶ 2,453,334
社債の貸借対照表価額	49,093,333	❷ 49,546,666	0

(2) 利息法による場合　　　　　　　　　　　　　　　（単位：円）

	×2年3月31日	×3年3月31日	×4年3月31日
社　債　利　息	❸ 2,432,000	❺ 2,453,600	2,474,400
社債の貸借対照表価額	❹ 49,072,000	❻ 49,525,600	0

×2年3月31日の仕訳

借方科目	金　　　　　額	貸方科目	金　　　　　額
社 債 利 息	2,432,000	当 座 預 金	2,000,000
		社　　　　債	432,000

解説

❶ 券面利息：50,000,000円 × 4 %　　　　　　　= 2,000,000円

償却原価：$50,000,000$円 $\times \dfrac{100円-97.28円}{100円} \div 3$ 年 = $\underline{453,333円}$

社債利息：$\underline{2,453,333円}$

なお，×4年3月31日の利息$2,453,334$は端数調整している。

❷ 　期首帳簿価額　　当期償却原価
　49,093,333円 + 453,333円 = 49,546,666円

❸ 社債利息：$50,000,000$円 $\times \dfrac{97.28円}{100円} \times 5$ % = $2,432,000$円

❹ 期首帳簿価額：$50,000,000$円 $\times \dfrac{97.28円}{100円} = 48,640,000$円

償却原価：$2,432,000$円 − $2,000,000$円 = $432,000$円
　期首帳簿価額　　当期償却原価
　48,640,000円 + 432,000円 = 49,072,000円

※実効利子率によって計算した社債利息の金額から，利息の支払額（表面利率によって計算）を差し引いた金額が，社債発行差額の償却額となり，社債の帳簿価額に加算される。

❺ 社債利息：$49,072,000$円 × 5 % = $2,453,600$円

❻ 償却原価：$2,453,600$円 − $2,000,000$円 = $453,600$円
　期首帳簿価額　　当期償却原価
　49,072,000円 + 453,600円 = 49,525,600円

❼ 端数調整している。

5-15

	借 方 科 目	金　　額	貸 方 科 目	金　　額
(1)	社 債 利 息	173,817	社　　　　債	❶ 53,817
	社　　　　債	3,000,000	当 座 預 金	3,120,000
(2)	社　　　　債	❷ 1,891,047	当 座 預 金	1,880,000
			社 債 償 還 益	11,047
(3)	社 債 利 息	❸ 30,479	当 座 預 金	24,000
			社　　　　債	6,479

解説

＜利息法＞

社債利息 = 社債の期首貸借対照表価額 × 実効利子率

償却原価 = 社債利息 − 券面利息

(1) スケジュール表

		×3年3月31日	×4年3月31日	×5年3月31日
社債利息	券面利息	120,000	120,000	120,000
	償却原価	46,725	49,458	❶ 53,817
	合　計	166,725	169,458	173,817
帳 簿 価 額		2,896,725	2,946,183	0

(2) スケジュール表

		×2年3月31日	×3年3月31日
社債利息	券面利息	60,000	60,000
	償却原価	31,340	32,907
	合　計	91,340	92,907
帳 簿 価 額		1,858,140	❷ 1,891,047 →0（償還）

(3) スケジュール表（半年間→実効利子率3.1 % ÷ 2 = 1.55%）

		×1年9月30日	×2年3月31日
社債利息	券面利息	24,000	24,000
	償却原価	6,380	6,479
	合　計	30,380	❸ 30,479
帳 簿 価 額		1,966,380	1,972,859

5-16

問1

	借 方 科 目	金　　額	貸 方 科 目	金　　額
①	当 座 預 金	2,940,000	社　　　　債	❶ 2,940,000
②	社 債 利 息	❷ 70,560	当 座 預 金	60,000
			社　　　　債	❸ 10,560
③	社 債 利 息	❹ 70,813	当 座 預 金	60,000
			社　　　　債	❺ 10,813
④	社　　　　債	❻ 2,972,446	当 座 預 金	2,985,000
	社 債 償 還 損	12,554		

問2

ア	1,000,000円	イ	社　債	ウ	❼ 950,000円	エ	❽ 50,000円

解説

❶ $3,000,000$円 $\times \dfrac{98円}{100円} = 2,940,000$円

スケジュール表

		×2年3月31日	×3年3月31日	×4年3月31日
社債利息	券面利息	60,000	60,000	60,000
	償却原価	❸ 10,560	❺ 10,813	11,073
	合　計	❷ 70,560	❹ 70,813	71,073
帳 簿 価 額		2,950,560	2,961,373	❻ 2,972,446
				↓
				0（償還）

❼ $1,000,000$円 $\times \dfrac{95円}{100円} = 950,000$円

❽ 500円 × 100個 = $50,000$円

5－17

962千円

解説

退職給付債務 $= 8{,}000$千円 $\times \dfrac{5\,年}{20\,年} \times \dfrac{1}{(1+0.05)^{15}} = 962$千円

5－18

562千円

解説

退職給付引当金 $= 962$千円 $- 400$千円 $= 562$千円

5－19

226千円

解説

勤務費用 $= 8{,}000$千円 $\times \dfrac{1\,年}{20\,年} \times \dfrac{1}{(1+0.05)^{14}} = 202$千円

利息費用 $= 962$千円 $\times 0.05 = 48$千円

期待運用収益 $= 400$千円 $\times 0.06 = 24$千円

退職給付費用 $= 202$千円 $+ 48$千円 $- 24$千円 $= 226$千円

5－20

ア	イ	
退職給付見込額	❶10,521	千円
ウ	エ	
❷526　　　千円	利息	
オ		
期待運用		

解説

❶ 退職給付債務 $= 16{,}000$千円 $\times \dfrac{20\,年}{25\,年} \times \dfrac{1}{(1+0.04)^{5}} = 10{,}521$千円

❷ 勤務費用 $= 16{,}000$千円 $\times \dfrac{1\,年}{25\,年} \times \dfrac{1}{(1+0.04)^{5}} = 526$千円

5－21

退職給付引当金の金額	17,260千円

解説

退職給付債務 $= 28{,}000$千円 $\times \dfrac{30\,年}{35\,年} \times 0.8025 = 19{,}260$千円

退職給付引当金 $= 19{,}260$千円 $- 2{,}000$千円 $= 17{,}260$千円

5－22

（単位：千円）

借　　方		貸　　方	
退職給付費用	1,335	退職給付引当金	1,335

解説

勤務費用 $= 28{,}500$千円 $\times \dfrac{1\,年}{38\,年} \times 0.8548 = 641$千円

退職給付債務期首残高 $= 28{,}500$千円 $\times \dfrac{33\,年}{38\,年} \times 0.8219 = 20{,}342$千円

利息費用 $= 20{,}342$千円 $\times 0.04 = 814$千円

期待運用収益 $= 2{,}000$千円 $\times 0.06 = 120$千円

退職給付費用 $= 641$千円 $+ 814$千円 $- 120$千円 $= 1{,}335$千円

5－23

	借方科目	金　　額	貸方科目	金　　額
(1)	退職給付費用	❶　330,000	退職給付引当金	330,000
(2)	退職給付引当金	❷20,000,000	当座預金	20,000,000
(3)	退職給付費用	❸　408,000	退職給付引当金	408,000
(4)	退職給付費用	❹ 1,300,000	退職給付引当金	1,300,000
(5)	退職給付費用	❺　426,000	退職給付引当金	426,000
(6)	退職給付費用	❻　572,000	退職給付引当金	572,000

解説

❶　　勤務費用　　300,000円

＋）利息費用　　　45,000円←1,800,000円×2.5%

　　　　　　　　　　　　　（期首退職給付債務×割引率）

－）期待運用収益　15,000円←500,000円×3％

　　　　　　　　　　　　　（期首年金資産×期待運用収益率）

　　退職給付費用　330,000円

❷ 年金基金に拠出すると年金資産が増加するので，退職給付引当金の帳簿価額は減少する。

❸ 勤務費用 $= 400{,}000$円

利息費用 $= 2{,}000{,}000$円 $\times 2\% = 40{,}000$円

期待運用収益 $= 800{,}000$円 $\times 4\% = 32{,}000$円

退職給付費用 $= 400{,}000$円 $+ 40{,}000$円 $- 32{,}000$円 $= 408{,}000$円

❹ 勤務費用 $= 850{,}000$円

利息費用 $= 25{,}000{,}000$円 $\times 3\% = 750{,}000$円

期待運用収益 $= 15{,}000{,}000$円 $\times 2\% = 300{,}000$円

退職給付費用 $= 850{,}000$円 $+ 750{,}000$円 $- 300{,}000$円 $= 1{,}300{,}000$円

❺ 勤務費用 $= 350{,}000$円

利息費用 $= 8{,}000{,}000$円 $\times 2\% = 160{,}000$円

期待運用収益 $= 2{,}400{,}000$円 $\times 3.5\% = 84{,}000$円

退職給付費用 $= 350{,}000$円 $+ 160{,}000$円 $- 84{,}000$円 $= 426{,}000$円

❻ 勤務費用 $= 560{,}000$円

利息費用 $= 2{,}800{,}000$円 $\times 2.5\% = 70{,}000$円

期待運用収益 $= 1{,}450{,}000$円 $\times 4\% = 58{,}000$円

退職給付費用 $= 560{,}000$円 $+ 70{,}000$円 $- 58{,}000$円 $= 572{,}000$円

5-24

(1) 利息費用の金額	❶ 180,000	円
(2) 期待運用収益の金額	❷ 80,000	円
(3) (ア)の金額	❸ 720,000	円
(4) (イ)の金額	❹ 3,820,000	円

解説

❶ 6,000,000円×3.0% = 180,000円

(利息費用=期首退職給付債務×割引率)

❷ 2,000,000円×4.0% = 80,000円

(期待運用収益=期首年金資産×期待運用収益率)

❸
```
   勤 務 費 用    600,000円
＋) 過去勤務費用    20,000円※
＋) 利 息 費 用   180,000円❶
－) 期待運用収益    80,000円❷
   退職給付費用   720,000円
```

※退職給付規定の改訂により，期首の退職給付引当金は，退職給付債務6,000,000円と年金資産2,000,000円との差額4,000,000円が計上される額となる。過去勤務費用は，この4,000,000円と現在退職給付引当金として計上されている3,700,000円との差額300,000円となる。そのため退職給付費用に含める過去勤務費用の償却額は300,000円÷15年=20,000円となる。

❹
```
退職給付引当金期首残高  退職給付費用   年金掛金     退職一時金
   3,700,000円    ＋  720,000円❸ － 200,000円 － 400,000円
 ＝3,820,000円
```
退職一時金の支払いや年金の掛け金の支払いは退職給付引当金の残高から控除する。

5-25

	勤 務 費 用	利 息 費 用	期末退職給付債務
×1年度	152,381 円	－	152,381 円
×2年度	(❺160,000)円	7,619 円	(❶320,000)円
×3年度	(❻168,000)円	(❸16,000)円	(❷504,000)円
×4年度	(176,400)円	(❹25,200)円	705,600 円

解説

❶ 705,600円÷4年 = 176,400円

176,400円×2年÷(1＋0.05)² = 320,000円

❷ 176,400円×3年÷(1＋0.05) = 504,000円

❸ 利息費用=期首退職給付債務×割引率

320,000円×5% = 16,000円

❹ 504,000円×5% = 25,200円

❺ 176,400円÷(1＋0.05)² = 160,000円

❻ 176,400円÷(1＋0.05) = 168,000円

5-26

	借 方		貸 方	
(1)	建 物	24,000,000	普 通 預 金	20,000,000
			資産除去債務	❶4,000,000
(2)	減 価 償 却 費	8,000,000	建物減価償却累計額	8,000,000
	利 息 費 用	80,000	資産除去債務	❷ 80,000

解説

❶ ¥4,244,832÷(1＋0.02)³ = ¥4,000,000

❷ ¥4,000,000×2% = ¥80,000

5-27

	(1)減価償却費	(2)利息費用	(3) 建物の期末帳簿価額	(4)資産除去債務の期末残高
20X1年度	¥ ❶680,000	¥ ❷24,000	¥ ❸6,120,000	¥ ❹824,000
20X2年度	¥ 680,000	¥ ❺24,720	¥ ❻5,440,000	¥ ❼848,720

解説

❶ (¥6,000,000＋¥800,000)÷10年 = ¥680,000

❷ ¥800,000×3% = ¥24,000(資産除去債務期首残高×割引率)

❸ ¥6,800,000－¥680,000❶ = ¥6,120,000

❹ ¥800,000＋¥24,000❷ = ¥824,000

❺ ¥824,000×3% = ¥24,720

❻ ¥6,120,000－¥680,000 = ¥5,440,000

❼ ¥824,000＋¥24,720 = ¥848,720

5-28

	借 方		貸 方	
(1)	機 械	1,095,147	現 金	1,000,000
			資産除去債務	❶ 95,147
(2)	減 価 償 却 費	❷ 219,029	機械減価償却累計額	219,029
	利 息 費 用	❸ 951	資産除去債務	951
(3)	減 価 償 却 費	219,029	機械減価償却累計額	219,029
	利 息 費 用	❹ 961	資産除去債務	961
(4)	機械減価償却累計額	1,095,147	機 械	1,095,147
	資産除去債務	100,000	現 金	115,000
	履 行 差 額	15,000		

解説

❶ ¥100,000÷(1＋0.01)⁵ = ¥95,147

❷ ¥1,095,147÷5年 = ¥219,029

❸ ¥95,147×1% = ¥951

❹ (¥95,147＋¥951)×1% = ¥961

5-29

	借 方 科 目	金 額	貸 方 科 目	金 額
(1)	機 械	3,115,308	現 金	3,000,000
			資産除去債務	115,308
(2)	減 価 償 却 費	1,038,436	機械減価償却累計額	1,038,436
	利 息 費 用	3,459	資産除去債務	3,459

(別解) 利息費用3,459円を減価償却費に加えて1,041,895円としても可。

(3) 履行差額の金額 △2,000円

(注) 差額が借方に生じる場合は，金額の前に△を付すこと。

解説

(1) 資産除去債務=126,000円÷(1＋0.03)³ = 115,308円

(2) 利息費用=115,308円×3% = 3,459円

(3) 履行差額の金額=126,000円－128,000円 = △2,000円

5-30

(1)	(2)	(3)	(4)
×	○	×	○

解説

(1) 資産除去債務は負債として計上する。

(3) 有形固定資産の帳簿価額に加算された除去費用は，減価償却によって各期間に配分される。

5－31

	借 方 科 目	金　　額	貸 方 科 目	金　　額
(1)	利　息　費　用	❶　15,000	資 産 除 去 債 務	15,000
	減 価 償 却 費	❷1,100,000	設備減価償却累計額	1,100,000
(2)	利　息　費　用	❸　15,000	資 産 除 去 債 務	15,000
	減 価 償 却 費	❹2,100,000	設備減価償却累計額	2,100,000

解説

❶　資産除去債務の期首残高：579,637円÷（1＋0.03）⁵
　　＝500,000円…ⓐ
　　利息費用：500,000円ⓐ×3％＝15,000円
❷　減価償却費：(5,000,000円＋500,000円ⓐ)÷5年＝1,100,000円
❸　資産除去債務の期首残高：347,288円÷（1＋0.05）³
　　＝300,000円…ⓑ
　　利息費用：300,000円ⓑ×5％＝15,000円
❹　減価償却費：(6,000,000円＋300,000円ⓑ)÷3年＝2,100,000円

第6章　純資産会計 (p.82)

6－1

ア	イ
負債	株主資本
ウ	エ
評価・換算差額等	資本剰余金
オ	カ
自己株式	資本準備金

6－2

ア	イ	ウ
株主資本	資本剰余金	自己株式
エ	オ	
資本準備金	その他資本剰余金	

6－3

	借　　方		貸　　方	
(1)	自 己 株 式	20,000,000	現　　　　　金	20,010,000
	支 払 手 数 料	10,000		
(2)	当 座 預 金	3,125,000	自 己 株 式	3,000,000
			その他資本剰余金	125,000
(3)	その他資本剰余金	4,000,000	自 己 株 式	4,000,000

6－4

	借　　方		貸　　方	
(1)	その他資本剰余金	1,100,000	未 払 配 当 金	1,000,000
			資 本 準 備 金 ❶	100,000
(2)	繰越利益剰余金	3,720,000	未 払 配 当 金	3,000,000
			利 益 準 備 金 ❷	220,000
			別 途 積 立 金	500,000
(3)	その他資本剰余金	1,100,000	未 払 配 当 金	4,000,000
	繰越利益剰余金	3,300,000	資 本 準 備 金 ❸	100,000
			利 益 準 備 金 ❹	300,000

解説

❶　配当金の10分の1：￥1,000,000÷10＝￥100,000…ⓐ
　　資本金の4分の1－準備金：
　　￥15,000,000÷4－(￥2,000,000＋￥750,000)＝￥1,000,000…ⓑ
　　ⓐとⓑのうち小さい方：￥100,000
❷　配当金の10分の1：￥3,000,000÷10＝￥300,000…ⓒ
　　資本金の4分の1－準備金：
　　￥10,000,000÷4－(￥1,500,000＋￥780,000)＝￥220,000…ⓓ
　　ⓒとⓓのうち小さい方：￥220,000
❸　配当金の10分の1：￥4,000,000÷10＝￥400,000…ⓔ
　　資本金の4分の1－準備金：
　　￥20,000,000÷4－(￥3,500,000＋￥1,000,000)＝￥500,000…ⓕ
　　ⓔとⓕのうち小さい方：￥400,000
　　資本準備金の積立額

$$￥400,000×\frac{￥1,000,000}{￥1,000,000＋￥3,000,000}＝￥100,000$$

❹　利益準備金の積立額

$$￥400,000×\frac{￥3,000,000}{￥1,000,000＋￥3,000,000}＝￥300,000$$

6-5

(1)	(2)	(3)	(4)	(5)	(6)
×	×	×	○	○	×

解説

(1) 自己株式の処分差額は，その他資本剰余金となる。

(2) 付随費用は支払手数料勘定で処理する。

(3) その他資本剰余金が負の値（借方残高）になったときは，期末にその他利益剰余金を減額して補てんする。

(6) 新株予約権は，株主資本以外の項目として純資産の部に表示する。

6-6

	借方科目	金額	貸方科目	金額
(1)	自己株式	48,000,000	現金	48,120,000
	支払手数料	120,000		
(2)	当座預金	800,000	自己株式	880,000
	その他資本剰余金	80,000		
(3)	自己株式	1,950,000	現金	1,950,000
(4)	その他資本剰余金	900,000	自己株式	900,000

6-7

	借方科目	金額	貸方科目	金額
(1)	その他資本剰余金	990,000	未払配当金	900,000
			資本準備金 ❶	90,000
(2)	その他資本剰余金	2,200,000	未払配当金	5,000,000
	繰越利益剰余金	3,300,000	資本準備金 ❷	200,000
			利益準備金 ❸	300,000
(3)	当座預金	50,000,000	資本金	25,000,000
			資本準備金	25,000,000
	株式交付費	400,000	現金	400,000

解説

❶ 配当金の10分の1：900,000円÷10＝90,000円…ⓐ

資本金の4分の1－準備金：

10,000,000円÷4－(1,200,000円＋340,000円)＝960,000円…ⓑ

ⓐとⓑのうち小さい方：90,000円

❷ 配当金の10分の1：5,000,000円÷10＝500,000円…ⓒ

資本金の4分の1－準備金：

60,000,000円÷4－(8,500,000円＋2,300,000円)＝4,200,000円…ⓓ

ⓒとⓓのうち小さい方：500,000円

資本準備金の積立額

$$500,000円 \times \frac{2,000,000円}{2,000,000円+3,000,000円} = 200,000円$$

❸ 利益準備金の積立額

$$500,000円 \times \frac{3,000,000円}{2,000,000円+3,000,000円} = 300,000円$$

6-8

(1)	資本金	❶	28,000,000 円
(2)	その他資本剰余金	❷	1,460,000 円
(3)	自己株式	❸	△1,200,000 円
(4)	利益剰余金	❹	3,950,000 円
(5)	その他有価証券評価差額金		310,000 円

解説

2．(借)繰越利益剰余金 1,280,000 (貸)未払配当金 700,000
利益準備金(注) 40,000
別途積立金 540,000

3．(借)当座預金 2,940,000 (貸)自己株式 2,800,000
その他資本剰余金 140,000

4．(借)その他有価証券 310,000 (貸)その他有価証券評価差額金 310,000

5．(借)当座預金 8,000,000 (貸)資本金 8,000,000

6．(借)損益 897,000 (貸)繰越利益剰余金 897,000

(注) 配当金の10分の1：700,000円÷10＝70,000円…ⓐ

資本金の4分の1－準備金：

20,000,000円÷4－(3,900,000円＋1,060,000円)＝40,000円…ⓑ

ⓐとⓑのうち小さい方：40,000円→利益準備金積立額

❶ 20,000,000円＋8,000,000円＝28,000,000円

❷ 1,320,000円＋140,000円＝1,460,000円

❸ 4,000,000円－2,800,000円＝1,200,000円

❹ 利益準備金：1,060,000円＋40,000円＝1,100,000円

別途積立金：800,000円＋540,000円＝1,340,000円

繰越利益剰余金：

1,893,000円－1,280,000円＋897,000円＝1,510,000円

その他利益剰余金(利益準備金＋別途積立金＋繰越利益剰余金)：

1,100,000円＋1,340,000円＋1,510,000円＝3,950,000円

❺ その他有価証券は洗替法により期首に次の仕訳がされている。

(借)その他有価証券評価差額金 180,000 (貸)その他有価証券 180,000

6-9

	借方		貸方	
(1)	当座預金	60,000	新株予約権 ❶	60,000
(2)	当座預金 ❷	840,000	資本金 ❹	441,000
	新株予約権 ❸	42,000	資本準備金	441,000
(3)	新株予約権 ❺	18,000	新株予約権戻入益	18,000

解説

❶ ￥600×100個＝￥60,000

❷ ￥12,000×70株＝￥840,000

❸ ￥600×70個＝￥42,000

❹ (￥840,000＋￥42,000)÷2＝￥441,000

❺ ￥600×30個＝￥18,000

6－10

	借　　方		貸　　方	
(1)	株式報酬費用	❶480,000	新株予約権	480,000
(2)	株式報酬費用	480,000	新株予約権	480,000
(3)	株式報酬費用	❷360,000	新株予約権	360,000
(4)	当座預金	❸2,800,000	資　本　金	❹1,700,000
	新株予約権	600,000	資本準備金	1,700,000

解説
❶ 株式報酬費用＝¥3,000×480個÷3年＝¥480,000
❷ 株式報酬費用＝¥3,000×440個－(¥480,000＋¥480,000)
　　　　　　　＝¥360,000
　権利確定数の見積もりの修正による影響は，修正を行った期の株式報酬費用に含める。
❸ 払込金＝権利行使価格¥14,000×200個＝¥2,800,000
❹ 資本金計上額＝(¥2,800,000＋¥600,000)÷2＝¥1,700,000

6－11

	借　　方		貸　　方	
(1)	当座預金	1,200,000	新株予約権	1,200,000
(2)	当座預金	❶1,800,000	資　本　金	1,440,000
	新株予約権	❷1,080,000	資本準備金	1,440,000
(3)	新株予約権	120,000	新株予約権戻入益	120,000

解説
❶ @¥50,000×36株＝¥1,800,000
❷ @¥30,000×36個＝¥1,080,000

6－12

(1)	(2)	(3)	(4)
○	×	×	○

解説
(2) 従業員に対して報酬の一部として付与される新株予約権を，ストック・オプションという。
(3) 払込金とともに資本金および資本準備金に振り替える。

6－13

	借方科目	金　　額	貸方科目	金　　額
(1)	当座預金	❶5,250,000	資　本　金	2,750,000
	新株予約権	❷250,000	資本準備金	2,750,000
(2)	当座預金	1,080,000	社　　債	❸980,000
			新株予約権	❹100,000

解説
❶ 50個×105,000円＝5,250,000円
❷ 50個×5,000円＝250,000円
❸ 1,000,000円×$\frac{98円}{100円}$＝980,000円
❹ 200個×500円＝100,000円

6－14

(1) 新株予約権の金額　　6,080,000円

(2) 資本金の金額　　28,800,000円

(3)
借方科目	金　　額	貸方科目	金　　額
新株予約権	200,000	新株予約権戻入益	200,000

(4) 株式報酬費用の金額　　1,335,000円

解説
(1) ①×1年4月1日に交付した新株予約権の払込金額に②×2年3月31日に計上した株式報酬費用の金額を加算して求める。
　　① 10,000円×500個＝5,000,000円
　　② 20,000円×144個×$\frac{9か月}{24か月}$＝1,080,000円

　　付与日から当期の決算日までの月数：
　　×1年7月～×2年3月…9か月
　　勤務対象期間：×1年7月～×3年6月…24か月
　　5,000,000円＋1,080,000円＝6,080,000円
(2) ③権利行使をした新株予約権の金額と④1株あたりの権利行使価額と交付株数を掛けた金額を合算して求める。
　　③ 10,000円×480個＝4,800,000円
　　④ 50,000円(権利行使価額)×480株＝24,000,000円
　　4,800,000円＋24,000,000円＝28,800,000円
(3) ⑤失効した新株予約権の金額を，新株予約権勘定から新株予約権戻入益勘定に振り替える。
　　⑤ 10,000円×20個＝200,000円
(4) ⑥見積もり変更後の権利確定数によって株式報酬費用の金額を求める。
　　⑥ 20,000円×138個×$\frac{21か月}{24か月}$－1,080,000円＝1,335,000円

　　付与日から当期の決算日までの月数：
　　×1年7月～×3年3月…21か月

仕訳は，次のとおりである。

×1.4／1
(借)当座預金　5,000,000　(貸)新株予約権① 5,000,000
×2.3／31
(借)株式報酬費用② 1,080,000　(貸)新株予約権　1,080,000
×2.4／1
(借)新株予約権③ 4,800,000　(貸)資　本　金　28,800,000
　　当座預金④24,000,000
×2.10／1
(借)新株予約権　200,000　(貸)新株予約権戻入益⑤　200,000
×3.3／31
(借)株式報酬費用⑥ 1,335,000　(貸)新株予約権　1,335,000

6 - 15

(1)	新株予約権の金額	❶	2,000,000円
(2)	資本金(ア)の金額	❷	105,000,000円
(3)	資本金の増加額	❸	12,350,000円
(4)	利益準備金の金額	❹	3,150,000円
(5)	新株予約権戻入益の金額	❺	100,000円

解説

❶ 400個×5,000円＝2,000,000円

❷ 第1期：1,500株×60,000円 ＝ 90,000,000円
第2期：500株×60,000円÷2 ＝ 15,000,000円 (+
105,000,000円

❸ 権利行使額：380株×60,000円＝22,800,000円
新株予約権：380個× 5,000円 ＝ 1,900,000円 (+
24,700,000円÷2＝12,350,000円

❹ 第3期の利益準備金積立額
配当金の10分の1：1,500,000円÷10＝150,000円ⓐ
資本金の4分の1−準備金：105,000,000円÷4
−(15,000,000円＋3,000,000円)
＝8,250,000円ⓑ
ⓐとⓑのうち小さい方：150,000円
3,000,000円＋150,000円＝3,150,000円

❺ 20個×5,000円＝100,000円
仕訳は次のとおりである。

① 第1期
(借)当 座 預 金 90,000,000 (貸)資　　本　　金 90,000,000

② 第2期
1.(借)当 座 預 金 30,000,000 (貸)資　　本　　金 15,000,000
資 本 準 備 金 15,000,000
2.(借)当 座 預 金 2,000,000 (貸)新 株 予 約 権 2,000,000

③ 第3期
1.(借)繰越利益剰余金 1,750,000 (貸)未 払 配 当 金 1,500,000
利 益 準 備 金 150,000
別 途 積 立 金 100,000
2.(借)当 座 預 金 22,800,000 (貸)資　　本　　金 12,350,000
新 株 予 約 権 1,900,000 資 本 準 備 金 12,350,000

6 - 16

(ア)	❶ 1,380,000円	(イ)	❷ 9,600,000円
(ウ)	❸ 2,400,000円	(エ)	❹ 360,000円
(オ)	新株予約権戻入益		

解説

❶ ×1／10／1〜×3／3／31…18か月

940個×3,000円× $\frac{18か月}{24か月}$ −735,000円＝1,380,000円

❷ 800株×12,000円＝9,600,000円

❸ 800個×3,000円＝2,400,000円

❹ 権利確定数(最終)　権利行使数
920個　　−　　800個　＝120個
120個×3,000円＝360,000円

6 - 17

(1)	❶ 46,400千円	(2)	❷ 43,200千円	(3)	❸ 32,000千円

解説

❶ 剰余金の額
＝その他資本剰余金＋任意積立金＋繰越利益剰余金
＝8,000千円＋14,400千円＋24,000千円＝46,400千円

❷ 分配可能額
＝剰余金の額−自己株式
＝46,400千円−3,200千円＝43,200千円

❸ のれん等調整額
＝のれん÷2＋繰延資産
＝80,000千円÷2＋24,000千円＝64,000千円
分配可能額から控除される金額
＝のれん等調整額−(資本金＋資本準備金＋利益準備金)
＝64,000千円−(43,200千円＋6,400千円＋3,200千円)
＝11,200千円
分配可能額
＝剰余金の額−自己株式−控除金額
＝46,400千円−3,200千円−11,200千円＝32,000千円

6 - 18

A社	❶	40,500千円	B社	❷	130,000千円

解説

❶ 剰余金の額
＝その他資本剰余金＋その他利益剰余金
＝7,500千円＋36,500千円＝44,000千円
分配可能額
＝剰余金の額−自己株式
＝44,000千円−3,500千円＝40,500千円

❷ 剰余金の額
＝その他資本剰余金＋その他利益剰余金
＝30,000千円＋120,000千円＝150,000千円
のれん等調整額
＝のれん÷2＋繰延資産
＝60,000千円÷2＋140,000千円＝170,000千円
分配可能額から控除される金額
＝のれん等調整額−(資本金＋資本準備金＋利益準備金)
＝170,000千円−(136,000千円＋20,000千円＋10,000千円)
＝4,000千円
分配可能額
＝剰余金の額−自己株式−控除金額
＝150,000千円−16,000千円−4,000千円＝130,000千円

6-19

分配可能額	84,500千円

解説

剰余金の額

$\quad$=その他資本剰余金+任意積立金+繰越利益剰余金

$\quad$=5,000千円+10,000千円+93,000千円=108,000千円

のれん等調整額

$\quad$=のれん÷2+繰延資産

$\quad$=140,000千円÷2+80,000千円=150,000千円

分配可能額から控除される金額

$\quad$=のれん等調整額-(資本金+資本準備金+利益準備金)

$\quad$=150,000千円-(80,000千円+30,000千円+30,000千円)

$\quad$=10,000千円

分配可能額

$\quad$=剰余金の額-自己株式-その他有価証券評価差額金の借方残高-控除金額

$\quad$=108,000千円-10,500千円-3,000千円-10,000千円

$\quad$=84,500千円

6-20

(1)　×1年3月31日の剰余金の額　　❶　68,100　千円

(2)　×1年5月31日の剰余金の額　　❷　69,600　千円

(3)　×1年5月31日の分配可能額　　❸　51,100　千円

解説

❶　貸借対照表より,

$\quad$その他資本剰余金4,300千円+繰越利益剰余金63,800千円

$\quad$=68,100千円

❷　資料2の4月30日の取引の仕訳(単位：千円)は,次のとおりである。

$\quad$(借)当座預金　　6,500　(貸)自己株式　　5,000

$\quad$その他資本剰余金　1,500

$\quad$よって,5月31日の剰余金の額は,

$\quad$前期末剰余金額68,100千円+その他資本剰余金増加額1,500千円

$\quad$=69,600千円

❸　5月31日の剰余金の額から,次の(ア)(イ)(ウ)(エ)の金額を差し引いて分配可能額を求める。

$\quad$(ア)　5月31日時点の自己株式の帳簿価額

$\qquad$12,000千円-5,000千円=7,000千円

$\quad$(イ)　前期末から5月31日までに処分した自己株式の対価の額

$\quad$(ウ)　その他有価証券評価差額金のマイナス残高(前期末)

$\quad$(エ)　のれん等調整額(前期末)

$\qquad$(のれん300,000千円÷2+繰延資産12,000千円)

$\qquad$-資本金等(140,000千円+12,000千円+8,000千円)=2,000千円

$\quad$よって,5月31日時点の分配可能額は,

$\quad$69,600千円-7,000千円(ア)-6,500千円(イ)

$\qquad$-3,000(ウ)千円-2,000千円(エ)=51,100千円

(単位：千円)

	借　　方		貸　　方	
(1)	繰越利益剰余金	1,100	未 払 配 当 金	1,000
			利 益 準 備 金	100
(2)	当 座 預 金	1,800	自 己 株 式	1,500
			その他資本剰余金	300
(3)	その他資本剰余金	500	自 己 株 式	500
(4)	当 座 預 金	500	新 株 予 約 権	500
(5)	当 座 預 金	4,000	資 本 金	2,200
	新 株 予 約 権	400	資 本 準 備 金	2,200
(6)	その他有価証券	350	その他有価証券評価差額金	350
(7)	損 益	1,500	繰越利益剰余金	1,500

株主資本等変動計算書
自20X1年4月1日　至20X2年3月31日

(単位：千円)

	株主資本									評価・換算差額等	新株予約権	純資産合計
	資本金	資本剰余金		利益剰余金			自己株式	株主資本合計		その他有価証券評価差額金		
		資本準備金	その他資本剰余金	利益準備金	その他利益剰余金							
					別途積立金	繰越利益剰余金						
当期首残高	50,000	2,000	1,300	5,000	900	24,800	△2,500	81,500	—	—		81,500
当期変動額												
新 株 の 発 行	2,200	2,200						4,400				4,400
剰 余 金 の 配 当				100		△1,100		△1,000				△1,000
当 期 純 利 益						1,500		1,500				1,500
自 己 株 式 の 処 分			300				1,500	1,800				1,800
自 己 株 式 の 消 却			△500				500	—				—
株主資本以外の項目の当期変動額（純額）									350	100		450
当期変動額合計	2,200	2,200	△200	100	—	400	2,000	6,700	350	100		7,150
当期末残高	52,200	4,200	1,100	5,100	900	25,200	△500	88,200	350	100		88,650

6－22

(1)	(2)	(3)	(4)
○	×	×	×

解説

(2) 株主資本等変動計算書は純資産を構成する各項目について，当期中の増減を表示する計算書である。

(3) 株主資本等変動計算書には，株主資本以外の項目である評価・換算差額等や新株予約権の変動額も表示される。

(4) 株主資本等の純資産を構成する項目について当期中の増減を表示する計算書である。

第7章　損益会計 (p.103)

7-1

(1)	(2)	(3)
履行義務	契約資産	契約負債
(4)	(5)	
変動対価	返金負債	

7-2

借　　　　方	貸　　　　方
売　　掛　　金　　800,000	売　　　　　上　　800,000

解説

商品の検収が完了
⇒「商品を引き渡す」という履行義務の充足
⇒売上収益を認識

7-3

	借　　　　方	貸　　　　方
(1)	売　掛　金　❷ 180,000	売　　　　上　❸ 158,400 返　金　負　債　❶ 21,600
(2)	返　金　負　債　21,600	売　　掛　　金　14,400 売　　　　上　7,200

解説

❶ 対価の受取りが見込めない額(返金負債)
　　＝150個×@¥1,200×返品権の行使率12%
　　＝¥21,600
❷ 現金販売価格＝150個×@¥1,200＝¥180,000
❸ 現金販売価格(¥180,000)から対価の受取りが見込めない額
　(¥21,600)を控除した金額が売上収益の計上額となる。
　　¥180,000－¥21,600＝¥158,400
(参考)
　売上原価と返品資産に関する仕訳を示すと,次のようになる。
　(1) (借)売　上　原　価　105,600 (貸)仕　　　　入　120,000
　　　　　　　　返　品　資　産※　14,400
　※見込まれる返品相当の金額
　　＝150個×@¥800×返品権の行使率12%＝¥14,400
　　⇒売上原価から控除して,返品資産を計上する。
　(2) (借)仕　　　　　入※　9,600 (貸)返　品　資　産　14,400
　　　　　　　売　上　原　価　4,800
　※実際に返品された商品(原価)
　　＝12個×@¥800＝¥9,600

7-4

	借　　　　方	貸　　　　方
(1)	売　掛　金　700,000	売　　　　上　❶ 700,000
(2)	現　　　金　713,200	売　　掛　　金　700,000 受　取　利　息　❷ 13,200

解説

❶ 売上収益は,現金販売価格¥700,000で計上する。
❷ 受取利息(重要な金融要素)
　　＝富山商店から受け取る対価－現金販売価格
　　＝¥713,200－¥700,000＝¥13,200

7-5

	借　　　　方	貸　　　　方
(1)	現　　　　金　3,840,000	売　　　　上　❶ 3,763,200 契　約　負　債　❷ 76,800
(2)	契　約　負　債　25,600	売上(役務収益)　❸ 25,600

解説

❶ 製品の引渡しに関する履行義務

　　取引価格¥3,840,000×$\dfrac{¥3,822,000}{¥3,822,000+¥78,000}$＝¥3,763,200

　　製品は販売時に引き渡しているので,履行義務は充足され,
　売上収益として計上する。
❷ 保証サービスの提供に関する履行義務

　　取引価格¥3,840,000×$\dfrac{¥78,000}{¥3,822,000+¥78,000}$＝¥76,800

　　保証サービスはまだ提供されていないので,履行されていな
　い義務として,契約負債を計上する。
❸ 3年の契約期間のうち,1年間分の保証サービスを提供した
　ので,履行義務の充足として売上(役務収益)を計上する。

　　$¥76,800×\dfrac{1年}{3年}＝¥25,600$

7-6

	借　　　　方	貸　　　　方
(1)	仕　訳　な　し　❶	
(2)	売　　掛　　金　104,000 支　払　手　数　料　❸ 26,000	売上(役務収益)　❷ 130,000

解説

❶ 商品の所有権と保管の責任・リスクは愛知製作株式会社にあ
　る。
　　⇒商品に対する支配は,山梨販売株式会社に移転していない。
　　⇒委託販売の商品を引き渡した時点では,収益は認識しない。
❷ 最終顧客に商品が引き渡されたことで,商品に対する支配が
　移転された。
　　⇒愛知製作株式会社は売上収益を認識する。
　　売上＝現金販売価格＝260個×@¥500＝¥130,000
❸ 山梨販売株式会社へ支払う販売手数料
　　＝¥130,000×20%＝¥26,000

	借　　　　　方		貸　　　　　方	
(1)	工　事　原　価 ❶	9,600,000	材料費・労務費・経費	9,600,000
	契　約　資　産	18,000,000	工　事　収　益 ❷	18,000,000
(2)	工　事　原　価 ❸	34,560,000	材料費・労務費・経費	34,560,000
	契　約　資　産	64,800,000	工　事　収　益 ❹	64,800,000
(3)	工　事　原　価 ❺	19,840,000	材料費・労務費・経費	19,840,000
	契　約　資　産	37,200,000	工　事　収　益 ❻	37,200,000

解説

　工事契約における工事の進捗度や工事収益の計算を表にまとめる
と次のようになる。

		(1)	(2)	(3)
		20X1年度末	20X2年度末	20X3年度末
（A）工事収益総額		120,000,000	120,000,000	120,000,000
（B）工事原価総額		64,000,000	64,000,000	64,000,000
前期までに発生した工事原価			9,600,000	44,160,000
当期に発生した工事原価（＋）	❶	9,600,000	❸ 34,560,000	❺ 19,840,000
（C）当期末までに発生した 工事原価（累計）		9,600,000	44,160,000	64,000,000
（D）当期末までの工事の 進捗度（C／B×100）		15%	69%	100%
工事収益総額に当期末の工事の 進捗度を乗じて得た額（A×D）		18,000,000	82,800,000	120,000,000
前期までに計上した工事収益（△）			18,000,000	82,800,000
当期の工事収益	❷	18,000,000	❹ 64,800,000	❻ 37,200,000

❶❸❺　各年度に実際に発生した工事原価を計上する。

❷　￥120,000,000×15％＝￥18,000,000

❹　￥120,000,000×69％－￥18,000,000＝￥64,800,000

❻　￥120,000,000－￥82,800,000＝￥37,200,000

	借　　　方	貸　　　方
(1)	工　事　原　価	❶18,760,000	材料費・労務費・経費	18,760,000
	契　約　資　産	33,600,000	工　事　収　益	❷33,600,000
(2)	工　事　原　価	❸83,990,000	材料費・労務費・経費	83,990,000
	契　約　資　産	152,400,000	工　事　収　益	❹152,400,000
(3)	工　事　原　価	❺34,250,000	材料費・労務費・経費	34,250,000
	契　約　資　産	62,000,000	工　事　収　益	❻62,000,000

解説

　工事契約における工事の進捗度や工事収益の計算を表にまとめると次のようになる。

工事契約の内容を変更

	(1)	(2)	(3)
	20X4年度末	20X5年度末	20X6年度末
契約当初の工事収益総額	240,000,000	240,000,000	240,000,000
変更額（＋）		8,000,000	8,000,000
（A）工事収益総額	240,000,000	248,000,000	248,000,000
契約当初の工事原価総額	134,000,000	134,000,000	134,000,000
変更額（＋）		3,000,000	3,000,000
（B）工事原価総額	134,000,000	137,000,000	137,000,000
前期までに発生した工事原価		18,760,000	102,750,000
当期に発生した工事原価（＋）	❶ 18,760,000	❸ 83,990,000	❺ 34,250,000
（C）当期末までに発生した　工事原価（累計）	18,760,000	102,750,000	137,000,000
（D）当期末までの工事の　進捗度（C／B×100）	14%	75%	100%
工事収益総額に当期末の工事の進捗度を乗じて得た額（A×D）	33,600,000	186,000,000	248,000,000
前期までに計上した工事収益（△）		33,600,000	186,000,000
当期の工事収益	❷ 33,600,000	❹ 152,400,000	❻ 62,000,000

❶❸❺　各年度に実際に発生した工事原価を計上する。

❷　￥240,000,000×14％＝￥33,600,000

❹　￥248,000,000×75％－￥33,600,000＝￥152,400,000

❻　￥248,000,000－￥186,000,000＝￥62,000,000

7－9

ア	イ
顧客	契約
ウ	エ
履行義務	取引価格
オ	カ
充足	収益の認識

7－10

	借　　　方		貸　　　方	
(1)	売　掛　金	❶ 960,000	売　　　　上	❷ 883,200
			返　金　負　債	76,800
(2)	返　金　負　債	76,800	売　掛　金	❸ 60,000
			売　　　　上	16,800

解説

❶ 800個×@￥1,200＝￥960,000

❷ ￥960,000×（1－0.08）＝￥883,200

❸ 50個×@￥1,200＝￥60,000

7－11

	借　　　方		貸　　　方	
(1)	現　　　　金	630,000	売　　　　上	❶ 598,500
			契　約　負　債	31,500
(2)	契　約　負　債	10,500	売　　　　上	❷ 10,500
			（役　務　収　益）	

解説

❶ $￥630,000 × \dfrac{￥627,000}{￥627,000＋￥33,000} ＝￥598,500$

❷ $\dfrac{￥31,500}{3年} ＝￥10,500$

7－12

	借　方　科　目	金　　額	貸　方　科　目	金　　額
(1)	契　約　資　産	❶ 80,000	売　　　　上	❷ 80,000
(2)	売　掛　金	150,000	契　約　資　産	❸ 80,000
			売　　　　上	❹ 70,000
(3)	現　　　　金	150,000	売　掛　金	150,000

解説

❶ 商品Ｘと商品Ｙの両方を引き渡しておらず，まだ代金の請求ができないので，売掛金（債権）ではなく，前段階として「契約資産」￥80,000を計上する。

❷ 「商品Ｘの引渡し」という履行義務が充足されたので，売上収益￥80,000を認識する。

❸ 商品Ｘと商品Ｙの両方を引き渡したことで，代金の請求ができるようになったため，契約資産80,000円は売掛金に振り替える。

❹ 「商品Ｙの引渡し」という履行義務が充足されたので，売上収益￥70,000を認識する。

7－13

	借　方　科　目	金　　額	貸　方　科　目	金　　額
(1)	売　掛　金	❶ 175,000	売　　　　上	❸ 161,000
			返　金　負　債	❷ 14,000
(2)	売　掛　金	❹ 125,000	売　　　　上	❻ 115,000
			返　金　負　債	❺ 10,000
(3)	返　金　負　債	24,000	売　掛　金	❼ 24,000

解説

❶ @250円×700個＝175,000円

❷ 返金する見込みの金額（変動対価）
＝@20円×700個＝14,000円

❸ 変動対価である売上割戻し（リベート）分14,000円を控除した金額を，売上収益として計上する。
175,000円－14,000円＝161,000円

❹ @250円×500個＝125,000円

❺ 返金する見込みの金額（変動対価）
＝@20円×500個＝10,000円

❻ 変動対価である売上割戻し（リベート）分10,000円を控除した金額を，売上収益として計上する。
125,000円－10,000円＝115,000円

❼ 3/12販売分700個と3/24販売分500個の合計1,200個分の売上割戻し額を売掛金と相殺する。
@20円×1,200個＝24,000円

7－14

	借　方　科　目	金　　額	貸　方　科　目	金　　額
(1)	現　　　　金	300,000	売　　　　上	❶ 275,229
			契　約　負　債	❷ 24,771
(2)	契　約　負　債	9,908	売　　　　上	❸ 9,908

解説

❶ $300,000円 × \dfrac{300,000円}{300,000円＋27,000円} ＝275,229円$

❷ $300,000円 × \dfrac{27,000円}{300,000円＋27,000円} ＝24,771円$

❸ $24,771円 × \dfrac{使用されたポイント10,000ポイント}{使用を見込むポイント総数（変更後）25,000ポイント}$
$＝9,908円$

第8章　リース会計 (p.118)

8－1

ア	イ	ウ
オペレーティング・リース	リース期間	現金購入価額

8－2

	借　　方		貸　　方	
①	リース資産	13,105,250	リース債務	13,105,250
②	リース債務	1,975,790	現金預金	2,500,000
	支払利息	524,210		
	減価償却費	2,184,208	リース資産減価償却累計額	2,184,208
③	リース債務	2,054,822	現金預金	2,500,000
	支払利息	445,178		
	減価償却費	2,184,208	リース資産減価償却累計額	2,184,208

解説
① リース資産の取得原価
　　＝￥2,500,000×5.2421＝￥13,105,250
② 支払利息＝￥13,105,250×0.04＝￥524,210
　リース債務返済額＝￥2,500,000－￥524,210＝￥1,975,790
　減価償却費＝￥13,105,250÷6年＝￥2,184,208
③ 支払利息＝(￥13,105,250－￥1,975,790)×0.04＝￥445,178

8－3

	借　　方		貸　　方	
①	支払リース料	4,000,000	当座預金	4,000,000
②	前払リース料	❶2,000,000	支払リース料	2,000,000

解説
❶ $￥4,000,000×\dfrac{6か月}{12か月}＝￥2,000,000$

8－4

（単位：千円）

	借　　方		貸　　方	
①	リース資産	14,039	リース債務	14,039
②	リース債務	1,579	当座預金	2,000
	支払利息	421		
	減価償却費	1,755	リース資産減価償却累計額	1,755
③	リース債務	1,626	当座預金	2,000
	支払利息	374		
	減価償却費	1,755	リース資産減価償却累計額	1,755

解説　（千円未満を四捨五入）
① リース資産の取得原価＝2,000千円×7.0197
　　　　　　　　　　　　＝14,039千円
② 支払利息＝14,039千円×0.03＝421千円
　リース債務返済額＝2,000千円－421千円＝1,579千円
　減価償却費＝14,039千円÷8年＝1,755千円
③ 支払利息＝(14,039千円－1,579千円)×0.03＝374千円

8－5

（単位：千円）

	借　　方		貸　　方	
①	支払リース料	3,600	当座預金	3,600
②	前払リース料	1,200	支払リース料	1,200

解説
② $前払リース料＝3,600千円×\dfrac{4か月}{12か月}＝1,200千円$

8－6

(1)	(2)	(3)	(4)
×	○	○	×

解説
(1) ファイナンス・リース取引におけるリース資産およびリース債務は，貸手の購入価額，リース料総額の現在価値，見積現金購入価額のいずれかとなる。
(4) 通常の賃貸借取引と同様の会計処理が行われる。

8－7

	借方科目	金　　額	貸方科目	金　　額
(1)	リース資産	7,620,000	リース債務	7,620,000
(2)	リース債務	4,442,390	当座預金	5,000,000
	支払利息	557,610		
	減価償却費	4,580,000	リース資産減価償却累計額	4,580,000

解説
(1) リース資産
　リース料総額の現在価値：1,500,000円×5.08＝7,620,000円ⓐ
　見積現金購入価額：7,800,000円ⓑ
　ⓐとⓑのうち小さい方：7,620,000円
(2) ×1／4／1のリース債務(リース資産)
　リース料総額の現在価値：5,000,000円×4.580＝22,900,000円ⓐ
　見積現金購入価額：23,000,000円ⓑ
　ⓐとⓑのうち小さい方：22,900,000円

リース債務返済予定表（追加借入利子率：年3％）

	期首リース債務	リース料	支払利息	リース債務返済額	期末リース債務
×1年度	22,900,000	5,000,000	687,000	4,313,000	18,587,000
×2年度	18,587,000	5,000,000	557,610	4,442,390	14,144,610

支払利息＝期首リース債務×追加借入利子率
リース債務返済額＝リース料－支払利息
減価償却費＝22,900,000円÷5年＝4,580,000円

8－8

(1) リース債務の金額 　　　1,387,545円

(2) 支払利息の金額 　　　72,598円

　　減価償却費の金額 　　　370,985円

解説

　リース開始時のリース債務の金額は資料の5から2,225,911円であり, リース債務の返済予定表は次のとおりである。(③の計算において円位未満四捨五入)

リース債務返済予定表 　　　(単位：円)

支　払　日	①リース債務期首残高	②リース料	③利息分 (①×4％)	④リース債務返済分 (②－③)	⑤リース債務期末残高 (①－④)
×2年3/31	2,225,911	500,000	89,036	410,964	1,814,947
×3年3/31	1,814,947	500,000	(2)72,598	427,402	(1)1,387,545
×4年3/31	1,387,545	500,000	55,502	444,498	943,047
×5年3/31	943,047	500,000	37,722	462,278	480,769
×6年3/31	480,769	500,000	19,231	480,769	0

減価償却費：2,225,911円÷6年≒370,985円

8－9

問1

リース債務返済予定表 　　　(単位：円)

	支払リース料	支払利息	リース債務返済額	リース債務帳簿価額
×1年4月1日	—	—	—	❶416,400
×2年3月31日	120,000	❹24,000	❸96,000	❷320,400
×3年3月31日	120,000	19,200	100,800	219,600
×4年3月31日	120,000	13,200	106,800	112,800
×5年3月31日	120,000	7,200	112,800	0

問2

	借 方 科 目	金 額	貸 方 科 目	金 額
リース料支払	リース債務 支払利息	96,000 24,000	当 座 預 金	120,000
減価償却	減価償却費	104,100	減価償却累計額	104,100

解説

❶ リース料総額の割引現在価値：120,000円×3.47＝416,400円
　　見積現金購入価額450,000円＞416,400円

❷ 120,000円×2.67＝320,400円

❸ 416,400円－320,400円＝96,000円

❹ 120,000円－96,000円＝24,000円

8－10

(1)

リース債務返済予定表 　　　(単位：円)

	リース資産帳簿価額	支払リース料	支払利息	リース債務返済額	リース債務帳簿価額
×1年4月1日	❶7,420,000	—	—	—	❶7,420,000
×2年3月31日	5,936,000	2,000,000	❷222,600	❸1,777,400	❹5,642,600
×3年3月31日	4,452,000	2,000,000	169,278	1,830,722	3,811,878

(2) 当期における減価償却費 　　　1,484,000円

(3) 所有権が移転しない場合の当期の減価償却費 　　　1,855,000円

(4)

借 方 科 目	金 額	貸 方 科 目	金 額
支払リース料	2,000,000	当 座 預 金	2,000,000

解説

(1) ❶ ×1／4／1のリース債務(リース資産)
　　リース料総額の現在価値：2,000,000円×3.71＝7,420,000円ⓐ
　　見積現金購入価額：7,500,000円ⓑ
　　ⓐとⓑのうち小さい方：7,420,000円
　❷ 支払利息＝期首リース債務×割引率
　　7,420,000円×3％＝222,600円
　❸ リース債務返済額＝リース料－支払利息
　　2,000,000円－222,600円＝1,777,400円
　❹ リース債務帳簿価額＝期首リース債務－リース債務返済額
　　7,420,000円－1,777,400円＝5,642,600円

(2) 所有権移転リース取引の耐用年数は経済的利用可能期間を用いる。
　　7,420,000円÷5年＝1,484,000円

(3) 所有権移転外リース取引の耐用年数はリース期間を用いる。
　　7,420,000円÷4年＝1,855,000円

(4) 通常の賃貸借取引として処理する。

8－11

(単位：千円)

		借 方		貸 方	
(1)	①	リース投資資産 売 上 原 価	24,000 21,276	売 上 ❶ 買 掛 金	24,000 21,276
	②	現 金 繰延リース利益繰入	6,000 1,660	リース投資資産 繰延リース利益 ❷	6,000 1,660
(2)	①	リース投資資産	21,276	買 掛 金	21,276
	②	現 金 売 上 原 価 ❸	6,000 4,936	売 上 リース投資資産	6,000 4,936
(3)	①	リース投資資産	21,276	買 掛 金	21,276
	②	現 金	6,000	リース投資資産 受 取 利 息 ❹	4,936 1,064

解説

❶ 6,000千円×4回＝24,000千円

❷ 利息の総額－当期分の利息額
　　(24,000千円－21,276千円)－21,276千円×5％＝1,660千円

❸ リース料－利息額
　　6,000千円－21,276千円×5％＝4,936千円

❹ 当期分の利息　21,276千円×5％＝1,064千円

第9章 税効果会計 (p.128)

9−1

ア	イ	ウ
企業会計	税法	一時
エ	オ	
小さく	負債	

9−2

(1)	将来(減算)一時差異❶	￥		20,000
	繰延税金［資産］	￥	❸	6,000
(2)	将来(減算)一時差異❶	￥		10,000
	繰延税金［資産］	￥	❹	3,000
(3)	将来(加算)一時差異❷	￥		5,000
	繰延税金［負債］	￥	❺	1,500
貸借対照表の表示	繰延税金［資産］	￥	7,500 ❻	

解説
- ❶ 将来の課税所得に対して減算要因となるため，将来減算一時差異となる。
- ❷ 将来の課税所得に対して加算要因となるため，将来加算一時差異となる。
- ❸ ￥20,000×30％＝￥6,000
- ❹ ￥10,000×30％＝￥3,000
- ❺ ￥5,000×30％＝￥1,500
- ❻ 貸借対照表において，繰延税金資産と繰延税金負債は相殺して純額で表示する。
  ￥6,000❸＋￥3,000❹−￥1,500❺＝￥7,500

9−3

(単位：万円)

	借　　方		貸　　方	
20X1年度	繰延税金資産	❶ 60	法人税等調整額	60
20X2年度	法人税等調整額	60	繰延税金資産	60

(単位：万円)

	20X1年度の損益計算書(一部)	20X2年度の損益計算書(一部)
税引前当期純利益	(1,000)	(2,000)
法　人　税　等	(360)	(540)
法人税等調整額	(△60)　(300)	(60)　(600)
当　期　純　利　益	(700)	(1,400)

解説
- ❶ 繰延税金資産＝200万円×30％＝60万円

9−4

ア	イ	ウ	エ	オ	カ
16	9	13	6	10	18
キ	ク	ケ	コ	サ	シ
3	7	12	1	8	15

9−5

問1

20X3年度の納税額	￥❶960,000	20X4年度の納税額	￥❷240,000

解説
- ❶ (￥2,000,000＋￥1,200,000)×30％＝￥960,000
- ❷ (￥2,000,000−￥1,200,000)×30％＝￥240,000

問2

20X3年度の決算時の仕訳			
借　　　方		貸　　　方	
法　人　税　等	960,000	未払法人税等	960,000
繰延税金資産	360,000	法人税等調整額	360,000

20X4年度の決算時の仕訳			
借　　　方		貸　　　方	
法　人　税　等	240,000	未払法人税等	240,000
法人税等調整額	360,000	繰延税金資産	360,000

問3

(単位：千円)

	20X3年度の損益計算書(一部)	20X4年度の損益計算書(一部)
税引前当期純利益	2,000	2,000
法　人　税　等	(960)	(240)
法人税等調整額	(△360)　(600)	(360)　(600)
当　期　純　利　益	(1,400)	(1,400)

9−6

借　　　方		貸　　　方	
繰延税金資産	❷ 24,000	その他有価証券	❶ 80,000
その他有価証券評価差額金	56,000		
金利スワップ	50,000	繰延税金負債	❸ 15,000
		繰延ヘッジ損益	35,000

解説
- ❶ 時価￥620,000−取得原価￥700,000＝△￥80,000
- ❷ ￥80,000×30％＝￥24,000
- ❸ 金利スワップ時価￥50,000×30％＝￥15,000

9−7

(1)	(2)	(3)	(4)	(5)	(6)
○	×	○	×	×	○

解説
- (2) 税効果会計の対象になるのは一時差異である。
- (4) その他有価証券の評価益の場合には，将来加算一時差異が生じる。
- (5) 交際費の損金算入限度超過額は永久差異であり，税効果会計の対象にはならない。

9－8

	借方科目	金　額	貸方科目	金　額
(1)	減価償却費	50,000	備品減価償却累計額	50,000
	繰延税金資産	❶ 5,625	法人税等調整額	5,625
(2)	商品評価損	1,000,000	繰越商品	1,000,000
	繰延税金資産	❷ 300,000	法人税等調整額	300,000
(3)	その他有価証券	160,000	繰延税金負債 ❸	48,000
			その他有価証券評価差額金	112,000
(4)	商品評価損	700,000	繰越商品	700,000
	繰延税金資産	210,000	法人税等調整額	210,000

解説

❶ 税法上の減価償却費：250,000円÷8年＝31,250円
　会計上の減価償却費：250,000円÷5年＝50,000円（－）
　　　　　　　　　　償却限度超過額　18,750円
　繰延税金資産：18,750円×30％＝5,625円

❷ 1,000,000円×30％＝300,000円

❸ (54,000円－50,000円)×40株×30％＝48,000円

※全部純資産直入法とは，その他有価証券評価差額金の原則的な
　処理方法であり，評価差額(評価差益および評価差損)の合計額
　を純資産の部に計上する方法である。

9－9

(1)	×1年度の損益計算書に計上される法人税等	❶ 900,000円
(2)	×1年度の損益計算書に計上される法人税等調整額	❷△150,000円
(3)	×2年度の貸借対照表に計上される繰延税金資産	❸ 90,000円
(4)	×2年度の損益計算書に計上される法人税等調整額	❸ △30,000円

解説

❶ 税引前当期純利益　　　　　2,500,000円
　損金不算入(加算)
　　商品評価損　100,000円
　　減価償却費　250,000円
　　貸倒引当金　150,000円　　　500,000円ⓐ
　　　　　　　　　　　　　　3,000,000円ⓑ
　3,000,000円ⓑ×30％＝900,000円

❷ 500,000円ⓐ×30％＝150,000円
　(借)繰延税金資産 ⓒ150,000 (貸)法人税等調整額　150,000

❸ 税引前当期純利益　　　　　5,000,000円
　損金算入(減算)
　　商品評価損　100,000円
　　貸倒引当金　150,000円　　　250,000円ⓓ
　損金不算入(加算)
　　減価償却費　350,000円　　　350,000円ⓔ
　　　　　　　　　　　　　　5,100,000円
　受取配当金は永久差異なので税効果会計に含めない。
　(350,000円ⓔ－250,000円ⓓ)×30％＝30,000円
　(借)繰延税金資産 ⓕ30,000 (貸)法人税等調整額　30,000
　その他有価証券の税効果
　(借)その他有価証券　300,000 (貸)繰延税金負債 ⓖ90,000
　　　　　　　　　　　その他有価証券評価差額金　210,000
　繰延税金資産：150,000円ⓒ＋30,000円ⓕ－90,000円ⓖ＝90,000円

第10章 外貨換算会計 (p.135)

10-1

ア	イ	ウ
貸借	外貨建	為替換算

エ	オ	
1,000	差損	

10-2

	借　　方	貸　　方
20X1年2月15日	売　掛　金　100,000	売　　上　100,000
20X1年3月10日	現　　金　110,000	売　掛　金　100,000
		為替差損益 ❶ 10,000

解説

❶　1,000ドル×¥110－1,000ドル×¥100＝¥10,000

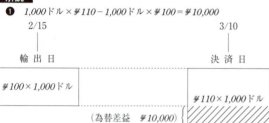

10-3

	借　　方	貸　　方
20X2年2月15日	売　掛　金　100,000	売　　上　100,000
20X2年3月31日	売　掛　金　15,000	為替差損益 ❶ 15,000
20X2年4月20日	現　　金　108,000	売　掛　金　115,000
	為替差損益 ❷ 7,000	

解説

❶　為替換算差額¥15,000＝1,000ドル×¥115－1,000ドル×¥100
❷　為替決済損益△¥7,000＝1,000ドル×¥108－1,000ドル×¥115

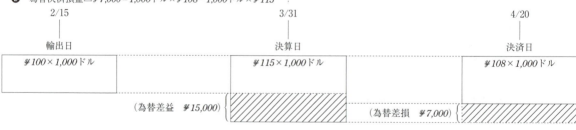

10-4

	項　目	貸借対照表価額	為替差損益
(1)	現　　　金	¥　50,000	(為替差益)　¥　800
(2)	定期預金	¥　162,500	(為替差損)　¥　2,600
(3)	売　掛　金	¥　250,000	(為替差益)　¥　2,000
(4)	短期貸付金	¥　312,500	(為替差益)　¥　12,500
(5)	買　掛　金	¥　187,500	(為替差損)　¥　10,500
(6)	長期借入金	¥　250,000	(為替差損)　¥　20,000

解説

(1)　400ドル×¥125－¥49,200＝¥800（為替差益）
(2)　1,300ドル×¥125－¥165,100＝△¥2,600（為替差損）
(3)　2,000ドル×¥125－¥248,000＝¥2,000（為替差益）
(4)　2,500ドル×¥125－¥300,000＝¥12,500（為替差益）
(5)　1,500ドル×¥125－¥177,000＝¥10,500（為替差損）
(6)　2,000ドル×¥125－¥230,000＝¥20,000（為替差損）

10－5

	借　　方		貸　　方	
A株式	売買目的有価証券	14,600	有価証券評価益	14,600
B社債	満期保有目的債券	1,200	有価証券利息	1,200
	満期保有目的債券	5,690	為替差損益	5,690
C株式	仕訳なし			
D株式	仕訳なし			
E株式	その他有価証券	14,000	その他有価証券評価差額金	14,000

A株式：時価(400ドル×¥125)－簿価¥35,400＝¥14,600

B社債：償却原価法の償却額(ドル)

$$= (100ドル × 5口 - 470ドル) × \frac{1}{3} = 10ドル$$

償却原価法の償却額(円)
＝10ドル×平均相場¥120＝¥1,200

為替差損益
＝(470ドル＋10ドル)×¥125－(¥53,110＋¥1,200)
＝¥5,690

C株式，D株式：子会社，関連会社株式は，原則として，取得時の為替相場で換算するので，為替差損益は生じない。

E株式：時価(350ドル×¥125)－簿価¥29,750＝¥14,000
その他有価証券に生じた評価益は，純資産の部に計上する。

10－6

	借　　方		貸　　方	
3／1	仕　　入	250,000	買　掛　金	❶ 250,000
3／31	仕　訳　な　し	❷		
5／31	買　掛　金	250,000	普通預金	250,000

❶ 振当処理では，買掛金を先物為替相場で換算する。
¥125×2,000ドル＝¥250,000

❷ 決算日には，換算替えの必要がないため，仕訳は不要である。

10－7

	借　　方		貸　　方	
2／1	仕　　入	390,000	買　掛　金	❶ 390,000
3／1	為替差損益	❷ 18,000	買　掛　金	27,000
	前　払　費　用	❸ 9,000		
3／31	為替差損益	❹ 3,000	前　払　費　用	3,000
5／31	買　掛　金	417,000	普通預金	417,000
	為替差損益	❺ 6,000	前　払　費　用	6,000

❶ ¥130×3,000ドル＝¥390,000
❷ 直直差額＝3,000ドル×(¥130－¥136)＝△¥18,000
❸ 直先差額＝3,000ドル×(¥136－¥139)＝△¥9,000
❹ 前払費用に計上している直先差額¥9,000を期間配分して，当期分を為替差損益とする。

$$¥9,000 × \frac{1か月}{3か月} = ¥3,000$$

❺ 買掛金が決済されたので，前期に前払費用として繰り延べていた直先差額¥6,000を為替差損益に振り替える。

10－8

		借　　入		貸　　方	
(1)	a	仕　　入	390,000	買　掛　金	390,000
	b	買　掛　金	390,000	現　　金	372,000
				為替差損益	❶ 18,000
(2)	a	売　掛　金	120,000	売　　上	120,000
	b	売　掛　金	10,000	為替差損益	❷ 10,000
	c	現　　金	125,000	売　掛　金	130,000
		為替差損益	❸ 5,000		

❶ 3,000ドル×¥124－3,000ドル×¥130＝△¥18,000
❷ 1,000ドル×¥130－1,000ドル×¥120＝¥10,000
❸ 1,000ドル×¥125－1,000ドル×¥130＝△¥5,000

10－9

	項　　目	貸借対照表価額	為替差損益 ( )に，為替差損か為替差益のいずれかを記入しなさい。	
(1)	現金(外国通貨)	¥110,000	(為替差損)	¥4,000
(2)	売　掛　金	¥330,000	(為替差益)	¥12,000
(3)	買　掛　金	¥220,000	(為替差益)	¥6,000

10－10

銘柄	借 方		貸 方	
A株式	売買目的有価証券	14,000	有価証券評価益	14,000
B社債	満期保有目的債券	1,150	有価証券利息	1,150
	満期保有目的債券	6,700	為 替 差 損 益	6,700
C株式	その他有価証券	12,800	その他有価証券評価差額金	12,800

解説

A株式：時価（600ドル×￥120）－簿価￥58,000＝￥14,000

CR：￥120

HR：￥116

有価証券評価益 ￥14,000

帳簿価額 ￥58,000

原価500ドル 時価600ドル

B社債：償却原価法の償却額（ドル）

$$=（1,000ドル－950ドル）×\frac{1}{5}=10ドル$$

償却原価法の償却額（円）

$$＝10ドル×平均相場￥115＝￥1,150$$

為替差損益

$$＝（950ドル＋10ドル）×￥120－（￥107,350＋￥1,150）$$
$$＝￥6,700$$

CR：￥120

HR：￥113

AR：￥115

為替差損益 ￥6,700

帳簿価額 ￥107,350

償却額 ￥1,150

原価950ドル 償却原価（期末） 960ドル

C株式：時価（500ドル×￥120）－簿価￥47,200＝￥12,800
その他有価証券に生じた評価益は，純資産の部に計上する。

CR：￥120

HR：￥118

その他有価証券評価差額金 ￥12,800

帳簿価額 ￥47,200

原価400ドル 時価500ドル

10－11

	借 方		貸 方	
(1)	仕 入	5,080,000	買 掛 金 ❶	5,080,000
(2)	仕 訳 な し ❷			
(3)	買 掛 金	5,080,000	現 金	5,080,000

解説

❶ 振当処理では，買掛金を先物為替相場で換算する。
￥127×40,000ドル＝￥5,080,000

❷ 決算日には，換算替えの必要がないため，仕訳は不要である。

10－12

	借 方		貸 方	
(1)	売 掛 金 ❶	1,340,000	売 上	1,340,000
(2)	為 替 差 損 益 ❷	50,000	売 掛 金	80,000
	前 払 費 用 ❸	30,000		
(3)	為 替 差 損 益 ❹	10,000	前 払 費 用	10,000
(4)	普 通 預 金	1,260,000	売 掛 金	1,260,000
	為 替 差 損 益 ❺	20,000	前 払 費 用	20,000

解説

❶ ￥134×10,000ドル＝￥1,340,000

❷ 直直差額＝10,000ドル×（￥129－￥134）＝△￥50,000

❸ 直先差額＝10,000ドル×（￥126－￥129）＝△￥30,000

❹ 前払費用に計上している直先差額￥30,000を期間配分して，当期分を為替差損益とする。

$$￥30,000×\frac{1か月}{3か月}＝￥10,000$$

❺ 売掛金が決済されたので，前期に前払費用として繰り延べていた直先差額￥20,000を為替差損益に振り替える。

10－13

	借 方 科 目	金 額	貸 方 科 目	金 額
(1)	買 掛 金	74,400	現 金	76,000
	為 替 差 損 益	1,600		
(2)	売 掛 金	5,000	為 替 差 損 益	2,000
			前 受 収 益	3,000
(3)	為 替 差 損 益	4,000	買 掛 金	10,000
	前 払 費 用	6,000		

解説

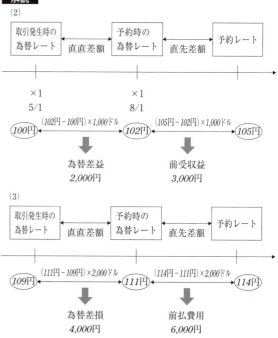

(2)

取引発生時の為替レート ── 直直差額 ── 予約時の為替レート ── 直先差額 ── 予約レート

×1 5/1　　×1 8/1

100円 ──(102円－100円)×1,000ドル── 102円 ──(105円－102円)×1,000ドル── 105円

為替差益 2,000円　　前受収益 3,000円

(3)

取引発生時の為替レート ── 直直差額 ── 予約時の為替レート ── 直先差額 ── 予約レート

109円 ──(111円－109円)×2,000ドル── 111円 ──(114円－111円)×2,000ドル── 114円

為替差損 4,000円　　前払費用 6,000円

10-14

売買目的有価証券	601,800円
満期保有目的債券	1,958,400円
有価証券評価(益)	19,800円
有価証券利息	20,200円

解説

A社株式：時価(5,900ドル×102円)−簿価582,000円＝19,800円

CR：102円

HR：97円

有価証券評価益　19,800円

帳簿価額
582,000円

原価6,000ドル　時価5,900ドル

B社社債：償却原価法の償却額(ドル)

$$=(20,000ドル-19,000ドル)\times\frac{1}{5}=200ドル$$

償却原価法の償却額(円)

$=200ドル×平均相場101円＝20,200円(有価証券利息)$

満期保有目的債券＝(19,000ドル＋200ドル)×102円

$=1,958,400円$

CR：102円

HR：100円

AR：101円

為替差損益　38,200円

帳簿価額
1,900,000円

償却額
20,200円

原価19,000ドル　償却原価(期末)
19,200ドル

10-15

(1)	(2)	(3)
○	×	○

解説

(2) 為替差損益は，為替差益と為替差損を相殺したあとの純額を，損益計算書の営業外収益または営業外費用の区分に表示する。

10-16

	借方科目	金額	貸方科目	金額
(1)	売掛金	❶ 9,000	為替差損益	9,000
(2)	売掛金	20,000	為替差損益	❷ 8,000
			前受収益	❸ 12,000
(3)	為替差損益	❹ 2,000	買掛金	5,000
	前払費用	❺ 3,000		
(4)	買掛金	12,500	為替差損益	❻ 7,500
			前受収益	❼ 5,000

解説

❶ (118円−115円)×3,000ドル＝9,000円
❷ 直直差額＝4,000ドル×(125円−123円)＝8,000円
❸ 直先差額＝4,000ドル×(128円−125円)＝12,000円
❹ 直直差額＝1,000ドル×(129円−131円)＝△2,000円
❺ 直先差額＝1,000ドル×(131円−134円)＝△3,000円
❻ 直直差額＝2,500ドル×(110円−107円)＝7,500円
❼ 直先差額＝2,500ドル×(107円−105円)＝5,000円

10-17

	借方科目	金額	貸方科目	金額
(1)	その他有価証券	❶ 112,500	繰延税金負債	❷ 33,750
			その他有価証券評価差額金	78,750
(2)	満期保有目的債券	1,542,000	有価証券利息	❸ 476,000
			為替差損益	❹ 1,066,000

解説

❶ 決算日の貸借対照表価額(時価)
　＝@85ドル×100株×129円＝1,096,500円
　取得原価(簿価)
　＝@80ドル×100株×123円＝984,000円
　評価差額＝時価−簿価
　＝1,096,500円−984,000円＝112,500円
❷ 112,500円×30％＝33,750円
❸ 償却原価法の償却額(ドル)

$$=(170,000ドル-150,000ドル)\times\frac{1年}{5年}=4,000ドル$$

　償却原価法の償却額(円)
　＝期中平均相場119円×4,000ドル＝476,000円
❹ 決算日の貸借対照表価額
　＝(150,000ドル＋4,000ドル)×123円＝18,942,000円
　取得原価(円)
　＝150,000ドル×取得時相場116円＝17,400,000円
　為替差損益
　＝18,942,000円−(17,400,000円＋476,000円)
　＝1,066,000円

売 買 目 的 有 価 証 券	611,320円
満 期 保 有 目 的 債 券	1,190,400円
有 価 証 券 評 価（益）	11,320円
有 価 証 券 利 息	12,200円

解説

（A社株式）

貸借対照表価額

＝決算時相場124円×時価4,930ドル＝611,320円

有価証券評価益

＝611,320円－600,000円＝11,320円

（B社社債）

貸借対照表価額

＝決算時相場124円×償却原価9,600ドル＝1,190,400円

償却原価法の償却額（ドル）

$$＝(10,000ドル－9,500ドル)×\frac{1年}{5年}＝100ドル$$

償却原価法の償却額（円）

＝期中平均相場122円×100ドル＝12,200円

為替差損益

＝1,190,400円－（1,149,500円＋12,200円）

＝28,700円

以上より，解答の金額は次のようになる。

売買目的有価証券

　＝A社株式の貸借対照表価額＝611,320円

有価証券評価損益

　＝A社株式の有価証券評価益＝11,320円

満期保有目的債券

　＝B社社債の貸借対照表価額＝1,190,400円

有価証券利息

　＝B社社債の償却原価法の償却額＝12,200円

(1) 有 価 証 券 　 75,000円

(2) 有 価 証 券 利 息 　 1,210円

(3) 子 会 社 株 式 評 価 損 　 124,000円

(4) 為 替 差 損 益 　 13,760円

(5) その他有価証券評価差額金 　 33,050円

(6) 投 資 有 価 証 券 　 302,500円

解説

（A社株式）
貸借対照表価額
$= $決算時相場125円$\times$時価600ドル$= $75,000円
有価証券評価益
$= $75,000円$- $61,500円$= $13,500円

CR：125円
有価証券評価益　13,500円
HR：123円
帳簿価額
61,500円
原価　　　時価
500ドル　600ドル

（B社社債）
貸借対照表価額
$= $決算時相場125円$\times$償却原価1,970ドル$= $246,250円
償却原価法の償却額（ドル）
$= (2,000$ドル$- 1,960$ドル$) \times \dfrac{1 \text{年}}{4 \text{年}} = 10$ドル

償却原価法の償却額（円）
$= $期中平均相場121円$\times$10ドル$= $1,210円
為替差損益
$= $246,250円$- ($231,280円$+ $1,210円$)$
$= $13,760円

CR：125円
為替差損益
13,760円　　　　AR：121円
HR：118円
償却額
1,210円
帳簿価額
231,280円
原価　　　償却原価
1,960ドル　1,970ドル

（C社株式）
実質価額が著しく下落しているため，帳簿価額を実質価額まで
切り下げる。
貸借対照表価額（実質価額）
$= $決算時相場125円$\times$4ドル$\times$200株$= $100,000円
子会社株式評価損
$= $実質価額100,000円$- $簿価224,000円$= \triangle$124,000円

（D社株式）
貸借対照表価額
$= $決算時相場125円$\times$時価450ドル$= $56,250円
その他有価証券評価差額金
$= $56,250円$- $23,200円$= $33,050円

CR：125円
その他有価証券評価差額金　33,050円
HR：116円
帳簿価額
23,200円
原価　　　時価
200ドル　450ドル

以上より，解答の金額は次のようになる。
(1) 有価証券
$= $A社株式の貸借対照表価額$= $75,000円
(2) 有価証券利息
$= $B社社債の償却原価法の償却額$= $1,210円
(3) 子会社株式評価損
$= $C社株式の評価損$= $124,000円
(4) 為替差損益
$= $B社社債の為替差損益$= $13,760円
(5) その他有価証券評価差額金
$= $D社株式のその他有価証券評価差額金$= $33,050円
(6) 投資有価証券
$= $B社社債の貸借対照表価額246,250円
$+ $D社株式の貸借対照表価額56,250円
$= $302,500円

第11章 キャッシュ・フロー計算書 (p.153)

11-1

ア	イ	ウ
キャッシュ・フロー	活動区分	現金同等物
エ	オ	カ
手もと現金	普通	要求払
キ	ク	ケ
換金	変動	リスク
コ	サ	シ
投資活動	財務活動	間接法
ス		
直接法	※コとサは順不同	

11-2

キャッシュ・フロー計算書（直接法）（単位：千円）

I	営業活動によるキャッシュ・フロー	
	営業収入	(64,000)
	商品の仕入支出	(△30,000)
	人件費支出	(△12,000)
	その他の営業支出	(△ 4,000)
	小　計	(18,000)
	（利　息）の受取額	(60)
	利息の支払額	(△ 80)
	（法人税等）の支払額	(△ 3,200)
	営業活動によるキャッシュ・フロー	(14,780)
II	投資活動によるキャッシュ・フロー	
	土地の売却による収入	(700)
	有形固定資産の取得による支出	(△ 3,000)
	投資活動によるキャッシュ・フロー	(△ 2,300)
III	財務活動によるキャッシュ・フロー	
	短期借入れによる収入	(400)
	社債の償還による支出	(△ 4,000)
	配当金の支払額	(△ 2,600)
	財務活動によるキャッシュ・フロー	(△ 6,200)
IV	現金及び現金同等物の増加額	(6,280)
V	現金及び現金同等物の期首残高	(5,640)
VI	現金及び現金同等物の期末残高	(11,920)

キャッシュ・フロー計算書（間接法）（単位：千円）

I	営業活動によるキャッシュ・フロー	
	税引前当期純利益	(6,260)
	減価償却費	(7,000)
	有形固定資産売却益	(△ 300)
	受取利息	(△ 60)
	支払利息	(100)
	売上債権の減少額	(4,000)
	棚卸資産の減少額	(3,000)
	仕入債務の減少額	(△ 2,000)
	小　計	(18,000)
	（利　息）の受取額	(60)
	利息の支払額	(△ 80)
	（法人税等）の支払額	(△ 3,200)
	営業活動によるキャッシュ・フロー	(14,780)

解説 （単位：千円）

キャッシュ・フロー修正仕訳（直接法）

ⓐ（借）売　上　高　60,000（貸）営業収入(C/F)　64,000
　　　　売 掛 金　4,000

ⓑ（借）商品の仕入支出(C/F)　30,000（貸）売上原価　31,000
　　　　商　品　3,000　　　　買 掛 金　2,000

ⓒ（借）人件費支出(C/F)　12,000（貸）人 件 費　12,000
ⓓ（借）減価償却累計額　7,000（貸）減価償却費　7,000
ⓔ（借）その他の営業支出(C/F)　4,000（貸）そ の 他　4,000
ⓕ（借）受 取 利 息　60（貸）利息の受取額(C/F)　60
ⓖ（借）未 払 利 息　20（貸）支 払 利 息　100
　　　　利息の支払額(C/F)　80
ⓗ（借）法人税等の支払額(C/F)　3,200（貸）法 人 税 等　3,200
ⓘ（借）土地売却益　300（貸）土地の売却による収入(C/F)　700
　　　　土　地　400
ⓙ（借）有形固定資産の取得による支出(C/F)　3,000（貸）備　品　3,000
ⓚ（借）短期借入金　400（貸）短期借入れによる収入(C/F)　400
ⓛ（借）社債の償還による支出(C/F)　4,000（貸）社　債　4,000
ⓜ（借）配当金の支払額(C/F)　2,600（貸）剰余金の配当　2,600
ⓝ（借）利益剰余金　460（貸）当期純利益　3,060
　　　　利益剰余金（減額）　2,600
ⓞ（借）現金及び現金同等物の増加額　6,280（貸）現金預金　6,280

キャッシュ・フロー修正仕訳（間接法）

ⓐ（借）利益剰余金　6,260（貸）税引前当期純利益　6,260
ⓑ（借）減価償却累計額　7,000（貸）減価償却費(C/F)　7,000
ⓒ（借）有形固定資産売却益(C/F)　300（貸）土地の売却による収入(C/F)　700
　　　　土　地　400
ⓓ（借）受 取 利 息(C/F)　60（貸）利息の受取額(C/F)　60
ⓔ（借）未 払 利 息　20（貸）支 払 利 息(C/F)　100
　　　　利息の支払額(C/F)　80
ⓕ（借）売 掛 金　4,000（貸）売上債権の減少額(C/F)　4,000
ⓖ（借）商　品　3,000（貸）棚卸資産の減少額(C/F)　3,000
ⓗ（借）仕入債務の減少額(C/F)　2,000（貸）買 掛 金　2,000
ⓘ（借）法人税等の支払額(C/F)　3,200（貸）利益剰余金　5,800
　　　　配当金の支払額(C/F)　2,600
ⓙ（借）有形固定資産の取得による支出(C/F)　3,000（貸）備　品　3,000
ⓚ（借）短期借入金　400（貸）短期借入れによる収入(C/F)　400
ⓛ（借）社債の償還による支出(C/F)　4,000（貸）社　債　4,000
ⓜ（借）現金及び現金同等物の増加額(C/F)　6,280（貸）現金預金　6,280

11-3

ア	イ	ウ	エ	オ	カ
13	19	1	11	6	16
キ	ク	ケ	コ	サ	シ
7	9	4	15	5	18

キャッシュ・フロー計算書（直接法）（単位：千円）

Ⅰ．営業活動によるキャッシュ・フロー
営業収入	（ 2,650）
商品の仕入支出	（ △ 1,750）
人件費支出	（ △ 300）
その他の営業支出	（ △ 50）
小　　計	（ 550）
配当金の受取額	（ 200）
法人税等の支払額	（ △ 250）
営業活動によるキャッシュ・フロー	（ 500）

キャッシュ・フロー計算書（間接法）（単位：千円）

Ⅰ．営業活動によるキャッシュ・フロー
税引前当期純利益	（ 600）
（減価償却費）	（ 100）
貸倒引当金の増加額	（ 50）
受取配当金	（ △ 200）
売掛金の減少額	（ 150）
棚卸資産の増加額	（ △ 50）
買掛金の減少額	（ △ 100）
小　　計	（ 550）
配当金の受取額	（ 200）
法人税等の支払額	（ △ 250）
営業活動によるキャッシュ・フロー	（ 500）

Ⅱ．投資活動によるキャッシュ・フロー
建物の取得による支出	（ △ 100）
投資活動によるキャッシュ・フロー	（ △ 100）

Ⅲ．財務活動によるキャッシュ・フロー
配当金の支払額	（ △ 350）
財務活動によるキャッシュ・フロー	（ △ 350）

Ⅳ．現金及び現金同等物の増加額	（ 50）
Ⅴ．現金及び現金同等物の期首残高	（ 100）
Ⅵ．現金及び現金同等物の期末残高	（ 150）

■解説 （単位：千円）

キャッシュ・フロー修正仕訳（直接法）

ⓐ （借）売 上 高　　2,500　（貸）営業収入（C/F）　2,650
　　　売 掛 金　　　　150

ⓑ （借）商品の仕入支出（C/F）　1,750　（貸）売 上 原 価　1,600
　　　　　　　　　　　　　　　　　　　　商　　品　　　50
　　　　　　　　　　　　　　　　　　　　買 掛 金　　100

ⓒ （借）人件費支出（C/F）　300　（貸）給 与・賞 与　300
ⓓ （借）その他の営業支出（C/F）　50　（貸）消 耗 品 費　50
ⓔ （借）受取配当金　200　（貸）配当金の受取額（C/F）　200
ⓕ （借）建物の取得による支出（C/F）　100　（貸）建　　物　100
ⓖ （借）配当金の支払額（C/F）　350　（貸）剰余金の配当　350

ⓗ （借）法人税等の支払額（C/F）　250　（貸）法 人 税 等　250
ⓘ （借）貸倒引当金　50　（貸）貸倒引当金繰入　50
ⓙ （借）減価償却累計額　100　（貸）減価償却費　100
ⓚ （借）利益剰余金（減額）　350　（貸）当期純利益　350
ⓛ （借）現金及び現金同等物の増加額（C/F）　50　（貸）現　　金　50

キャッシュ・フロー修正仕訳（間接法）

ⓐ （借）利益剰余金　600　（貸）税引前当期純利益（C/F）　600
ⓑ （借）減価償却累計額　100　（貸）減価償却費（C/F）　100
ⓒ （借）貸倒引当金　50　（貸）貸倒引当金の増加額（C/F）　50
ⓓ （借）受取配当金（C/F）　200　（貸）配当金の受取額（C/F）　200
ⓔ （借）売 掛 金　150　（貸）売掛金の減少額（C/F）　150
ⓕ （借）棚卸資産の増加額（C/F）　50　（貸）商　　品　50
ⓖ （借）買掛金の減少額（C/F）　100　（貸）買 掛 金　100
ⓗ （借）法人税等の支払額（C/F）　250　（貸）利益剰余金　600
　　　　配当金の支払額（C/F）　350
ⓘ （借）建物の取得による支出（C/F）　100　（貸）建　　物　100
ⓙ （借）現金及び現金同等物の増加額（C/F）　50　（貸）現　　金　50

キャッシュ・フロー計算書

（単位：千円）

営業活動によるキャッシュ・フロー	
営業収入	（　　78,345）
商品の仕入支出	（△55,260）
人件費支出	（△ 5,715）
その他の営業支出	（△ 5,640）
小　計	（　　11,730）
利息の受取額	（　　　　9）
利息の支払額	（△　　96）
法人税等の支払額	（△ 3,252）
営業活動によるキャッシュ・フロー	（　　8,391）
投資活動によるキャッシュ・フロー	
定期預金の預入による支出	（△　135）
定期預金の払戻による収入	（　　150）
投資有価証券の取得による支出	（△ 5,835）
投資有価証券の売却による収入	（　　780）
投資活動によるキャッシュ・フロー	（△ 5,040）
財務活動によるキャッシュ・フロー	
短期借入れによる収入	（　　4,560）
短期借入金の返済による支出	（△ 4,395）
長期借入れによる収入	（　　8,400）
長期借入金の返済による支出	（△11,400）
配当金の支払額	（△　300）
財務活動によるキャッシュ・フロー	（△ 3,135）
現金及び現金同等物の増減額（△は減少）	（　　216）
現金及び現金同等物の期首残高	（　　2,487）
現金及び現金同等物の期末残高	（　　2,703）

解説 （単位：千円）

キャッシュ・フロー修正仕訳(直接法)

ⓐ （借）売　上　高　78,495 （貸）営業収入（C/F）　78,345
売　掛　金　150

ⓑ （借）商品の仕入による　55,260 （貸）売上原価　54,690
支出（C/F）
買　掛　金　705　商　品　1,275

ⓒ （借）人件費の支出（C/F）　5,715 （貸）給　料　5,715
ⓓ （借）その他の営業支出（C/F）　5,640 （貸）発　送　費　240
広　告　費　3,600
支　払　家　賃　1,590
水　道　光　熱　費　210
ⓔ （借）受　取　利　息　9 （貸）利息の受取額（C/F）　9
ⓕ （借）利息の支払額（C/F）　96 （貸）支　払　利　息　96
ⓖ （借）法人税等の支払額　3,252 （貸）法　人　税　等　3,672
（C/F）
未払法人税等　420
ⓗ （借）貸倒引当金　3 （貸）貸倒引当金繰入　3
ⓘ （借）減価償却累計額　150 （貸）減価償却費　150
ⓙ （借）定期預金の預入　135 （貸）現　金　預　金　135
による支出（C/F）
ⓚ （借）現　金　預　金　150 （貸）定期預金の払戻　150
による収入（C/F）

ⓛ （借）投資有価証券の取　5,835 （貸）投資有価証券　5,835
得による支出（C/F）

投資有価証券

期首　2,610	売却原価	⎫ 売却価額：780＝750＋30
当期購入	（750）	
5,835	売却益30	
	期末　7,695	

ⓜ （借）投資有価証券　750 （貸）投資有価証券の売　780
却による収入（C/F）
投資有価証券売却益　30
ⓝ （借）短期借入金　4,560 （貸）短期借入れによる　4,560
収入（C/F）

短期借入金

	期首　1,140
当期返済	
（4,395）	新規借入
	4,560
期末　1,305	

ⓞ （借）短期借入金の返済　4,395 （貸）短期借入金　4,395
による支出（C/F）
ⓟ （借）長期借入金　8,400 （貸）長期借入れによる　8,400
収入（C/F）

長期借入金

	期首　6,750
当期返済	
11,400	新規借入
	（8,400）
期末　3,750	

ⓠ （借）長期借入金の返済　11,400 （貸）長期借入金　11,400
による支出（C/F）
ⓡ （借）配当金の支払額（C/F）　300 （貸）剰余金の配当　330
利益準備金　30

利益準備金 **繰越利益剰余金**

	期首　54		減額　330	期首　4,536
期末　84	積立　30			
			期末　12,774	当期純利益
				8,568

配当の現金支払額＝300

ⓢ （借）繰越利益剰余金　8,238 （貸）当期純利益　8,568
利益剰余金（減額）　330
ⓣ （借）現金及び現金同等　216 （貸）現金預金　216
物の増加額（C/F）

※満期日までの期間が3カ月を超える定期預金は現金及び現金同等
物には含まれない。
現金及び現金同等物の期首残高：2,577－90＝2,487
現金及び現金同等物の期末残高：2,778－75＝2,703
現金及び現金同等物の増減額：2,703－2,487＝216

キャッシュ・フロー計算書

(単位：千円)

営業活動によるキャッシュ・フロー

〔　　税引前当期純利益　　〕	(　29,550)
減価償却費	(　1,200)
貸倒引当金の〔　増加　〕額	(　45)
受取利息及び受取配当金	(　△　83)
支払利息	(　33)
有価証券売却益	(　△　55)
固定資産売却益	(　△　45)
売上債権の〔　増加　〕額	(　△　900)
棚卸資産の〔　増加　〕額	(　△　315)
仕入債務の〔　減少　〕額	(　△　180)
小　　計	(　29,250)
利息及び配当金の受取額	(　83)
利息の支払額	(　△　33)
法人税等の支払額	(　△　8,745)
営業活動によるキャッシュ・フロー	(　20,555)

投資活動によるキャッシュ・フロー

定期預金の預入による支出	(　△　3,015)
定期預金の払戻による収入	(　600)
有価証券の取得による支出	(　△　1,125)
有価証券の売却による収入	(　1,270)
有形固定資産の取得による支出	(　△48,000)
有形固定資産の売却による収入	(　17,895)
投資活動によるキャッシュ・フロー	(　△32,375)

財務活動によるキャッシュ・フロー

長期借入れによる収入	(　30,000)
長期借入金の返済による支出	(　△　8,175)
配当金の支払額	(　△　3,900)
財務活動によるキャッシュ・フロー	(　17,925)
現金及び現金同等物の増加額	(　6,105)
現金及び現金同等物の期首残高	15,015
現金及び現金同等物の期末残高	21,120

解説 (単位：千円)

キャッシュ・フロー修正仕訳(間接法)

ⓐ (借)繰越利益剰余金　29,550　(貸)税引前当期純利益(C/F)　29,550
ⓑ (借)減価償却累計額　1,200　(貸)減価償却費(C/F)　1,200
ⓒ (借)貸倒引当金　45　(貸)貸倒引当金の増加額(C/F)　45
ⓓ (借)受取利息及び受取配当金(C/F)　83　(貸)利息及び配当金の受取額(C/F)　83
ⓔ (借)利息の支払額(C/F)　33　(貸)支払利息(C/F)　33
ⓕ (借)有価証券　1,215　(貸)有価証券の売却による収入(C/F)　1,270
　　有価証券売却益(C/F)　55

有価証券

期首　3,915	売却原価
当期購入	(1,215)
1,125	売却益55
	期末　3,825

}売却価額：1,215+55

ⓖ (借)固定資産売却益(C/F)　45　(貸)減価償却累計額　13,650
　　建　物　31,500　有形固定資産の売却による収入(C/F)　17,895

建　物		減価償却累計額	
期首 31,500	売却 31,500	売却 13,650	期首 13,650
新規購入 48,000	期末 48,000	期末 1,200	当期 1,200

ⓗ (借)売上債権の増加額(C/F)　900　(貸)売　掛　金　900
ⓘ (借)棚卸資産の増加額(C/F)　315　(貸)商　　品　315
ⓙ (借)仕入債務の減少額(C/F)　180　(貸)買　掛　金　180
ⓚ (借)法人税等の支払額(C/F)　8,745　(貸)繰越利益剰余金　8,865
　　未払法人税等　120
ⓛ (借)定期預金の預入による支出(C/F)　3,015　(貸)現金預金　3,015
ⓜ (借)現金預金　600　(貸)定期預金の払戻による収入(C/F)　600
ⓝ (借)有価証券の取得による支出(C/F)　1,125　(貸)有価証券　1,125
ⓞ (借)有形固定資産の取得による支出(C/F)　48,000　(貸)建　　物　48,000
ⓟ (借)長期借入金　30,000　(貸)長期借入れによる収入(C/F)　30,000
ⓠ (借)長期借入金の返済による支出(C/F)　8,175　(貸)長期借入金　8,175

長期借入金

当期返済	期首 7,695
(8,175)	新規借入
期末 29,520	30,000

ⓡ (借)配当金の支払額(C/F)　3,900　(貸)繰越利益剰余金　4,290
　　利益準備金　390

利益準備金		繰越利益剰余金	
期末 465	期首 75	減額 (4,290)	期首 32,910
	積立 (390)	期末 49,305	当期純利益 20,685

配当の現金支払額＝3,900

ⓢ (借)現金及び現金同等物の増加額(C/F)　6,105　(貸)現金預金　6,105

※現金及び現金同等物の期首残高：15,345－330＝15,015
　現金及び現金同等物の期末残高：23,865－2,745＝21,120
　現金及び現金同等物の増減額：21,120－15,015＝6,105

第12章　企業結合会計 (p.164)

12-1

（単位：千円）

借　　方		貸　　方	
諸　資　産	30,000	諸　負　債	18,000
の　れ　ん	200	資本剰余金	12,200

（合併後）貸借対照表

A社　　　　20X2年3月31日　　　（単位：千円）

諸　資　産	(110,000)	諸　負　債	(66,000)
（のれん）	(200)	資　本　金	(24,600)
		資本剰余金	(14,600)
		利益剰余金	(5,000)
	(110,200)		(110,200)

解説

合併比率の算定

$$\frac{12,000千円（B社の企業評価額）÷10,000株（B社の発行済株式数）}{48,000千円（A社の企業評価額）÷20,000株（A社の発行済株式数）}$$

$$=\frac{1.2千円（B社の1株あたり企業評価額）}{2.4千円（A社の1株あたり企業評価額）}=0.5（合併比率）$$

●B社の企業評価額：30,000千円（諸資産（時価））−18,000千円（諸負債（時価））＝12,000千円

●A社の企業評価額：96,000千円（諸資産（時価））−48,000千円（諸負債（時価＝簿価））＝48,000千円

交付株式数の算定

10,000株（B社の発行済株式数）×0.5（合併比率）＝5,000株

取得原価の算定

2.44千円（1株あたり時価）×5,000株（交付株式数：A社がB社株主に対して交付した株式数）＝12,200千円（取得原価）

＊増加資本は，すべて資本剰余金となる。

のれんの算定

12,200千円（取得原価）−|30,000千円（B社の諸資産〈時価〉）−18,000千円（B社の諸負債〈時価〉)|＝200千円（のれん）

B社貸借対照表（単位：千円）

資産 （時価） 30,000	負債 （時価） 18,000	
	純資産 12,000	取得原価 12,200
のれん 200		

12-2

①	合 併 比 率	0.75	②	交付株式数	750株

解説

① 合併比率

X社の企業評価額：5,250千円（時価）−3,250千円（時価）＝2,000千円

Y社の企業評価額：1,750千円（時価）−1,000千円（時価＝簿価）＝750千円

$$合併比率=\frac{750千円（Y社の企業評価額）÷1,000株（Y社の発行済株式数）}{2,000千円（X社の企業評価額）÷2,000株（X社の発行済株式数）}$$

$$=\frac{0.75千円（Y社の1株あたりの企業評価額）}{1.0千円（X社の1株あたりの企業評価額）}=0.75（合併比率）$$

② 交付株式数

1,000株（Y社の発行済株式数）×0.75＝750株

12-3

①	合併比率	0.25	②	交付株式数	10,000株

解説

① 合併比率

企業評価額

B社の企業評価額：60,000千円（時価）−36,000千円（時価）＝24,000千円

A社の企業評価額：192,000千円（時価）−96,000千円（時価＝簿価）＝96,000千円

合併比率

$$合併比率=\frac{24,000千円（B社の企業評価額）÷40,000株（B社の発行済株式数）}{96,000千円（A社の企業評価額）÷40,000株（A社の発行済株式数）}$$

$$=\frac{0.6千円}{2.4千円}=0.25（合併比率）$$

② 交付株式数

40,000株（B社の発行済株式数）×0.25＝10,000株

12-4

借 方 科 目	金　　額	貸 方 科 目	金　　額
諸　資　産	❶ 2,700,000	諸　負　債	❶ 800,000
の　れ　ん	100,000	資　本　金	❷ 2,000,000

解説

❶ 資産・負債は時価で評価する。

❷ ＠10,000円×200株＝2,000,000円

12-5

	借 方 科 目	金　　額	貸 方 科 目	金　　額
1	諸　資　産	32,000,000	諸　負　債	21,000,000
			当　座　預　金	10,000,000
			負ののれん発生益❶	1,000,000
2	諸　資　産	5,400,000	諸　負　債	2,900,000
	の　れ　ん❷	200,000	資　本　金	900,000
			資本準備金	900,000
			その他資本剰余金	900,000

解説

❶ 貸方のれんは「負ののれん発生益」勘定で処理する。

❷ 借方のれんは「のれん」勘定で処理する。

12-6

(a)	パーチェス法	(b)	のれん	(c)	1,000千円	(d)	45,500千円❸

解説　（単位：千円）

Y社合併の仕訳

（借）諸　資　産　31,000　（貸）諸　負　債　16,000
　　　の　れ　ん　1,000　　　　資　本　金　8,000❶
　　　　　　　　　　　　　　　　資本準備金　8,000❷

❶ $(200千円×\frac{1}{2})×80株=8,000千円$

❷ 200千円×80株−8,000千円＝8,000千円

❸ 37,500千円＋8,000千円＝45,500千円

第13章　連結財務諸表の作成(その1) (p.170)

13－1

借　　　方		貸　　　方	
諸　資　産	350	評　価　差　額	350
資　本　金	2,600	子 会 社 株 式	3,400
利益剰余金当期首残高	800	非支配株主持分	❷ 750
評　価　差　額	350		
の　れ　ん	❶ 400		

解説

❶ のれん：¥3,400−(¥2,600+¥800+¥350)×80％＝¥400

❷ 非支配株主持分：(¥2,600+¥800+¥350)×20％＝¥750

13－2

借　　　方		貸　　　方	
の れ ん 償 却	❶ 20	の　れ　ん	20

解説

❶ のれん償却：¥400÷20年＝¥20

13－3

借　　　方		貸　　　方	
非支配株主に帰属する当期純利益	❶ 120	非支配株主持分	120

解説

❶ 非支配株主に帰属する当期純利益：¥600×20％＝¥120

13－4

借　　　方		貸　　　方	
借　入　金	400	貸　付　金	400

13－5

借　　　方		貸　　　方	
支　払　手　形	350	受　取　手　形	350
支　払　手　形	150	借　入　金 ❶	150

解説

❶ 親子間で振り出した手形を銀行で割り引いたときは，企業集団の観点から手形の振り出しによる資金の借り入れと考える。

13－6

借　　　方		貸　　　方	
貸 倒 引 当 金	7	貸倒引当金繰入	❶ 7

解説

❶ 受取手形¥350×2％＝¥7

13－7

借　　　方		貸　　　方	
売　上　高	3,200	売　上　原　価	3,200

13－8

借　　　方		貸　　　方	
受　取　利　息	❶ 8	支　払　利　息	8

解説

❶ 貸付金¥400×2％＝¥8

13－9

借　　　方		貸　　　方	
売　上　原　価	36	商　　　品	❶ 36

解説

❶ 商品¥240×15％＝¥36

13－10

借　　　方		貸　　　方	
売　上　原　価	60	商　　　品	❶ 60
非支配株主持分	12	非支配株主に帰属する当期純利益	❷ 12

解説

❶ 商品¥600×10％＝¥60

❷ 非支配株主に帰属する当期純利益：¥60❶×20％＝¥12

連 結 精 算 表
20X2年3月31日

(単位：円)

科　目	個別財務諸表			修正消去			連結財務諸表
	P 社	S 社	合 計	借 方		貸 方	
損 益 計 算 書							(連結損益計算書)
売 上 高	[195,000]	[110,400]	[305,400]	❻	45,000		[260,400]
受 取 利 息	[90]		[90]	❼	90		
その他の収益	[4,710]	[3,600]	[8,310]				[8,310]
売 上 原 価	117,000	77,100	194,100	❻	1,350	❻ 45,000	150,450
販売費・一般管理費	53,010	27,810	80,820			❺ 240	80,580
の れ ん 償 却				❷	30		30
支 払 利 息		90	90			❼ 90	
その他の費用	12,090	4,800	16,890				16,890
当 期 純 利 益	[17,700]	[4,200]	[21,900]		46,470	45,330	[20,760]
非支配株主に帰属する当期純利益				❸	1,680		1,680
親会社株主に帰属する当期純利益	[17,700]	[4,200]	[21,900]		48,150	45,330	[19,080]
株主資本等変動計算書							(連結株主資本等 変動計算書(一部))
（利益剰余金）							
利益剰余金当期首残高	[18,300]	[9,000]	[27,300]	❶	9,000		[18,300]
親会社株主に帰属する当期純利益	[17,700]	[4,200]	[21,900]		48,150	45,330	[19,080]
利益剰余金当期末残高	[36,000]	[13,200]	[49,200]		57,150	45,330	[37,380]
貸 借 対 照 表							(連結貸借対照表)
現 金 預 金	3,900	3,000	6,900				6,900
売 掛 金	60,000	45,000	105,000			❹ 12,000	93,000
商 品	36,000	19,500	55,500			❻ 1,350	54,150
貸 付 金	1,500		1,500			❹ 1,500	
子 会 社 株 式	18,600		18,600			❶ 18,600	
その他の資産	150,000	66,600	216,600				216,600
の れ ん				❶	600	❷ 30	570
資 産 合 計	270,000	134,100	404,100		600	33,480	371,220
買 掛 金	[49,800]	[43,500]	[93,300]	❹	12,000		[81,300]
借 入 金		[1,500]	[1,500]	❹	1,500		
貸 倒 引 当 金	[1,200]	[900]	[2,100]	❺	240		[1,860]
その他の負債	[69,000]	[54,000]	[123,000]				[123,000]
資 本 金	[114,000]	[21,000]	[135,000]	❶	21,000		[114,000]
利 益 剰 余 金	[36,000]	[13,200]	[49,200]		57,150	45,330	[37,380]
非 支 配 株 主 持 分						❶ 12,000	[13,680]
						❸ 1,680	
負債・純資産合計	[270,000]	[134,100]	[404,100]		91,890	59,010	[371,220]

注1：[　　]の金額は貸方を示す。
注2：本問では，「法人税，住民税及び事業税」を省略した。
注3：「のれん償却」は，「販売費・一般管理費」に含まれるものであるが，本問では，独立の項目としてある。

解説

❶ (借)資　本　金 21,000 (貸)子会社株式 18,600
　　利益剰余金当期首残高 9,000　非支配株主持分 12,000
　　の　れ　ん 600
　　のれん：¥18,600－（¥21,000＋¥9,000）×60％＝¥600
　　非支配株主持分：（¥21,000＋¥9,000）×40％＝¥12,000

❷ (借)のれん償却 30 (貸)の　れ　ん 30
　　¥600÷20年＝¥30

❸ (借)非支配株主に帰属
する当期純利益 1,680 (貸)非支配株主持分 1,680
　　¥4,200×40％＝¥1,680

❹ (借)買　掛　金 12,000 (貸)売　掛　金 12,000
　　(借)借　入　金 1,500 (貸)貸　付　金 1,500

❺ (借)貸倒引当金 240 (貸)販売費・一般管理費 240
　　売掛金¥12,000×2％＝¥240

❻ (借)売　上　高 45,000 (貸)売上原価 45,000
　　(借)売上原価 1,350 (貸)商　　品 1,350
　　期末商品¥6,750×20％＝¥1,350

❼ (借)受取利息 90 (貸)支払利息 90

13-12

借　　方		貸　　方	
受取配当金	❶ 1,120	配　当　金	1,120
非支配株主持分	❷ 480	配　当　金	480

解説

❶ 受取配当金：配当金¥1,600×70％＝¥1,120
❷ 非支配株主持分：配当金¥1,600×30％＝¥480

13-13

連結包括利益計算書	（単位：円）
当期純利益	（ 3,500）
その他の包括利益：	
その他有価証券評価差額金	（ 60）
その他の包括利益合計	（ 60）
包括利益	（ 3,560）
（内訳）	
親会社株主に係る包括利益	（ 2,660）
非支配株主に係る包括利益	（ 900）

連結損益及び包括利益計算書	（単位：円）
：	：
当　期　純　利　益	（ 3,500）
（内訳）	
親会社株主に帰属する当期純利益	（ 2,600）
非支配株主に帰属する当期純利益	（ 900）
その他の包括利益：	
その他有価証券評価差額金	（ 60）
その他の包括利益合計	（ 60）
包　括　利　益	（ 3,560）
（内訳）	
親会社株主に係る包括利益	（ 2,660）
非支配株主に係る包括利益	（ 900）

解説

＜仕訳＞
(借)その他有価証券 60 (貸)その他有価証券評価差額金 60
　　¥260－¥200＝¥60

13-14

（単位：千円）

	借　　方		貸　　方	
(1)	諸　資　産	1,000	評価差額	1,000
	資　本　金	5,000	子会社株式	7,000
	利益剰余金当期首残高	1,500	非支配株主持分	1,500
	評価差額	1,000		
	の　れ　ん	1,000		
(2)	のれん償却	50	の　れ　ん	50
(3)	非支配株主に帰属
する当期純利益	500	非支配株主持分	500

13-15

（単位：千円）

	借　　方		貸　　方	
(1)	借　入　金	300	貸　付　金	300
	前受収益	2	前払費用	2
	受取利息	5	支払利息	5
(2)	支払手形	500	受取手形	300
			借　入　金	200
	貸倒引当金	6	貸倒引当金繰入	6
(3)	売　上　高	1,400	売上原価	1,400
	買　掛　金	600	売　掛　金	600
	貸倒引当金	30	貸倒引当金繰入	30

13-16

（単位：千円）

借　　方		貸　　方	
売上原価	300	商　　品	❶ 300

解説

❶ 未実現利益：3,000千円－2,700千円＝300千円

13-17

(1)	(2)	(3)
○	○	×

解説

(3) 非支配株主持分は連結貸借対照表の純資産の部に含まれる。
　　ただし，株主資本とは区分して表示する。

連 結 精 算 表
×6年3月31日

(単位：千円)

科　目	個別財務諸表			修正消去		連結財務諸表
	P　社	S　社	合　計	借　方	貸　方	
(損 益 計 算 書)						(連結損益計算書)
売　上　高	[25,920]	[16,000]	[41,920]	❺ 2,400		[39,520]
その他の収益	[1,200]	[800]	[2,000]			[2,000]
売 上 原 価	16,000	11,200	27,200	❺ 128	❺ 2,400	24,928
販売費・一般管理費	8,000	4,240	12,240		❹ 32	12,208
の れ ん 償 却				❷ 8		8
その他の費用	1,600	800	2,400			2,400
当 期 純 利 益	[1,520]	[560]	[2,080]	2,536	2,432	[1,976]
非支配株主に帰属する当期純利益				❸ 168		168
親会社株主に帰属する当期純利益	[1,520]	[560]	[2,080]	2,704	2,432	[1,808]
(株主資本等変動計算書[一部])						(連結株主資本等変動計算書(一部))
利益剰余金当期首残高	[1,680]	[1,600]	[3,280]	❶ 1,600		[1,680]
親会社株主に帰属する当期純利益	[1,520]	[560]	[2,080]	2,704	2,432	[1,808]
利益剰余金当期末残高	[3,200]	[2,160]	[5,360]	4,304	2,432	[3,488]
(貸 借 対 照 表)						(連結貸借対照表)
現 金 預 金	880	720	1,600			1,600
売 掛 金	12,000	8,000	20,000		❹ 1,600	18,400
商　品	3,840	2,080	5,920		❺ 128	5,792
子 会 社 株 式	4,080		4,080		❶ 4,080	
その他の資産	11,200	8,400	19,600			19,600
の れ ん				❶ 160	❷ 8	152
資 産 合 計	32,000	19,200	51,200	160	5,816	45,544
買 掛 金	[11,760]	[9,120]	[20,880]	❹ 1,600		[19,280]
貸 倒 引 当 金	[240]	[160]	[400]	❹ 32		[368]
その他の負債	[10,400]	[3,760]	[14,160]			[14,160]
資 本 金	[6,400]	[4,000]	[10,400]	❶ 4,000		[6,400]
利 益 剰 余 金	[3,200]	[2,160]	[5,360]	4,304	2,432	[3,488]
非 支 配 株 主 持 分					❶ 1,680	[1,848]
					❸ 168	
負債・純資産合計	[32,000]	[19,200]	[51,200]	9,936	4,280	[45,544]

注. [　] の金額は貸方を示す。

連結貸借対照表

P社		×6年3月31日	（単位：千円）

資産の部

Ⅰ 流動資産			
現 金 預 金			（ 1,600）
売 掛 金	（ 18,400）		
貸倒引当金	（△ 368）		（ 18,032）
商 品			（ 5,792）
その他の資産			（ 19,600）
流動資産合計			（ 45,024）
Ⅱ 固定資産			
の れ ん			（ 152）
資 産 合 計			（ 45,176）

負債の部

Ⅰ 流動負債		
買 掛 金		（ 19,280）
その他の負債		（ 14,160）
負 債 合 計		（ 33,440）

純資産の部

Ⅰ 株主資本		
資 本 金		（ 6,400）
利 益 剰 余 金		（ 3,488）
Ⅲ 非支配株主持分		（ 1,848）
純 資 産 合 計		（ 11,736）
負債・純資産合計		（ 45,176）

連結損益計算書

P社	×5年4月1日から×6年3月31日まで（単位：千円）

売 上 原 価	（ 24,928）	売 上 高	（ 39,520）
販売費・一般管理費	（ 12,208）	その他の収益	（ 2,000）
のれん償却	（ 8）		
その他の費用	（ 2,400）		
非支配株主に帰属する当期純利益	（ 168）		
親会社株主に帰属する当期純利益	（ 1,808）		
	（ 41,520）		（ 41,520）

連結株主資本等変動計算書（一部）

P社	×5年4月1日から×6年3月31日まで（単位：千円）

利益剰余金	当 期 首 残 高	（ 1,680）
	当期変動額 親会社株主に帰属する当期純利益	（ 1,808）
	当 期 末 残 高	（ 3,488）

解説　（仕訳の単位：千円）

❶ （借）資 本 金 4,000 （貸）子 会 社 株 式 4,080
利益剰余金当期首残高 1,600　 非支配株主持分 1,680
　　の れ ん 160
　非支配株主持分：（4,000＋1,600）千円×30％＝1,680千円
　のれん：4,080千円－（4,000＋1,600）千円×70％＝160千円

❷ （借）の れ ん 償 却 8 （貸）の れ ん 8
　160千円÷20年＝8千円

❸ （借）非支配株主に帰属する当期純利益 168 （貸）非支配株主持分 168
　560千円×30％＝168千円

❹ （借）買 掛 金 1,600 （貸）売 掛 金 1,600
　（借）貸 倒 引 当 金 32 （貸）販売費・一般管理費 32
　　貸倒引当金：売掛金1,600千円×2％＝32千円

❺ （借）売 上 高 2,400 （貸）売 上 原 価 2,400
　（借）売 上 原 価 128 （貸）商 品 128
　　商品：512千円×25％＝128千円

第14章　連結財務諸表の作成（その2）(p.185)

14−1

（単位：千円）

借　　　　方		貸　　　　方	
段階取得に係る損益	10	子 会 社 株 式	10

解説

X社が保有するY社株式80％の時価：800千円
X社が保有するY社株式80％の簿価：
　110千円（10％）＋700千円（70％）＝810千円
段階取得に係る損益：810千円（簿価）－800千円（時価）＝10千円

14−2

連結貸借対照表

20X6年3月31日		（単位：千円）	
諸 資 産	（26,300）	諸 負 債	（16,200）
（の れ ん）	（ 80）	資 本 金	（ 7,940）
		資 本 剰 余 金	（ 600）
		利 益 剰 余 金	（ 1,220） ❶
		（非支配株主持分）	（ 420）
	（26,380）		（26,380）

解説

仕訳（単位：千円）
Y社の資産と負債の時価評価
（借）諸 資 産 300 （貸）諸 負 債 200
　　　　　　　　　　　　　評 価 差 額 100
　●諸資産：6,300千円－6,000千円＝300千円
　●諸負債：4,200千円－4,000千円＝200千円
　●評価差額：300千円－200千円＝100千円
子会社株式の時価評価
（借）Y 社 株 式 20 （貸）段階取得に係る損益 20
　●X社が保有するY社株式80％の時価：1,760千円
　●X社が保有するY社株式80％の簿価：
　　640千円（30％）＋1,100千円（50％）＝1,740千円
　●段階取得に係る損益：1,760千円（時価）－1,740千円（簿価）＝20千円
投資と資本の相殺消去
（借）資 本 金 1,300 （貸）Y 社 株 式 1,760
　　　資 本 剰 余 金 200　　非支配株主持分 420
　　　利 益 剰 余 金 500
　　　評 価 差 額 100
　　　の れ ん 80
　●非支配株主持分：
　　（1,300＋200＋500＋100）千円×20％＝420千円
　●のれん：
　　1,760千円－（1,300＋200＋500＋100）千円×80％＝80千円
❶●利益剰余金：
　　1,200千円（X社利益剰余金）＋20千円（段階取得に係る損益）
　　＝1,220千円

14−3

（単位：千円）

借　　　　方		貸　　　　方	
非支配株主持分	260	子 会 社 株 式	300
資 本 剰 余 金	40		

解説

非支配株主持分：1,300千円×20％（追加取得持分比率）＝260千円
資本剰余金：
　300千円（子会社株式）－260千円（非支配株主持分）＝40千円

14－4

(単位：千円)

借　　方		貸　　方	
子 会 社 株 式	110	非支配株主持分	130
子会社株式売却益	40	資 本 剰 余 金	20

解説

子会社株式：990千円 $\times \dfrac{10\%}{90\%} = 110$千円

非支配株主持分：

$1,300$千円 $\times 10\%$（子会社株式売却持分）$= 130$千円→売却持分

子会社株式売却益：個別財務諸表上の子会社株式売却益40千円

14－5

連 結 精 算 表

20X6年 3 月31日

(単位：千円)

科　　目	個別財務諸表			修 正 消 去		連結財務諸表
	X　社	Y　社	合　計	借　方	貸　方	
貸借対照表						（連結貸借対照表）
現 金 預 金	1,900	1,440	3,340			3,340
売 掛 金	40,000	12,000	52,000			52,000
商 品	31,600	9,200	40,800			40,800
の れ ん				❶b 1,120	❷ 56	1,064
土 地	20,000	7,200	27,200	❶a 800		28,000
投 資 有 価 証 券	5,000		5,000			5,000
子 会 社 株 式	12,700		12,700		❶b 11,200	
					❺ 1,500	
その他の資産	6,200	3,340	9,540			9,540
資 産 合 計	117,400	33,180	150,580	1,920	12,756	139,744
買 掛 金	[34,000]	[10,200]	[44,200]			[44,200]
貸 倒 引 当 金	[1,000]	[280]	[1,280]			[1,280]
その他の負債	[23,444]	[9,600]	[33,044]			[33,044]
資 本 金	[40,000]	[7,400]	[47,400]	❶b 7,400		[40,000]
利 益 剰 余 金	[17,800]	[5,700]	[23,500]	6,826	2,000	[18,674]
その他有価証券評価差額金	[1,156]		[1,156]			[1,156]
評 価 差 額				❶b 800	❶a 800	
非支配株主持分				❹ 400	❶b 2,520	
				❺ 1,390	❸ 660	[1,390]
負債・純資産合計	[117,400]	[33,180]	[150,580]	16,816	5,980	[139,744]
損益及び包括利益計算書						（連結損益及び包括利益計算書）
売 上 高	[40,400]	[11,600]	[52,000]			[52,000]
受 取 配 当 金	[1,600]		[1,600]	❹ 1,600		
その他の収益	[1,200]	[260]	[1,460]			[1,460]
売 上 原 価	24,000	7,400	31,400			31,400
販売費・一般管理費	4,600	700	5,300			5,300
のれん償却				❷ 56		56
その他の費用	1,000	460	1,460			1,460
当 期 純 利 益	[13,600]	[3,300]	[16,900]	1,656		[15,244]
非支配株主に帰属する当期純利益				❸ 660		660
親会社株主に帰属する当期純利益	[13,600]	[3,300]	[16,900]	2,316		[14,584]
その他有価証券評価差額金	[1,156]		[1,156]			[1,156]
包 括 利 益	[14,756]	[3,300]	[18,056]	1,656		[16,400]
株主資本等変動計算書						連結株主資本等
（利 益 剰 余 金）						変動計算書(一部)
利益剰余金当期首残高	[12,600]	[4,400]	[17,000]	❶b 4,400		[12,600]
追 加 取 得				❺ 110		110
配 当 金	8,400	2,000	10,400		❹ 2,000	8,400
親会社株主に帰属する当期純利益	[13,600]	[3,300]	[16,900]	2,316		[14,584]
利益剰余金当期末残高	[17,800]	[5,700]	[23,500]	6,826	2,000	[18,674]

注：[　]はその金額が貸方にあることを示す。

連結貸借対照表

X社　　　　20X6年 3 月31日　　　（単位：千円）

資産の部

I 流動資産
現金預金 （ 3,340）
売掛金 （ 52,000）
貸倒引当金 △（ 1,280）
商品 （ 40,800）
その他の資産 （ 9,540）
流動資産合計 （ 104,400）

II 固定資産
土地 （ 28,000）
のれん （ 1,064）
投資有価証券 （ 5,000）
固定資産合計 （ 34,064）
資産合計 （ 138,464）

負債の部

I 流動負債
買掛金 （ 44,200）
その他の負債 （ 33,044）
負債合計 （ 77,244）

純資産の部

I 株主資本
資本金 （ 40,000）
利益剰余金 （ 18,674）

II その他の包括利益累計額
その他有価証券評価差額金 （ 1,156）

III 非支配株主持分 （ 1,390）
純資産合計 （ 61,220）
負債・純資産合計 （ 138,464）

連結損益及び包括利益計算書

X社　　20X5年 4 月 1 日から20X6年 3 月31日まで（単位：千円）

I 売上高 （ 52,000）
II 売上原価 （ 31,400）
売上総利益 （ 20,600）
III 販売費及び一般管理費 （ 5,356）
（のれん償却を含む）
営業利益 （ 15,244）
IV 営業外収益
その他の収益 （ 1,460）
V 営業外費用
その他の費用 （ 1,460）
当期純利益 （ 15,244）
（内訳）
親会社株主に帰属する当期純利益 （ 14,584）
非支配株主に帰属する当期純利益 （ 660）
その他の包括利益：
その他有価証券評価差額金 （ 1,156）
包括利益 （ 16,400）
（内訳）
親会社株主に係る包括利益 （ 15,740）
非支配株主に係る包括利益 （ 660）

連結株主資本等変動計算書　（一部）

X社　　20X5年 4 月 1 日から20X6年 3 月31日まで（単位：千円）

利益剰余金　当期首残高 （ 12,600）
当期変動額　追加取得 △（ 110）
剰余金の配当 △（ 8,400）
親会社株主に帰属
する当期純利益 （ 14,584）
当期末残高 （ 18,674）

解説

〈連結仕訳〉（単位：千円）

○開始仕訳

❶ a　支配獲得日の資産・負債の評価替え

（借）土　　　　　地　　800　（貸）評 価 差 額　　800

　　 b　支配獲得日の投資と資本の相殺消去

（借）資　本　金　　7,400　（貸）子会社株式　11,200
　　　利益剰余金当期首残高　4,400　　　　　非支配株主持分　2,520
　　　評 価 差 額　　800
　　　の　れ　ん　　1,120

　　非支配株主持分：

　　　$(7,400+4,400+800)$千円×20%＝2,520千円

　　のれん：

　　　11,200千円－$(7,400+4,400+800)$千円×80%＝1,120千円

○当期分の連結仕訳

❷ のれんの償却

（借）の れ ん 償 却　　56　（貸）の　れ　ん　　56

　　のれん償却：1,120千円÷20年＝56千円

❸ Y社純利益の配分

（借）非支配株主に帰属する当期純利益　660　（貸）非支配株主持分　660

　　非支配株主に帰属する当期純利益：

　　　3,300千円×20%＝660千円

　＊非支配株主に帰属する当期純利益＝子会社の純利益×非支配株主持分比率(%)

○剰余金処分項目の修正（子会社からの剰余金処分である配当金の支払い）

❹ 配当金の修正

（借）受 取 配 当 金　1,600　（貸）配　当　金　1,600

　　受取配当金：2,000千円×80%＝1,600千円

　＊子会社からの配当金の支払額×親会社持分比率

　＊親会社の受取配当金と子会社からの配当金の支払いを相殺消去する。

（借）非支配株主持分　400　（貸）配　当　金　400

　　非支配株主持分：2,000千円×20%＝400千円

　＊子会社からの配当金の支払額×非支配株主持分比率

　＊非支配株主に対する子会社からの配当金の支払いについては，非支配株主持分を減少させる。

○追加取得

❺ 追加投資額と追加取得持分の相殺消去

（借）非支配株主持分　1,390　（貸）子 会 社 株 式　1,500
　　　利 益 剰 余 金　　110

　　非支配株主持分：

　　　$(7,400+5,700+800)$千円×10%＝1,390千円

　　利益剰余金：1,500千円－1,390千円＝110千円

　＊資本剰余金がゼロであるため，利益剰余金を減額する。

連結キャッシュ・フロー計算書(直接法)（単位：千円）	
Ⅰ. 営業活動によるキャッシュ・フロー	
営業収入	（　　6,585）
商品仕入支出	（△　3,285）
人件費支出	（△　1,440）
小　計	（　　1,860）
法人税等の支払額	（△　　300）
営業活動によるキャッシュ・フロー	（　　1,560）
Ⅱ. 投資活動によるキャッシュ・フロー	
有形固定資産の取得による支出	（△　　735）
投資活動によるキャッシュ・フロー	（△　　735）
Ⅲ. 財務活動によるキャッシュ・フロー	
借入れによる収入	（　　1,320）
利息の支払額	（△　　48）
配当金の支払額	（△　　207）
財務活動によるキャッシュ・フロー	（　　1,065）
Ⅳ. 現金及び現金同等物の増加額	（　　1,890）
Ⅴ. 現金及び現金同等物の期首残高	（　　2,520）
Ⅵ. 現金及び現金同等物の期末残高	（　　4,410）

解説（単位：千円）

○営業収入

（借）売　上　高　7,560　（貸）営業収入(C/F)　6,585
　　　　　　　　　　　　　売　掛　金　975

売　　上	
	当期売上 7,560

売　掛　金	
期首 3,120	当期回収 (6,585)
当期売上 7,560	期末 4,095

○商品仕入支出

（借）商品の仕入による支出(C/F)　3,285　（貸）売 上 原 価　4,875
　　　買　掛　金　3,060　　　　　商　　品　1,470

買　掛　金	
当期支払 (3,285)	期首 2,700
末末 5,760	当期仕入 6,345

商　　品	
期首 1,680	売上原価 4,875
当期仕入 (6,345)	期末 3,150

○有形固定資産の取得による支出

（借）有形固定資産の取得による支出(C/F)　735　（貸）建　　物　735

建　　物	
期首 1,800	期末 2,535
当期購入 (735)	

※貸倒引当金繰入，減価償却費及びのれん償却はキャッシュ・フローを伴わないため，連結キャッシュ・フロー計算書には振り替えない。

連結キャッシュ・フロー計算書(間接法)		（単位：千円）
Ⅰ．営業活動によるキャッシュ・フロー		
税金等調整前当期純利益	（	990）
減価償却費	（	30）
のれん償却	（	9）
貸倒引当金の増加額	（	168）
支払利息	（	48）
売掛金の増加額	（△	975）
棚卸資産の増加額	（△	1,470）
買掛金の増加額	（	3,060）
小　計	（	1,860）
法人税等の支払額	（△	300）
営業活動によるキャッシュ・フロー	（	1,560）
Ⅱ．投資活動によるキャッシュ・フロー		
有形固定資産の取得による支出	（△	735）
投資活動によるキャッシュ・フロー	（△	735）
Ⅲ．財務活動によるキャッシュ・フロー		
借入れによる収入	（	1,320）
利息の支払額	（△	48）
配当金の支払額	（△	207）
財務活動によるキャッシュ・フロー	（	1,065）
Ⅳ．現金及び現金同等物の増加額	（	1,890）
Ⅴ．現金及び現金同等物の期首残高	（	2,520）
Ⅵ．現金及び現金同等物の期末残高	（	4,410）

解説

○キャッシュ・フローを伴わない損益項目の戻入
　税金等調整前当期純利益を出発点とし，これに含まれている
キャッシュ・フローを伴わない損益項目を戻し入れる。
　本問では，減価償却費，のれん償却，貸倒引当金繰入を加算する。
○営業外損益項目および特別損益項目の戻入
　本問では，支払利息を加算する。
○売掛金，商品(棚卸資産)，買掛金の増減額の調整
　営業活動に関わる資産・負債の増減額を調整する。
　本問では，売掛金の増加額，商品(棚卸資産)の増加額，買掛金の
増加額を調整する。

14−7

(1)	(2)	(3)
×	×	×

解説

(1) 連結貸借対照表では，その他の包括利益累計額として表示する。
(2) 非支配株主持分を増額するのではなく，非支配株主持分から減
　額する。
(3) 親会社の持分から減額し，非支配株主持分を増額する。

第15章　持分法 (p.196)

15−1

（単位：千円）

借　　　方		貸　　　方	
持分法による投資損益	88	A　社　株　式	88

解説

取得原価(投資の額)：4,320千円
のれんの額：
4,320千円 −(9,400千円 − 3,000千円)×40% = 1,760千円
　　　　　諸資産　　　諸負債　投資会社の
　　　　　(時価)　(時価=簿価)　持分比率

のれんの償却：1,760千円(のれん)÷20年 = 88千円

15−2

（単位：千円）

借　　　方		貸　　　方	
A　社　株　式	16	持分法による投資損益	16

解説

40千円(A社の当期純利益)×40%(投資会社の持分比率) = 16千円

15−3

（単位：千円）

借　　　方		貸　　　方	
受　取　配　当　金	50	A　社　株　式	50

解説

100千円(配当金)×50%(投資会社の持分比率)
= 50千円(P社への配当金)

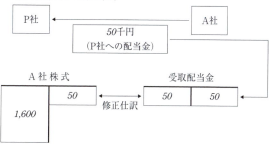

15－4

① 修正仕訳

・のれんの償却　　　　　　　　　　　　　　　　　　（単位：千円）

借　　　方		貸　　　方	
持分法による投資損益	15	A　社　株　式	15

解説

5,250千円（A社の諸資産の時価）－3,000千円（A社の諸負債の時
価（＝簿価））＝2,250千円（A社の純資産）
2,250千円（A社の純資産）×40％＝900千円（P社の持分）
1,200千円（取得原価）－900千円（P社の持分）＝300千円（のれん）
300千円（のれん）÷20年＝15千円（のれん償却）

・当期純利益の計上　　　　　　　　　　　　　　　　（単位：千円）

借　　　方		貸　　　方	
A　社　株　式	60	持分法による投資損益	60

解説

150千円（A社の当期純利益）×40％＝60千円

・配当金の修正　　　　　　　　　　　　　　　　　　（単位：千円）

借　　　方		貸　　　方	
受　取　配　当　金	24	A　社　株　式	24

解説

60千円（配当金）×40％＝24千円（P社の受取配当金）

② 連結貸借対照表に記載されるA社株式の金額　　1,221千円

解説

A　社　株　式　　　　　　（単位：千円）

P社　B／S	1,200	のれん償却	15
		受取配当金	24
A社　当期純利益	60	連結B／S上の金額	1,221

③ 連結損益計算書に記載される持分法による投資損益の金額

45千円

解説

持分法による投資損益　　（単位：千円）

のれん償却	15	A社　当期純利益	60
連結P／L上の金額	45		

15－5

① 修正仕訳

・のれんの償却　　　　　　　　　　　　　　　　　　（単位：千円）

借　　　方		貸　　　方	
持分法による投資損益	150	A　社　株　式	150

解説

A社株式の取得原価（投資の額）：10,000千円
のれん：10,000千円－（47,500－30,000）千円×40％＝3,000千円
のれんの償却：3,000千円÷20年＝150千円

・当期純利益の計上　　　　　　　　　　　　　　　　（単位：千円）

借　　　方		貸　　　方	
A　社　株　式	600	持分法による投資損益	600

解説

A社の当期純利益1,500千円×40％＝600千円

・配当金の修正　　　　　　　　　　　　　　　　　　（単位：千円）

借　　　方		貸　　　方	
受　取　配　当　金	240	A　社　株　式	240

解説

配当金600千円×40％＝240千円

② 連結貸借対照表に記載されるA社株式の金額　　10,210千円

解説

A　社　株　式　　　　　　（単位：千円）

P社　B／S	10,000	のれん償却	150
		受取配当金	240
A社　当期純利益	600	連結B／S上の金額	10,210

③ 連結損益計算書に記載される持分法による投資損益の金額

450千円

解説

持分法による投資損益　　（単位：千円）

のれん償却	150	A社　当期純利益	600
連結P／L上の金額	450		

15－6

(1)	(2)
×	○

解説

(1) 非連結子会社とは，子会社であると判定されたが，連結の範囲
からは除外された子会社のことである。

第16章　連結税効果会計 （p.200）

16－1

Y社の資産と負債の時価評価　　　　　　　　（単位：千円）

借	方		貸	方	
諸　資　産		200	諸　負　債		100
			繰延税金負債	❶	30
			評　価　差　額		70

投資と資本の相殺消去　　　　　　　　　　　（単位：千円）

借	方		貸	方	
資　本　金		900	Y　社　株　式		1,320
資　本　剰　余　金		150	非支配株主持分	❷	314
利　益　剰　余　金		450			
評　価　差　額		70			
の　　れ　　ん	❸	64			

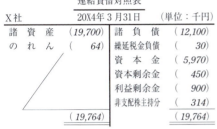

連結貸借対照表

X社	20X4年3月31日	（単位：千円）		
諸　資　産	（19,700）	諸　負　債	（12,100）	
の　れ　ん	（64）	繰延税金負債	（30）	
		資　本　金	（5,970）	
		資本剰余金	（450）	
		利益剰余金	（900）	
		非支配株主持分	（314）	
	（19,764）		（19,764）	

解説

❶　$(200-100)$千円×30%＝30千円

❷　$(900+150+450+70)$千円×20%＝314千円

❸　1,320千円－$(900+150+450+70)$千円×80%＝64千円

16－2

借	方		貸	方	
売　上　原　価		80	商　　　　品	❶	80
繰　延　税　金　資　産	❷	24	法　人　税　等　調　整　額		24

解説

❶　商品：￥400×20%＝￥80

❷　繰延税金資産：￥80×30%＝￥24

16－3

借	方		貸	方	
支　払　手　形		5,000	受　取　手　形		5,000
貸　倒　引　当　金		100	貸　倒　引　当　金　繰　入		100
法　人　税　等　調　整　額		30	繰　延　税　金　負　債	❶	30
繰　延　税　金　負　債		21	繰　延　税　金　資　産	❷	21

解説

❶　繰延税金負債：貸倒引当金 ￥100×30%＝￥30

❷　繰延税金資産：貸倒引当金繰入の損金不算入分￥70×30%＝￥21

16－4

連結貸借対照表

X社	20X4年3月31日	（単位：千円）		
諸　資　産	（32,600）	諸　負　債	（20,150）	
（の　れ　ん）	（228）	資　本　金	（9,950）	
（繰延税金資産）	（15）	資本剰余金	（750）	
		利益剰余金	（1,500）	
		非支配株主持分	（493）	
	（32,843）		（32,843）	

解説　仕訳（単位：千円）

○Y社の時価評価

　（借）諸　資　産　　100　（貸）諸　負　債　　150
　　　　繰延税金資産　❶ 15
　　　　評　価　差　額　　35

❶　$(100-150)$千円×30%＝△15千円

○投資と資本の相殺消去

　（借）資　本　金　1,620　（貸）Y　社　株　式　2,200
　　　　資本剰余金　　250　　　　評　価　差　額　　35
　　　　利益剰余金　　630　　　　非支配株主持分　❷ 493
　　　　の　れ　ん　❸ 228

❷　非支配株主持分：$(1,620+250+630-35)$千円×20%
　　　　　　　　　　　　＝493千円

❸　のれん：2,200千円－$(1,620+250+630-35)$千円×80%
　　　　　　　　　＝228千円

（単位：千円）

	借　　　　方		貸　　　　方		
(1)	Y 社 株 式	140	段階取得に係る損益	140	❶
(2)	非支配株主持分	380	Y 社 株 式	420	❷
	資 本 剰 余 金	40			
(3)	子 会 社 株 式	750	非支配株主持分	735	❸
	子会社株式売却益	50	資 本 剰 余 金	65	
(4)	売 　 上 　 高	560,000	売 上 原 価	560,000	❹
	売 上 原 価	12,800	商 　　 品	12,800	
	繰 延 税 金 資 産	3,840	法人税等調整額	3,840	
(5)	買 　 掛 　 金	80,000	売 　 掛 　 金	80,000	❺
	貸 倒 引 当 金	800	貸倒引当金繰入	800	
	法人税等調整額	240	繰 延 税 金 負 債	240	
(6)	固定資産売却益	40,000	建 　　　 物	40,000	❻
	建物減価償却累計額	4,000	減 価 償 却 費	4,000	
	繰 延 税 金 資 産	10,800	法人税等調整額	10,800	
(7)	売 　 上 　 高	106,000	売 上 原 価	106,000	❼
	売 上 原 価	6,000	商 　　 品	6,000	
	繰 延 税 金 資 産	1,800	法人税等調整額	1,800	
	非支配株主持分当期変動額	420	非支配株主に帰属する当期純利益	420	
(8)	買 　 掛 　 金	20,000	売 　 掛 　 金	20,000	❽
	貸 倒 引 当 金	200	貸倒引当金繰入	200	
	法人税等調整額	60	繰 延 税 金 負 債	60	
	非支配株主に帰属する当期純利益	14	非支配株主持分当期変動額	14	
(9)	固定資産売却益	10,000	土 　　　 地	10,000	❾
	繰 延 税 金 資 産	3,000	法人税等調整額	3,000	
	非支配株主持分当期変動額	700	非支配株主に帰属する当期純利益	700	

解説（単位：千円）

❶ Y社株式80％の時価：$9,260$
　Y社株式80％の簿価：
　　$1,200(20\%) + 7,920(60\%) = 9,120(80\%)$
　段階取得に係る損益：$9,260 - 9,120 = 140$

❷ 追加取得した時点の純資産の額の追加取得持分比率を減額する。
　$1,900 \times 20\% = 380$
　420（Y社株式）$- 380$（非支配株主持分）$= 40$（資本剰余金）

❸ 保有していた80％のうち30％を売却したため減額する。
　子会社株式：$2,000 \times \dfrac{30\%}{80\%} = 750$
　非支配株主持分　$2,450 \times 30\% = 735$
　資本剰余金　800（売却価額）$- 735 = 65$

❹ 商品　$76,800 \div 1.2 \times 0.2 = 12,800$
　繰延税金資産　$12,800 \times 30\% = 3,840$

❺ 繰延税金負債　$800 \times 30\% = 240$

❻ 繰延税金資産　$(40,000 - 4,000) \times 30\% = 10,800$

❼ 商品　$46,000 \div 1.15 \times 0.15 = 6,000$
　繰延税金資産　$6,000 \times 30\% = 1,800$
　非支配株主に帰属する当期純利益　$(6,000 - 1,800) \times 0.1 = 420$

❽ 繰延税金負債　$200 \times 30\% = 60$
　非支配株主に帰属する当期純利益　$(200 - 60) \times 0.1 = 14$

❾ 繰延税金資産　$10,000 \times 30\% = 3,000$
　非支配株主に帰属する当期純利益　$(10,000 - 3,000) \times 0.1 = 700$

連 結 精 算 表

(単位：千円)

勘定科目	個別財務諸表			修正消去		連結財務諸表
	親会社	子会社	合 計	借 方	貸 方	
貸借対照表						(連結貸借対照表)
現 金 及 び 預 金	120,000	64,000	184,000			184,000
売 掛 金	600,000	200,000	800,000		20,000	780,000
貸 倒 引 当 金	[6,000]	[2,000]	[8,000]	200		[7,800]
商 品	147,600	68,000	215,600		6,000	209,600
建 物	920,000	540,000	1,460,000		60,000	1,400,000
減 価 償 却 累 計 額	[276,000]	[108,000]	[384,000]	6,000		[378,000]
土 地	500,000	640,000	1,140,000	20,000		1,160,000
投 資 有 価 証 券	400,000		400,000			400,000
子 会 社 株 式	788,000		788,000		788,000	
長 期 貸 付 金	200,000	52,000	252,000		40,000	212,000
貸 倒 引 当 金	[600]	[400]	[1,000]			[1,000]
の れ ん				32,000	1,600	30,400
繰 延 税 金 資 産	48,000	20,800	68,800	2,400		92,800
				21,600		
資 産 合 計	3,441,000	1,474,400	4,915,400	82,200	915,600	4,082,000
買 掛 金	[784,000]	[448,000]	[1,232,000]	20,000		[1,212,000]
長 期 借 入 金	[270,000]	[184,000]	[454,000]	40,000		[414,000]
繰 延 税 金 負 債	[22,400]	[8,400]	[30,800]		8,000	[38,880]
					80	
資 本 金	[1,800,000]	[700,000]	[2,500,000]	d 〈700,000〉		[1,800,000]
利 益 剰 余 金	[538,600]	[134,000]	[672,600]	b 〈329,492〉	b' 〈163,760〉	[506,868]
その他有価証券評価差額金	[26,000]		[26,000]			[26,000]
評 価 差 額				12,000	12,000	
非 支 配 株 主 持 分				c 〈2,960〉	c' 〈87,212〉	[84,252]
負債純資産合計	[3,441,000]	[1,474,400]	[4,915,400]	1,104,452	271,052	[4,082,000]
損益及び包括利益計算書						(連結損益及び包括利益計算書)
売 上 高	[1,658,000]	[584,000]	[2,242,000]	106,000		[2,136,000]
受 取 利 息	[3,600]	[2,400]	[6,000]	1,200		[4,800]
受 取 配 当 金	[34,000]	[800]	[34,800]	23,400		[11,400]
建 物 売 却 益	[64,000]		[64,000]	60,000		[4,000]
売 上 原 価	1,234,000	388,000	1,622,000	6,000	106,000	1,522,000
貸 倒 引 当 金 繰 入 額	5,400	600	6,000		200	5,800
減 価 償 却 費	23,000	54,000	77,000		6,000	71,000
の れ ん 償 却				1,600		1,600
そ の 他 の 営 業 費 用	357,600	75,800	433,400			433,400
支 払 利 息	13,000	7,200	20,200		1,200	19,000
法 人 税 等	86,000	33,600	119,600			119,600
法 人 税 等 調 整 額	[10,000]	[4,000]	[14,000]	80	2,400	[37,920]
					21,600	
当 期 純 利 益	[50,600]	[32,000]	[82,600]	198,280	137,400	[21,720]
非支配株主に帰属する当期純利益				3,200	360	2,852
				12		
親会社株主に帰属する当期純利益	[50,600]	[32,000]	[82,600]	a 〈201,492〉	a' 〈137,760〉	[18,868]
その他有価証券評価差額金	[26,000]		[26,000]			[26,000]
包 括 利 益	[76,600]	[32,000]	[108,600]	198,280	137,400	[47,720]
株主資本等変動計算書						(連結株主資本等変動計算書)
資本金当期首残高	[1,800,000]	[700,000]	[2,500,000]	700,000		[1,800,000]
資本金当期末残高	[1,800,000]	[700,000]	[2,500,000]	d 〈700,000〉		[1,800,000]
利益剰余金当期首残高	[520,000]	[128,000]	[648,000]	128,000		[520,000]
剰 余 金 の 配 当	32,000	26,000	58,000		26,000	32,000
親会社株主に帰属する当期純利益	[50,600]	[32,000]	[82,600]	a 〈201,492〉	a' 〈137,760〉	[18,868]
利益剰余金当期末残高	[538,600]	[134,000]	[672,600]	b 〈329,492〉	b' 〈163,760〉	[506,868]
非支配株主持分当期首残高					84,000	[84,000]
非支配株主持分当期変動額				360	3,200	[252]
				2,600	12	
非支配株主持分当期末残高				c 〈2,960〉	c' 〈87,212〉	[84,252]

連結修正仕訳(単位:千円)

1-1.土地の評価替え

(借)土　　　　地　20,000　(貸)繰延税金負債　8,000
　　　　　　　　　　　　　　　　　評　価　差　額　12,000

　　　土地:620,000千円-600,000千円=20,000千円

　　　繰延税金負債:20,000千円×40%=8,000千円

1-2.連結開始仕訳

(借)資本金当期首残高　700,000　(貸)子会社株式　788,000
　　利益剰余金当期首残高　128,000　　非支配株主持分
　　　　　　　　　　　　　　　　　　当期首残高　84,000
　　評　価　差　額　12,000
　　の　　れ　　ん　32,000

　　非支配株主持分当期首残高:

　　　(700,000+128,000+12,000)千円×10%=84,000千円

　　のれん:

　　　788,000千円-(700,000+128,000+12,000)千円×90%

　　　=32,000千円

2.子会社当期純利益の非支配株主持分への按分

(借)非支配株主に帰属
　　する当期純利益　3,200　(貸)非支配株主持分
　　　　　　　　　　　　　　　当期変動額　3,200

　　非支配株主に帰属する当期純利益:

　　　32,000千円×10%=3,200千円

3.のれんの償却

(借)の れ ん 償 却　1,600　(貸)の　れ　ん　1,600

　　のれん償却:32,000千円÷20年=1,600千円

4-1.売上高と売上原価の相殺消去

(借)売　　上　　高　106,000　(貸)売 上 原 価　106,000

4-2.期末商品に含まれる未実現利益の消去

(借)売 上 原 価　6,000　(貸)商　　　　品　6,000
　　繰延税金資産　2,400　　法人税等調整額　2,400
　　非支配株主持分
　　当期変動額　360　　非支配株主に帰属
　　　　　　　　　　　　する当期純利益　360

　　売上原価:46,000千円×15%÷115%=6,000千円

　　繰延税金資産:6,000千円×40%=2,400千円

　　非支配株主持分当期変動額:

　　　(6,000千円-2,400千円)×10%=360千円

5.売掛金・買掛金に関する相殺消去

(1) 債権・債務の相殺消去

(借)買　　掛　　金　20,000　(貸)売　　掛　　金　20,000

(2) 貸倒引当金の修正

(借)貸 倒 引 当 金　200　(貸)貸倒引当金繰入額　200
　　法人税等調整額　80　　繰 延 税 金 負 債　80
　　非支配株主に帰属
　　する当期純利益　12　　非支配株主持分
　　　　　　　　　　　　当期変動額　12

　　繰延税金負債:200千円×40%=80千円

　　非支配株主持分当期変動額:

　　　(200千円-80千円)×10%=12千円

6.固定資産の売却に関する未実現利益の消去

(借)建 物 売 却 益　60,000　(貸)建　　　　物　60,000
　　減価償却累計額　6,000　　減 価 償 却 費　6,000
　　繰延税金資産　21,600　　法人税等調整額　21,600

　　建物売却益:300,000千円-240,000千円=60,000千円

　　減価償却費:60,000千円×10%=6,000千円

　　繰延税金資産:

　　　(60,000千円-6,000千円)×40%=21,600千円

7.貸付金・借入金に関する相殺消去

(1) 債権・債務の相殺消去

(借)長 期 借 入 金　40,000　(貸)長 期 貸 付 金　40,000

(2) 利息の相殺消去

(借)受 取 利 息　1,200　(貸)支 払 利 息　1,200

　　受取利息:40,000千円×3%=1,200千円

8.子会社の剰余金の配当の修正

(借)受 取 配 当 金　23,400　(貸)剰余金の配当　26,000
　　非支配株主持分
　　当期変動額　2,600

　　受取配当金:26,000千円×90%=23,400千円

　　非支配株主持分当期変動額:26,000千円×10%=2,600千円

連 結 精 算 表

(単位：千円)

勘定科目	個別財務諸表			修正消去		連結財務諸表
	親会社	子会社	合　計	借　方	貸　方	
貸借対照表						(連結貸借対照表)
現 金 及 び 預 金	70,000	51,200	121,200			121,200
売 掛 金	240,000	140,000	380,000		40,000	340,000
貸 倒 引 当 金	[2,400]	[1,400]	[3,800]	400		[3,400]
商 品	106,000	76,000	182,000		5,000	177,000
土 地	1,000,000	720,000	1,720,000	20,000	10,000	1,730,000
子 会 社 株 式	542,000		542,000		542,000	
長 期 貸 付 金	100,000	20,000	120,000		60,000	60,000
貸 倒 引 当 金	[400]	[200]	[600]			[600]
の れ ん				10,000	1,000	9,000
繰 延 税 金 資 産	10,800	6,000	16,800	2,000 4,000		22,800
資 産 合 計	2,066,000	1,011,600	3,077,600	36,400	658,000	2,456,000
買 掛 金	[142,000]	[112,000]	[254,000]	40,000		[214,000]
長 期 借 入 金		[140,000]	[140,000]	60,000		[80,000]
繰 延 税 金 負 債	[4,000]	[3,600]	[7,600]		8,000 160	[15,760]
資 本 金	[1,400,000]	[600,000]	[2,000,000]	d 〈600,000〉		[1,400,000]
利 益 剰 余 金	[520,000]	[156,000]	[676,000]	b 〈447,832〉	b' 〈288,500〉	[516,668]
評 価 差 額				12,000	12,000	
非 支 配 株 主 持 分				c 〈12,900〉	c' 〈242,472〉	[229,572]
負 債 純 資 産 合 計	[2,066,000]	[1,011,600]	[3,077,600]	1,172,732	551,132	[2,456,000]
損益及び包括利益計算書						(連結損益及び包括利益計算書)
売 上 高	[1,600,000]	[1,040,000]	[2,640,000]	240,000		[2,400,000]
受 取 利 息	[3,200]	[1,000]	[4,200]	1,200		[3,000]
受 取 配 当 金	[28,000]		[28,000]	28,000		
固 定 資 産 売 却 益	[50,000]		[50,000]	10,000		[40,000]
売 上 原 価	1,120,000	680,000	1,800,000	5,000	240,000	1,565,000
貸 倒 引 当 金 繰 入 額	2,000	1,200	3,200		400	2,800
の れ ん 償 却				1,000		1,000
そ の 他 の 営 業 費 用	359,200	276,200	635,400			635,400
支 払 利 息		3,600	3,600		1,200	2,400
法 人 税 等	82,000	33,600	115,600			115,600
法 人 税 等 調 整 額	[2,000]	[1,600]	[3,600]	160	2,000 4,000	[9,440]
当 期 純 利 益	[120,000]	[48,000]	[168,000]	285,360	247,600	[130,240]
非支配株主に帰属する当期純利益				14,400 72	900	13,572
親会社株主に帰属する当期純利益	[120,000]	[48,000]	[168,000]	a 〈299,832〉	a' 〈248,500〉	[116,668]
包 括 利 益	[120,000]	[48,000]	[168,000]	285,360	247,600	[130,240]
株主資本等変動計算書						(連結株主資本等変動計算書)
資本金当期首残高	[1,400,000]	[600,000]	[2,000,000]	600,000		[1,400,000]
資本金当期末残高	[1,400,000]	[600,000]	[2,000,000]	d 〈600,000〉		[1,400,000]
利益剰余金当期首残高	[480,000]	[148,000]	[628,000]	148,000		[480,000]
剰 余 金 の 配 当	80,000	40,000	120,000		40,000	80,000
親会社株主に帰属する当期純利益	[120,000]	[48,000]	[168,000]	a 〈299,832〉	a' 〈248,500〉	[116,668]
利益剰余金当期末残高	[520,000]	[156,000]	[676,000]	b 〈447,832〉	b' 〈288,500〉	[516,668]
非支配株主持分当期首残高					228,000	[228,000]
非支配株主持分当期変動額				900 12,000	14,400 72	[1,572]
非支配株主持分当期末残高				c 〈12,900〉	c' 〈242,472〉	[229,572]

解説

連結修正仕訳(単位：千円)

1－1．土地の評価替え

(借)土　地　20,000　(貸)繰延税金負債　8,000
　　　　　　　　　　　　　　評価差額　12,000

土地：140,000千円－120,000千円＝20,000千円

繰延税金負債：20,000千円×40％＝8,000千円

1－2．連結開始仕訳

(借)資本金当期首残高　600,000　(貸)子会社株式　542,000
　　利益剰余金当期首残高　148,000　　非支配株主持分当期首残高　228,000
　　評価差額　12,000
　　の　れ　ん　10,000

非支配株主持分当期首残高：
　　(600,000＋148,000＋12,000)千円×30％＝228,000千円

のれん：
　　542,000千円－(600,000＋148,000＋12,000)千円×70％
　　＝10,000千円

2．子会社当期純利益の非支配株主への按分

(借)非支配株主に帰属する当期純利益　14,400　(貸)非支配株主持分当期変動額　14,400

非支配株主に帰属する当期純利益：
　　48,000千円×30％＝14,400千円

3．のれんの償却

(借)のれん償却　1,000　(貸)の　れ　ん　1,000

のれん償却：10,000千円÷10年＝1,000千円

4－1．売上高と売上原価の相殺消去

(借)売上高　240,000　(貸)売上原価　240,000

4－2．期末商品に含まれる未実現利益の消去

(借)売上原価　5,000　(貸)商　品　5,000
　　繰延税金資産　2,000　　法人税等調整額　2,000
　　非支配株主持分当期変動額　900　　非支配株主に帰属する当期純利益　900

売上原価：30,000千円×20％÷120％＝5,000千円

繰延税金資産：5,000千円×40％＝2,000千円

非支配株主持分当期変動額：
　　(5,000千円－2,000千円)×30％＝900千円

5．売掛金・買掛金に関する相殺消去

(1) 債権・債務の相殺消去

(借)買掛金　40,000　(貸)売掛金　40,000

(2) 貸倒引当金の修正

(借)貸倒引当金　400　(貸)貸倒引当金繰入額　400
　　法人税等調整額　160　　繰延税金負債　160
　　非支配株主に帰属する当期純利益　72　　非支配株主持分当期変動額　72

繰延税金負債：400千円×40％＝160千円

非支配株主持分当期変動額：
　　(400千円－160千円)×30％＝72千円

6．固定資産の売却に関する未実現利益の消去

(借)固定資産売却益　10,000　(貸)土　地　10,000
　　繰延税金資産　4,000　　法人税等調整額　4,000

固定資産売却益：190,000千円－180,000千円＝10,000千円

繰延税金資産：10,000千円×40％＝4,000千円

7．貸付金・借入金に関する相殺消去

(1) 債権・債務の相殺消去

(借)長期借入金　60,000　(貸)長期貸付金　60,000

(2) 利息の相殺消去

(借)受取利息　1,200　(貸)支払利息　1,200

受取利息：60,000千円×2％＝1,200千円

8．子会社の剰余金の配当の修正

(借)受取配当金　28,000　(貸)剰余金の配当　40,000
　　非支配株主持分当期変動額　12,000

受取配当金：40,000千円×70％＝28,000千円

非支配株主持分当期変動額：
　　40,000千円×30％＝12,000千円

連結損益及び包括利益計算書

×3年4月1日から×4年3月31日まで　(単位：千円)

Ⅰ 売上高	(16,551,400)
Ⅱ 売上原価	(11,829,200)
売上総利益	(4,722,200)
Ⅲ 販売費及び一般管理費	
貸倒引当金繰入額	(142,000)
減価償却費	(208,000)
のれん償却	(13,400)
その他の営業費用	3,938,000
営業利益	(420,800)
Ⅳ 営業外収益	
受取利息	(6,860)
受取配当金	(16,920)
Ⅴ 営業外費用	
支払利息	(65,220)
経常利益	(379,360)
Ⅵ 特別利益	
土地売却益	(10,600)
税金等調整前当期純利益	(389,960)
法人税，住民税及び事業税	151,000
法人税等調整額	(13,200)
法人税等合計	(164,200)
当期純利益	(225,760)
(内訳)	
親会社株主に帰属する当期純利益	(209,140)
非支配株主に帰属する当期純利益	(16,620)
その他の包括利益	
その他有価証券評価差額金	15,600
包括利益	(241,360)
(内訳)	
親会社株主に係る包括利益	(224,740)
非支配株主に係る包括利益	(16,620)

解説　仕訳(単位：千円)

○土地の評価替え

(借)土　地　120,000　(貸)繰延税金負債❶　36,000
　　　　　　　　　　　　　　評価差額　84,000

❶ 繰延税金負債：120,000千円×30％＝36,000千円

○連結開始仕訳

(借)資本金当期首残高　287,000　(貸)子会社株式　668,400
　　利益剰余金当期首残高　201,000　　非支配株主持分当期首残高　171,600
　　評価差額　84,000
　　の　れ　ん　268,000

○子会社当期純利益の按分

(借)非支配株主に帰属する当期純利益　16,620　(貸)非支配株主持分当期変動額❷　16,620

❷ 子会社当期純利益55,400千円×30％＝16,620千円

○のれん償却

(借)のれん償却❸　13,400　(貸)の　れ　ん　13,400

❸ のれん268,000千円÷20年＝13,400千円

○売上高と売上原価の相殺消去

(借)売上高　500,000　(貸)売上原価　500,000

○期末商品に含まれる未実現利益の消去

(借)売上原価　12,000　(貸)商　品❹　12,000
　　繰延税金資産❺　3,600　　法人税等調整額　3,600

❹ 期末商品92,000千円×0.15÷1.15＝12,000千円

❺ 12,000千円×30％＝3,600千円

○債権・債務の相殺消去

(借)買掛金　400,000　(貸)売掛金　400,000

○貸倒引当金の修正

(借) 貸 倒 引 当 金　　4,000　　(貸) 貸倒引当金繰入 ❻ 4,000
　　　法人税等調整額 ❼ 1,200　　　　 繰 延 税 金 負 債　　1,200

❻　売掛金400,000千円×1％＝4,000千円

❼　貸倒引当金繰入4,000千円×30％＝1,200千円

○固定資産の売却に関する未実現利益の消去

(借) 土 地 売 却 益 ❽ 4,000　　(貸) 土　　　　　　地　　4,000
　　　繰 延 税 金 資 産　　1,200　　　　 法人税等調整額 ❾ 1,200

❽　売価16,000千円－簿価12,000千円＝売却益4,000千円

❾　売却益4,000千円×30％＝1,200千円

○貸付金・借入金の相殺消去

(借) 短 期 借 入 金　　6,000　　(貸) 短 期 貸 付 金　　6,000
　　　受 取 利 息　　　 240　　　　 支 払 利 息　　　 240

○子会社剰余金の配当の修正

(借) 受 取 配 当 金　　7,840　　(貸) 剰 余 金 の 配 当　 11,200
　　　非支配株主持分
　　　当 期 変 動 額　　3,360

○繰延税金資産・繰延税金負債の相殺消去

(借) 繰 延 税 金 負 債　　4,800　　(貸) 繰 延 税 金 資 産　　4,800

連 結 精 算 表

（単位：千円）

勘定科目	個別財務諸表			修正消去		連結財務諸表
	親会社	子会社	合計	借方	貸方	
（貸借対照表）						（連結貸借対照表）
現 金 及 び 預 金	97,800	63,800	161,600			161,600
売 掛 金	519,800	475,200	995,000		400,000	595,000
貸 倒 引 当 金	[3,800]	[760]	[4,560]	4,000		[560]
商 品	768,400	182,800	951,200		16,000	935,200
建 物	1,128,000	90,800	1,218,800		8,000	1,210,800
減価償却累計額	[724,000]	[44,800]	[768,800]	800		[768,000]
土 地	385,400	151,600	537,000	24,000		561,000
投 資 有 価 証 券	25,400	11,920	37,320			37,320
子 会 社 株 式	295,600		295,600		295,600	
長 期 貸 付 金	12,000	1,600	13,600		4,000	9,600
貸 倒 引 当 金	[800]	[160]	[960]			[960]
の れ ん				40,000	2,000	38,000
繰 延 税 金 資 産	59,400		59,400	5,600		67,520
				2,520		
資 産 合 計	2,563,200	932,000	3,495,200	76,920	725,600	2,846,520
買 掛 金	[727,000]	[476,600]	[1,203,600]	400,000		[803,600]
長 期 借 入 金	[369,800]	[38,000]	[407,800]	4,000		[403,800]
繰 延 税 金 負 債		[2,000]	[2,000]		❶ 8,400	[11,800]
					1,400	
資 本 金	[540,000]	[140,000]	[680,000]	d 〈140,000〉		[540,000]
利 益 剰 余 金	[925,000]	[275,400]	[1,200,400]	b 〈786,920〉	b' 〈630,120〉	[1,043,600]
その他有価証券評価差額金	[1,400]		[1,400]			[1,400]
評 価 差 額				15,600	15,600	
非 支 配 株 主 持 分				c 〈2,640〉	c' 〈44,960〉	[42,320]
負債・純資産合計	[2,563,200]	[932,000]	[3,495,200]	1,349,160	700,480	[2,846,520]
（損益及び包括利益計算書）						（連結損益及び包括利益計算書）
売 上 高	[3,223,000]	[751,600]	[3,974,600]	600,000		[3,374,600]
受 取 利 息	[1,400]	[260]	[1,660]	160		[1,500]
受 取 配 当 金	[15,000]	[380]	[15,380]	14,400		[980]
建 物 売 却 益	[8,000]		[8,000]	8,000		
売 上 原 価	2,301,600	416,600	2,718,200	16,000	600,000	2,134,200
貸倒引当金繰入	1,600	4,400	6,000		4,000	2,000
減 価 償 却 費	36,200	2,800	39,000		800	38,200
の れ ん 償 却				2,000		2,000
その他の営業費用	527,400	164,000	691,400			691,400
支 払 利 息	2,600	1,020	3,620		160	3,460
法 人 税 等	26,000	560	26,560			26,560
法人税等調整額	[1,600]	[140]	[1,740]	1,400	5,600	[8,460]
					2,520	
当 期 純 利 益	[353,600]	[163,000]	[516,600]	641,960	613,080	[487,720]
非支配株主に帰属する当期純利益				16,300	1,040	15,520
				260		
親会社株主に帰属する当期純利益	[353,600]	[163,000]	[516,600]	a 〈658,520〉	a' 〈614,120〉	[472,200]
その他有価証券評価差額金	[1,400]		[1,400]			[1,400]
包 括 利 益	[355,000]	[163,000]	[518,000]	641,960	613,080	[489,120]
（株主資本等変動計算書）						（連結株主資本等変動計算書）
資本金当期首残高	[540,000]	[140,000]	[680,000]	140,000		[540,000]
資本金当期末残高	[540,000]	[140,000]	[680,000]	d 〈140,000〉		[540,000]
利益剰余金当期首残高	[592,400]	[128,400]	[720,800]	128,400		[592,400]
剰 余 金 の 配 当	21,000	16,000	37,000		16,000	21,000
親会社株主に帰属する当期純利益	[353,600]	[163,000]	[516,600]	a 〈658,520〉	a' 〈614,120〉	[472,200]
利益剰余金当期末残高	[925,000]	[275,400]	[1,200,400]	b 〈786,920〉	b' 〈630,120〉	[1,043,600]
非支配株主持分当期首残高					28,400	[28,400]
非支配株主持分当期変動額				1,040	16,300	[13,920]
				1,600	260	
非支配株主持分当期末残高				c 〈2,640〉	c' 〈44,960〉	[42,320]

解説　（単位：千円）

1−1.　土地の評価替え

(借)土　　　　地　24,000　(貸)繰延税金負債 ❶ 8,400
　　　　　　　　　　　　　　評　価　差　額　15,600

❶ 繰延税金負債：$(144,000-120,000)\times35\%=8,400$

1−2.　連結開始仕訳

(借)資本金当期首残高　140,000　(貸)子 会 社 株 式 ❶ 295,600
　　利益剰余金当期首残高　128,400　　非支配株主持分 28,400
　　評　価　差　額　15,600　　当 期 首 残 高
　　の　　れ　　ん ❷ 40,000

❷ のれん：
　　$295,600-(140,000+128,400+15,600)\times90\%=40,000$

2.　子会社の当期純利益の按分

(借)非支配株主に帰属 ❸ 16,300　(貸)非支配株主持分 16,300
　　する当期純利益　　　　　　　当 期 変 動 額

❸ 非支配株主に帰属する当期純利益：
　　$163,000\times10\%=16,300$

3.　のれんの償却

(借)の れ ん 償 却 ❹ 2,000　(貸)の　れ　ん 2,000

❹ のれん償却：$40,000\div20$年$=2,000$

4−1.　売上高と売上原価の相殺消去

(借)売　　上　　高　600,000　(貸)売 上 原 価 600,000

4−2.　期末商品に含まれる未実現利益

(借)売 上 原 価 ❺ 16,000　(貸)商　　　品 16,000
　　繰延税金資産 ❻ 5,600　　法人税等調整額 5,600
　　非支配株主持分 ❼ 1,040　　非支配株主に帰属 1,040
　　当 期 変 動 額　　　　　する当期純利益

❺ 売上原価：$176,000\times10\%\div110\%=16,000$
❻ 繰延税金資産：$16,000\times35\%=5,600$
❼ 非支配株主持分当期変動額：
　　$(16,000-5,600)\times10\%=1,040$

5.　売掛金・買掛金に関する相殺消去

(借)買　　掛　　金　400,000　(貸)売　掛　金 400,000
　　貸 倒 引 当 金 ❽ 4,000　　貸倒引当金繰入 4,000
　　法人税等調整額　1,400　　繰 延 税 金 負 債 ❾ 1,400
　　非支配株主持分　260　　非支配株主持分 ❿ 260
　　する当期純利益　　　　　当 期 変 動 額

❽ 貸倒引当金：$400,000\times1\%=4,000$
❾ 繰延税金負債：$4,000\times35\%=1,400$
❿ 非支配株主持分当期変動額：$(4,000-1,400)\times10\%=260$

6.　固定資産売却に関する未実現利益の消去

(借)建 物 売 却 益 ⓫ 8,000　(貸)建　　　物 8,000
　　建物減価償却累計額 ⓬ 800　　減 価 償 却 費 800
　　繰延税金資産　2,520　　法人税等調整額 ⓭ 2,520

⓫ 建物売却益：$40,000-32,000=8,000$
⓬ 建物減価償却累計額：$(8,000-0)\div10$年$=800$
⓭ 法人税等調整額：$(8,000-800)\times35\%=2,520$

7.　長期貸付金・長期借入金に関する相殺消去

(借)長 期 借 入 金　4,000　(貸)長 期 貸 付 金 4,000
(借)受 取 利 息 ⓮ 160　(貸)支 払 利 息 160

⓮ 受取利息：$4,000\times4\%=160$

8.　子会社の剰余金の配当の修正

(借)受 取 配 当 金 ⓯ 14,400　(貸)剰 余 金 の 配 当 16,000
　　非支配株主持分 ⓰ 1,600
　　当 期 変 動 額

⓯ 受取配当金：$16,000\times90\%=14,400$
⓰ 非支配株主持分当期変動額：$16,000\times10\%=1,600$

第5編　財務諸表の活用

第17章　財務諸表の活用 (p.217)

17−1

①	18.56倍	②	1.75倍	③	0.78倍	④	7.14倍

解説

① PER $=\dfrac{14,850}{800}=18.562$

② PBR $=\dfrac{14,850}{8,500}=1.747$

③ PSR $=\dfrac{14,850}{19,000}=0.781$

④ PCFR $=\dfrac{14,850}{2,080}=7.139$

17−2

7.56%

解説

$0.03\times(1-0.4)\times\dfrac{3,000}{(3,000+12,000)}+0.09\times\dfrac{12,000}{(3,000+12,000)}=0.0756$

17−3

3,860千円

解説

第1年度　$840\times\dfrac{1}{(1+0.04)}=807.69$

第2年度　$980\times\dfrac{1}{(1+0.04)^2}=906.06$

第3年度　$700\times\dfrac{1}{(1+0.04)^3}=622.29$

第4年度　$840\times\dfrac{1}{(1+0.04)^4}=718.03$

第5年度　$980\times\dfrac{1}{(1+0.04)^5}=805.48$

合　　計　　　　　3,859.55

17−4

20,137千円

解説

$\dfrac{980}{0.04}\times\dfrac{1}{(1+0.04)^5}=20,137.21$

17−5

23,997千円

解説

$3,859.55+20,137.21=23,996.76$

17−6

(1)	Aグループ	1.7
	Bグループ	1.2

(2)	(連単倍率が小さい)Bグループ

解説

(1)　Aグループ $= \dfrac{425,000}{250,000} = 1.7$

　　Bグループ $= \dfrac{214,200}{178,500} = 1.2$

17－7

(1)	13.6%	(2)	64%

解説

(1)　$\dfrac{326.4}{2,400} = 13.6\%$

(2)　$\dfrac{326.4}{510} = 64\%$

17－8

ア	市場株価	イ	理論株価	ウ	株主価値
エ	発行済株式数	オ	株価指標		

17－9

①	16.4倍	②	2.05倍	③	0.8倍	④	5倍

解説

①　$\dfrac{41,000}{2,500} = 16.4$倍

②　$\dfrac{41,000}{20,000} = 2.05$倍

③　$\dfrac{41,000}{51,250} = 0.8$倍

④　$\dfrac{41,000}{8,200} = 5$倍

17－10

5.1%

解説

$0.04 \times (1 - 0.4) \times \dfrac{8,000}{(8,000 + 24,000)} + 0.06 \times \dfrac{24,000}{(8,000 + 24,000)} = 0.051$

17－11

6,988千円

解説

フリー・キャッシュ・フローの現在価値

第1年度　　$320 \times \dfrac{1}{(1 + 0.05)} = 304.76$

第2年度　　$360 \times \dfrac{1}{(1 + 0.05)^2} = 326.53$

第3年度　　$330 \times \dfrac{1}{(1 + 0.05)^3} = 285.06$

第4年度　　$380 \times \dfrac{1}{(1 + 0.05)^4} = 312.62$

第5年度　　$350 \times \dfrac{1}{(1 + 0.05)^5} = 274.23$

第6年度以降　$\dfrac{350}{0.05} \times \dfrac{1}{(1 + 0.05)^5} = 5,484.68$

　　　　　　　　　　　　合計　$\underline{6,987.88}$

第6編　監査と職業会計人

第18章　監査と職業会計人 (p.219)

18－1

ア	イ	ウ	エ	オ
業務監査	監査法人	非大会社	監査役	会計監査人
カ	キ	ク	ケ	コ
金融商品取引	投資家	発行	公認会計士	監査証明

18－2

①	②	③
適正性に関する意見表明	無限定適正意見	監査意見
④	⑤	
精査	二重責任の原則	

18－3

ア	イ	ウ	エ	オ
②	④	①	③	⑤

18－4

①	②	③
有形資産の実査	証憑突合	立会

解説

①　監査人自らが，有形資産の現物を実際に確かめる監査手続。

②　会計上のデータとそれを裏付ける証憑書類とを照合することによって，証憑書類に示された取引が，会計上に正しく反映されていることを確かめる監査手続。

③　会社が行う棚卸資産の実地棚卸の状況を確かめる監査手続。

18－5

ア	イ	ウ	エ
契約	監査	計画	リスク
オ	カ	キ	ク
対応	意見	報告書	調書

18－6

ア	イ	ウ	エ	オ
監査証拠	除外事項	重要性	監査報告書	監査意見

18－7

①	②	③
イ	ウ	ア

18－8

ア	イ	ウ	エ
4	10	3	13
オ	カ	キ	ク
11	12	1	5
ケ	コ	サ	
8	7	6	

実教「財務会計Ⅱ」
（商業742）準拠

も く じ

■第1編　総論─財務会計の基本概念と会計基準─

第1章　財務会計の基本概念……………………………………………………… 2
第2章　資産負債アプローチと収益費用アプローチ…………………………… 6
第3章　会計基準の国際的統合…………………………………………………… 11

■第2編　各論〔1〕─財務会計の実際─

第4章　資産会計…………………………………………………………………… 13
第5章　負債会計…………………………………………………………………… 61
第6章　純資産会計………………………………………………………………… 82
第7章　損益会計…………………………………………………………………… 103
第8章　リース会計………………………………………………………………… 118
第9章　税効果会計………………………………………………………………… 128

■第3編　各論〔2〕─企業活動の展開と財務会計─

第10章　外貨換算会計……………………………………………………………… 135
第11章　キャッシュ・フロー計算書……………………………………………… 153

■第4編　各論〔3〕─企業結合の会計─

第12章　企業結合会計……………………………………………………………… 164
第13章　連結財務諸表の作成（その1）………………………………………… 170
第14章　連結財務諸表の作成（その2）………………………………………… 185
第15章　持分法……………………………………………………………………… 196
第16章　連結税効果会計…………………………………………………………… 200

■第5編　財務諸表の活用

第17章　財務諸表の活用…………………………………………………………… 217

■第6編　監査と職業会計人

第18章　監査と職業会計人………………………………………………………… 219

本書の特色と使い方

本書は，実教出版発行の教科書『財務会計Ⅱ』（商業742）の準拠問題集として編修しました。教科書の学習事項の要点を整理し，【POINT】としてまとめました。また，【練習問題】，【確認テスト】，【発展問題】を設け，学習内容の理解と定着に役立つように構成しています。

1 章

財務会計の基本概念

▶教科書p. 8〜12

●POINT

1 財務報告の目的

(1) 会計の意味と種類

　　経済主体が営む経済活動を，貨幣的に記録・測定・報告する行為を**会計**といい，報告先の違いにより**財務会計**と**管理会計**の2つがある。また，財務会計という用語に代えて，より広い意味をもつ**財務報告**という用語が用いられることもある。

(2) 財務報告目的

　　財務報告の目的は，財務諸表などにより利害関係者が意思決定を行ううえで有用な情報を提供することであり，このような情報がもつ特性を**意思決定有用性**（または単に**有用性**）という。また，利害関係者にとって有用な情報とは，企業が将来において**キャッシュ・フロー**を生み出す能力に関する情報である。

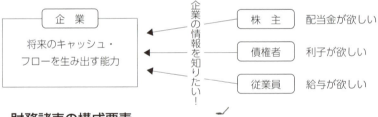

2 財務諸表の構成要素

(1) 構成要素

　　企業が将来においてキャッシュ・フローを生み出す能力は，**貸借対照表**と**損益計算書**などの財務諸表に表示される情報によって表現され，利害関係者はこれにもとづいて企業の将来の状況を予測し，意思決定を行っている。

　　財務諸表は，ストックとフローという2組の相互に関係する情報をもって企業が継続的に事業を行っている姿を描いている。財務諸表において表現するストックは，**資産**，**負債**および**資本**であり，フローは，**収益**と**費用**である。これらを**財務諸表の構成要素**という。

貸 借 対 照 表		損 益 計 算 書	
資 産 企業が支配する 現在の経済的資源	負 債 企業が負担する 現在の経済的負担	費 用 企業活動の成果獲得 のための犠牲	収 益 企業活動の成果
	資 本 差額：資産−負債	純利益 差額：収益−費用	

(2) 会計等式

　資産，負債，資本，収益および費用は，試算表等式によって結び付けられている。さらに，試算表等式から，貸借対照表と損益計算書の内容をそれぞれ表す貸借対照表等式と損益計算書等式が導かれる。また，これらの等式において計算される純利益は，同額となる。

試算表等式	期末資産 ＋ 費用 ＝ 期末負債 ＋ 期首資本 ＋ 収益
貸借対照表等式	期末資産 ＝ 期末負債 ＋ 期首資本 ＋ 純利益
損益計算書等式	費用 ＋ 純利益 ＝ 収益

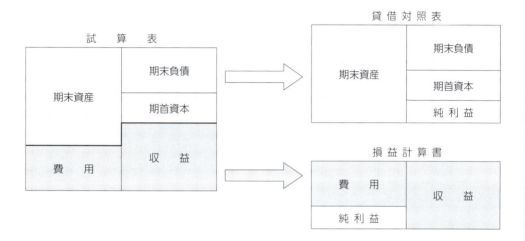

❸　財務諸表の構成要素の認識と測定

　財務諸表の構成要素は，**認識**と**測定**の手続きを経て，財務諸表に記載される。認識とは，構成要素を財務諸表に記載する時点を決定する手続きであり，測定とは，認識される構成要素の金額を決定する手続きである。

　資産や負債は，それらを増減させる取引が行われたときに認識され，取引価格によって測定される。また，有価証券などは，その時価が変動した時点において認識や測定が行われることがある。

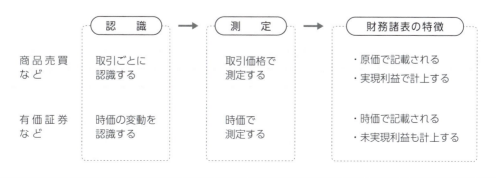

◆練習問題‥‥

1－1 次の文章の空欄にあてはまる語を答えなさい。

① 経済主体が営む経済活動を貨幣的に記録・計算・報告する行為を（ ア ）といい，これには，経済主体の内部者に対して情報提供することを課題とする（ イ ）と，経済主体の外部者に対して情報提供することを課題とする（ ウ ）がある。

② 財務報告は，利害関係者が意思決定を行う上で有用な情報を提供することを目的としており，このような情報がもつ特性を（ エ ）という。

③ 財務諸表の構成要素を記載する時点を決定する手続きを（ オ ）といい，構成要素の金額を決定する手続きを（ カ ）という。

ア	イ
ウ	**エ**
オ	**カ**

1－2 次の空欄にあてはまる金額を求めなさい。

	期 首			期 末			収 益	費 用	純利益
	資 産	負 債	資 本	資 産	負 債	資 本			
A 社	1,000	400		1,200	560		400		
B 社	1,200		500	1,120				520	100
C 社		1,600	1,000	3,200			600	660	

1－3 次の文章のうち正しいものには○を，誤っているものには×を解答欄に記入しなさい。

(1) 経済主体が営む経済活動を貨幣的に記録・測定・報告することを会計といい，経済主体の内部者に対して情報を提供するものを財務会計という。

(2) 財務諸表によって情報を伝達することを意味する財務会計という用語に代えて，より狭い意味をもつ財務報告という用語が用いられることもある。

(3) 収益は，企業活動の成果であり，当期において資産の減少または負債の増加をもたらし，費用は，企業活動の成果獲得のための犠牲であり，資産の増加または負債の減少をもたらす。

(4) 試算表等式から，貸借対照表と損益計算書の内容をそれぞれ表す貸借対照表等式と損益計算書等式が導かれ，これらの等式において純利益は，同額となる。

(1)	(2)	(3)	(4)

◆確認テスト‥‥‥

1－4 次の各文の _____ にあてはまる最も適当な語を語群から選び，番号で答えなさい。ただし，同じ語を2度用いてもよい。

① 近年では，財務諸表本体のみならず，注記やその他の手段によって情報を提供することが増えてきた。このため，財務諸表によって情報を伝達することを意味する財務会計という用語に代えて，より広い意味をもつ ___ ア ___ という語が用いられることもある。

② 財務報告の目的は，投資家などが意思決定を行う上で有用な情報を提供することにある。この場合の情報がもつ特性を意思決定 ___ イ ___ といい，一般的には，企業が将来において ___ ウ ___ を生み出す能力に関する情報である。

③ 財務諸表の構成要素とは，資産・負債・資本・収益・費用をいう。企業が支配する現在の経済的資源であり，将来において経済的便益をもたらすものを ___ エ ___ といい，企業が負担する現在の経済的負担であり，将来において経済的便益の犠牲をともなうものを ___ オ ___ という。資産から負債を控除した差額で，___ カ ___ に帰属する持分を資本という。収益とは，企業活動の成果であり，当期において資産の ___ キ ___ または負債の ___ ク ___ をもたらすものをいう。費用とは，企業活動の成果獲得のための犠牲であり，当期において資産の ___ ケ ___ または負債の ___ コ ___ をもたらすものをいう。

④ 財務会計において，構成要素を財務諸表に記載する時点を決定する手続きを ___ サ ___ といい，その場合の構成要素の金額を決定する手続きを ___ シ ___ という。

語群

1．増加　　2．減少　　3．差額　　4．資産　　5．負債　　6．キャッシュ・フロー
7．財務諸表　　8．財務報告　　9．利害関係者　　10．投資家　　11．株主
12．検証可能性　　13．公正性　　14．有用性　　15．安全性　　16．測定　　17．認識
18．利害調整

ア	イ	ウ	エ	オ	カ

キ	ク	ケ	コ	サ	シ

1－5 次の表は，財務諸表の構成要素の認識と測定および財務諸表の記載についてまとめたものである。表の中の（　　）に入る最も適当な語を答えなさい。

	認　識	測　定	財務諸表の記載
入金や仕入れなどの取引	（　ア　）が行われたときに認識	（　イ　）によって測定	（　ウ　）で記載 実現利益を計上
有価証券の時価の変動	時価が（　エ　）したときに認識	（　オ　）によって測定	（　カ　）で記載 （　キ　）利益も計上

ア	イ	ウ	エ

オ	カ	キ

2 章

資産負債アプローチと収益費用アプローチ

▶教科書p.13〜21

●POINT

◢ 資産負債アプローチと収益費用アプローチの意味

　　財務諸表の構成要素である資産・負債・資本および収益・費用は，複式簿記のしくみを通じて，相互に密接に結びついている。これらの財務諸表の構成要素を定義するにあたっては，資産および負債というストックを基点に定義する**資産負債アプローチ**と，収益および費用というフローを基点に定義する**収益費用アプローチ**とがある。

（1）**資産負債アプローチ**

　　資産負債アプローチでは，資産と負債の定義を基点として，次の順序で定義される。

```
① 資産と負債の定義（基点）
  資産：企業が支配する現在の経済的資源である。
  負債：企業が負担する現在の経済的負担である。
```

```
② 資本の定義
  資本（純資産）：資産から負債を差し引いた差額である。
```

```
③ 収益と費用の定義
  収益：資本の増加（すなわち，資産の増加または負債の減少）である。
  費用：資本の減少（すなわち，資産の減少または負債の増加）である。ただし，株主
       などの出資者との取引（出資や配当）は除く。
```

```
④ 純利益の定義
  純利益：収益から費用を控除した差額であり，資本の一定期間における純増加額であ
        る。
```

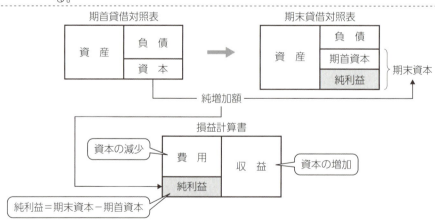

　　資産負債アプローチにおける純利益は，期末の資本残高から期首の資本残高を差し引いて求めた純増加額である。資本は資産負債アプローチにおいて定義された資産と負債に依存するため，純利益の中には，その他有価証券評価差額金など企業の業績と直接関係が希薄な項目も含まれる可能性がある。

(2) 収益費用アプローチ

収益費用アプローチでは，収益と費用の定義を基点として，次の順序で定義される。

① 収益と費用の定義（基点）

収益：当期の収入を発生主義会計において各期間に割り当てることにより把握される
ものであり，次の式で表すことができる。

収益＝収入－借入－前受＋未収

費用：当期の支出を発生主義会計において各期間に割り当てることにより把握される
ものであり，次の式で表すことができる。

費用＝支出－貸付－前払＋未払

② 純利益の定義

純利益：収益から費用を控除した額であり，企業に帰属するキャッシュ・フローのう
ち，当期中における企業活動からの正味の成果として当期に配分されたもの
である。

純利益＝収益－費用

③ 資産と負債の定義

資産と負債：収入と収益または支出と費用の期間的なズレによって生じる項目であり
期末資産と期末負債は，次の式で表すことができる。

期末資産＝現金＋貸付＋前払＋未収

期末負債＝借入＋前受＋未払

④ 資本の定義

資本（純資産）：資産から負債を差し引いた差額であり，期末資本は期首資本に純利
益を加えた額である。

期末資本＝期首資本＋純利益

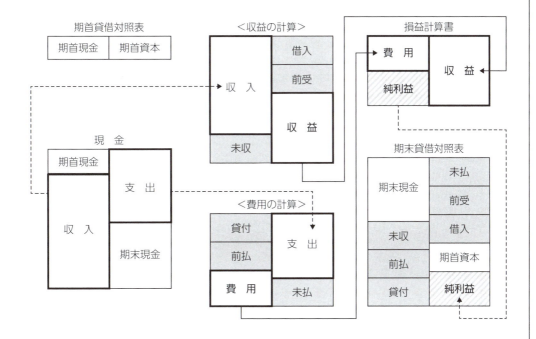

収益費用アプローチにおける純利益は，現金収支のうち当期の企業活動の成果として認められたもののみが含まれるので，企業の業績を把握するうえで役立つ数値が得られる。しかし，貸借対照表には必ずしも資産または負債として計上することが適切でない項目も計上される可能性がある。

2 資産負債アプローチと収益費用アプローチと利益計算

(1) 包括利益と純利益

資産負債アプローチにおいて，すべての認識された資産および負債の差額である純資産の当期中の変動額を**包括利益**という（ただし，出資者との取引から生じたものを除く）。これに対し，収益費用アプローチにおいて，一期間における企業活動の成果であり，株主資本を増加させるものを，包括利益に対し**純利益**という（ただし，株主との取引から生じたものを除く）。また，包括利益には含まれるが純利益には含まれない項目を**その他の包括利益**という。

包括利益 ＝ 純利益 ＋ その他の包括利益

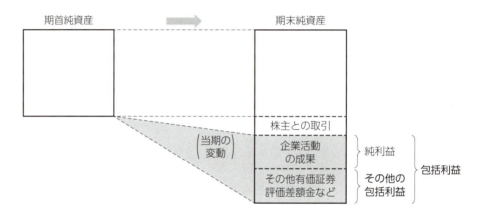

(2) 包括利益計算書

純利益にその他の包括利益を加減して包括利益を計算する表を包括利益計算書という。包括利益計算書の形式には，次の2つがある。

一計算書方式：「損益及び包括利益計算書」において純利益と包括利益の両方が表示される。

二計算書方式：従来の損益計算書とは別に「包括利益計算書」が作成される。

一計算書方式

損益及び包括利益計算書	
諸　　収　　益	2,000
諸　　費　　用	1,200
税引前当期純利益	800
法人税・住民税・事業税	300
当　期　純　利　益	500
その他の包括利益	100
包　　括　　利　　益	600

二計算書方式

損　益　計　算　書	
諸　　収　　益	2,000
諸　　費　　用	1,200
税引前当期純利益	800
法人税・住民税・事業税	300
当　期　純　利　益	500

包　括　利　益　計　算　書	
当　期　純　利　益	500
その他の包括利益	100
包　　括　　利　　益	600

◆練習問題··

2−1　次の文章の空欄にあてはまる語を答えなさい。

① 財務諸表の構成要素の定義に対するアプローチのうち，（　ア　）では，資産と負債が他の要素とは独立に定義される。これに対し，（　イ　）では，企業活動の成果に関連する収益と費用が先に定義される。

② 貸借対照表において認識されたすべての資産および負債の変動額から定義される利益は（　ウ　）とよばれる。これに対し，企業活動の成果であり，株主資本を増加させる利益を（　エ　）という。

③ 包括利益には含まれるが純利益には含まれない項目のことを（　オ　）という。

ア	イ
ウ	エ
オ	

2−2　次の資料から，収益と費用の金額を求め，さらに純利益の額を計算しなさい。また，期末資産，期末負債および期末資本の額を求め，貸借対照表等式が成立していることを示しなさい。

1．期首の現金および資本の額は200であった。

2．当期の現金収支の状況は，次のとおりであった。

①　当期の現金収入は600であり，このうち借入による収入は160であった。

②　当期の現金支出は560であり，このうち貸付による支出は120であった。

3．決算において，次の事項が判明した。

①　未販売の商品在庫が60あった。

②　販売費の未払いが20あった。

③　売上収益の前受けが30あった。

④　手数料の未収分が24あった。

収　　益		費　　用		純 利 益	
期末資産		期末負債		期末資本	
貸借対照表等式					

2－3 次の各文の　　　　　にあてはまる最も適当な語を語群から選び，番号で答えなさい。ただし，同じ語を2度用いてもよい。

① 財務諸表の構成要素の定義に対するアプローチ（接近方法）には，資産と負債を基点に定義する　ア　アプローチと，収益と費用を基点に定義する　イ　アプローチの2つがある。

② 資産負債アプローチでは，まず，資産と負債が他の構成要素とは独立に定義される。すなわち，資産は企業が支配する現在の　ウ　と定義され，負債は企業が負担する現在の経済的負担と定義される。次に，資産から負債を差し引いた　エ　が資本であると定義される。さらに，収益と　オ　が資本をもとに定義され，これら収益から費用を控除した差額が純利益であると定義される。

③ 資産負債アプローチにおける貸借対照表には，資産および負債の　カ　を満たす項目のみが計上され，純利益には，企業の　キ　と直接的な関係が希薄な項目も含まれる。

④ 収益費用アプローチでは，まず，企業活動の成果に関連する収益と費用が先に定義される。すなわち，収益は　ク　のうち当期に割り当てられた部分と定義され，費用は　ケ　のうち当期に割り当てられた部分と定義される。次に，収益から費用を差し引いた差額として　コ　が定義される。さらに，資産と負債は，キャッシュ・フローのうち収益または費用とされないもので　サ　に繰り延べられる部分として導かれる。

⑤ 収入と支出を収益と費用に期間配分するしくみを　シ　会計という。収益と費用，さらにその差額である利益は，現金の　ス　という客観的な事実に基礎を置くため，信頼性が付与されていると考えられている。

⑥ 収益費用アプローチの利点として，純利益には，現金収支のうち当期の企業活動の成果として認められるもののみが含められるので，企業の　セ　を把握するのに役立つということが挙げられる。また，欠点として，　ソ　に資産または負債として計上することが適切でない項目が計上される可能性があることが挙げられる。

⑦ 資産負債アプローチと収益費用アプローチの考え方の違いは，利益に対する考え方の違いとなって表れる。資産負債アプローチでは，企業活動の成果とは直接関係ない資産・負債の時価変動額を含む　タ　が計算され，収益費用アプローチでは，企業業績としての意味を色濃く反映する　チ　が計算される。

⑧ 包括利益には含まれるが，純利益には含まれない項目を　ツ　といい，その他有価証券評価差額金の当期増減額が例として挙げられる。

語　群
1．発生主義　　2．実現主義　　3．貸借対照表　　4．定義　　5．経済的資源
6．包括利益　　7．収支　　8．資産負債　　9．差額　　10．業績　　11．収益費用
12．純利益　　13．費用　　14．収益　　15．支出　　16．資産　　17．負債
18．その他の包括利益　　19．次期　　20．収入

ア	イ	ウ	エ	オ	カ	キ	ク	ケ

コ	サ	シ	ス	セ	ソ	タ	チ	ツ

総論 1編
各論 [1] 2編
各論 [2] 3編
各論 [3] 4編
財務諸表の活用 5編
監査と職業会計人 6編

3章 会計基準の国際的統合

▶教科書p.22〜28

●POINT

1 わが国の会計基準

わが国の会計基準は，**企業会計審議会**が公表した「企業会計原則」と**企業会計基準委員会**（ASBJ）が公表する「企業会計基準」などから構成されており，金融商品取引法，会社法，法人税法において「一般に公正妥当と認められる会計の基準」として重要な役割を担っている。

金融商品取引法：上場会社等に対して有価証券報告書の作成と公表を義務づけており，その作成は「一般に公正妥当と認められる企業会計の基準」に従わなければならない。

会　社　法：計算書類は「一般に公正妥当と認められる企業会計の慣行」に従って作成しなければならない。

法　人　税　法：課税所得の計算について「一般に公正妥当と認められる会計処理の基準」に従って計算しなければならない。

2 会計基準の国際的統合

企業活動のグローバル化に伴い，企業の在外子会社を含めた連結財務諸表の必要性や，資金調達を行う資本市場の国際化から，21世紀に入って，会計基準の国際的統合が進められてきた。会計基準の国際的統合に向けた動きは，1973年に設立された国際会計基準委員会（IACS）から始まり，その後，2001年に再編された国際会計基準審議会（IASB）が国際会計基準（IAS）の改定や，国際財務報告基準（IFRS）を設定している。

3 わが国の会計基準の特徴と国際会計基準への対応

国際化が進むなかで，わが国の会計基準も，国際会計基準と整合するような改正が加えられてきている。この一連の作業は，会計基準の国際的統合（コンバージェンス）とよばれている。

現在のわが国における会計基準は，多くの面において，国際会計基準と整合的なものとなりつつある。しかし，国際的統合の動きとは切り離して，中小企業が利用できる別途の会計基準の整備も進められてきたところである。

◆練習問題···

3－1 次の文章の空欄にあてはまる語を答えなさい。

① わが国の会計基準は，現在，（ ア ）が公表した「企業会計原則」その他の公表物と，（ イ ）が公表する「企業会計基準」その他の公表物などから構成されている。これらの会計基準は上場企業等を規制の対象とする（ ウ ）や，すべての会社を規制の対象とする（ エ ）においても，従わなければならない一般に公正妥当と認められる会計基準として取りこまれている。

② 1973年に会計基準の調和化ないし統一を目指して設立された，民間における国際的な会計基準の設定機関を（ オ ）という。

③ 国際会計基準審議会は，国際会計基準の改正を行うほか，新たに（ カ ）を設定している。

ア	イ
ウ	エ
オ	カ

◆確認テスト···

3－2 わが国の会計基準に関して，A群に関係するものをB群から選び，番号で答えなさい。

A 群	B 群
ア　会社法	1．企業会計原則
イ　金融商品取引法	2．有価証券報告書
ウ　企業会計基準委員会	3．益金・損金
エ　法人税法	4．計算書類
オ　企業会計審議会	5．企業会計基準

A　　群	ア	イ	ウ	エ	オ
B　　群					

3－3 次の各文の[   ]にあてはまる最も適当な語を答えなさい。

① 近年の企業活動のグローバル化は，会計基準の国際的統合の動きを加速させてきた。1973年に設立された[ア]基準委員会（IASC）は，41におよぶ国際会計基準（[イ   ]）を設定した。

② [ア]基準委員会は，2001年に[ウ]（IASB）に再編され，[イ   ]の改正と国際財務報告基準（[エ]）の設定を行っている。

③ 現在のわが国における会計基準は，多くの面において[ア]基準と整合的なものとなりつつある。2010年3月期，特定会社における連結財務諸表作成に際して指定[ア]基準の適用が認められた。

ア	イ	ウ	エ

総論 1編	
各論 2編 〔1〕	
各論 3編 〔2〕	
各論 4編 〔3〕	
財務諸表の活用 5編	
監査と職業会計人 6編	

4章 資産会計

▶教科書p.30〜58

●POINT

1 資産の評価基準

(1) **資産の評価基準**

　　資産の評価は，収益や費用の認識と測定にも影響をおよぼすものであり，利益の金額に大きな影響をおよぼす。

　　資産の評価基準は，このような資産の評価を定めるルールであり，原価基準と時価基準がある。

(2) **原価基準**

　　原価基準は，資産の評価を歴史的な取得原価にもとづいて行う評価基準である。

　　棚卸資産は，原則として，その取得原価をもって貸借対照表に記載されるため，原価基準に従っている。

（棚卸資産の評価）

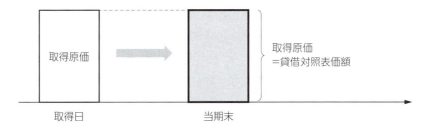

有形固定資産は，原則として，その取得原価にもとづいて，減価償却の手続きをした後の帳簿価額（取得原価から減価償却累計額を控除した金額）をもって貸借対照表に記載される。

（有形固定資産の評価）

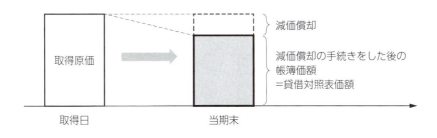

(3) 時価基準

　時価基準は，資産の評価を現在の価値にもとづいて行う評価基準である。

　資産の評価において，最近では，**公正価値**が適用されることが多い。

　公正価値とは，取引の意思のある当事者間において成立するであろう価格であり，多くの金融商品の測定値として適用されている。

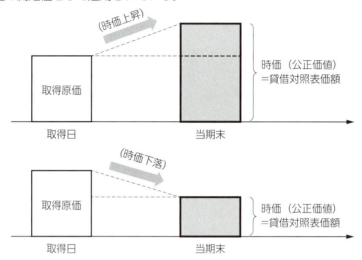

　また，資産の評価を**正味売却価額**によって行うこともある。

　正味売却価額は，資産の公正価値から売却までに要する費用を控除した価格である。

　たとえば，棚卸資産の収益性が低下し，正味売却価額が取得原価を下回る場合には，その棚卸資産は，正味売却価額をもって貸借対照表に記載しなければならない。

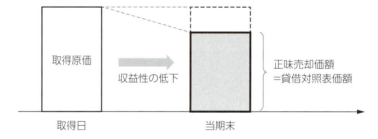

(4) 現在価値（割引現在価値）

　現在価値（割引現在価値）は，将来のキャッシュ・フローを一定の割引率で割り引き，現在時点の価値に引きなおしたものである。

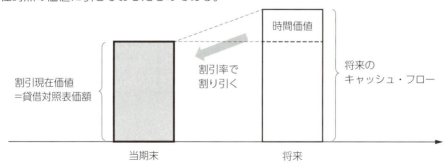

税編 1
各論 2 編 〔1〕
各論 3 編 〔2〕
各論 4 編 〔3〕
財務諸表の活用 5 編
監査と職業会計人 6 編

◆練習問題⋯⋯⋯⋯⋯⋯⋯⋯⋯⋯⋯⋯⋯⋯⋯⋯⋯⋯⋯⋯⋯⋯⋯⋯⋯⋯⋯⋯⋯⋯⋯⋯⋯⋯⋯⋯⋯⋯⋯

4－1　次の文章の空欄にあてはまる語を答えなさい。

①　資産の評価を歴史的な取得原価にもとづいて行う評価基準を（　ア　）基準という。たとえば，棚卸資産は，原則として，その（　イ　）をもって貸借対照表に記載される。

②　資産の評価を現在の価値にもとづいて行う評価基準を（　ウ　）基準といい，現在の価値を表す測定値は，最近では，（　エ　）が適用されることが多い。

ア	イ
ウ	エ

4－2　次のキャッシュ・フローを生み出す資産の現在価値を求めなさい。なお，割引率は，年5％とする。計算過程で生じる端数は，円未満を四捨五入すること。

(1)　1年後に¥50,000を生み出す資産

(2)　3年後に¥100,000を生み出す資産

(3)　1年後に¥30,000，2年後に¥30,000，3年後に¥30,000をそれぞれ生み出す資産

(1)	¥	(2)	¥	(3)	¥

4－3　下記の現価係数表を用いて，次の計算をしなさい。計算過程で生じた端数は，円未満を四捨五入すること。

(1)　期間5年，割引率年3％のときの将来キャッシュ・フロー¥5,000,000の現在価値

(2)　期間8年，割引率年5％のときの将来キャッシュ・フロー¥2,500,000の現在価値

現価係数表

n＼r	1％	2％	3％	4％	5％	6％	7％	8％
1年	0.9901	0.9804	0.9709	0.9615	0.9524	0.9434	0.9346	0.9259
2年	0.9803	0.9612	0.9426	0.9246	0.9070	0.8900	0.8734	0.8573
3年	0.9706	0.9423	0.9151	0.8890	0.8638	0.8396	0.8163	0.7938
4年	0.9610	0.9238	0.8885	0.8548	0.8227	0.7921	0.7629	0.7350
5年	0.9515	0.9057	0.8626	0.8219	0.7835	0.7473	0.7130	0.6806
6年	0.9420	0.8880	0.8375	0.7903	0.7462	0.7050	0.6663	0.6302
7年	0.9327	0.8706	0.8131	0.7599	0.7107	0.6651	0.6228	0.5835
8年	0.9235	0.8535	0.7894	0.7307	0.6768	0.6274	0.5820	0.5403
9年	0.9143	0.8368	0.7664	0.7026	0.6446	0.5919	0.5439	0.5002
10年	0.9053	0.8203	0.7441	0.6756	0.6139	0.5584	0.5083	0.4632

(1)	¥	(2)	¥

4-4 下記の現価係数表と年金現価係数表を用いて，次の計算をしなさい。計算過程で生じた端数は，円未満を四捨五入すること。

(1) 毎年末に5年間にわたり¥3,000,000生じる将来キャッシュ・フローを年3％で割り引いたときの現在価値

(2) ある資産を使用することによって毎年末に3年間にわたり¥1,000,000の将来キャッシュ・フローが生じ，3年目の期末に当該資産の処分によって¥500,000の将来キャッシュ・フローが生じる場合におけるこの資産の現在価値。割引率は年3％とする。

<table>
<tr><th colspan="5" style="text-align:center">現価係数表</th></tr>
<tr><th>n   r</th><th>1％</th><th>2％</th><th>3％</th><th>4％</th></tr>
<tr><td>1年</td><td>0.9901</td><td>0.9804</td><td>0.9709</td><td>0.9615</td></tr>
<tr><td>2年</td><td>0.9803</td><td>0.9612</td><td>0.9426</td><td>0.9246</td></tr>
<tr><td>3年</td><td>0.9706</td><td>0.9423</td><td>0.9151</td><td>0.8890</td></tr>
<tr><td>4年</td><td>0.9610</td><td>0.9238</td><td>0.8885</td><td>0.8548</td></tr>
<tr><td>5年</td><td>0.9515</td><td>0.9057</td><td>0.8626</td><td>0.8219</td></tr>
<tr><td>6年</td><td>0.9420</td><td>0.8880</td><td>0.8375</td><td>0.7903</td></tr>
<tr><td>7年</td><td>0.9327</td><td>0.8706</td><td>0.8131</td><td>0.7599</td></tr>
<tr><td>8年</td><td>0.9235</td><td>0.8535</td><td>0.7894</td><td>0.7307</td></tr>
</table>

<table>
<tr><th colspan="5" style="text-align:center">年金現価係数表</th></tr>
<tr><th>n   r</th><th>1％</th><th>2％</th><th>3％</th><th>4％</th></tr>
<tr><td>1年</td><td>0.9901</td><td>0.9804</td><td>0.9709</td><td>0.9615</td></tr>
<tr><td>2年</td><td>1.9704</td><td>1.9416</td><td>1.9135</td><td>1.8861</td></tr>
<tr><td>3年</td><td>2.9410</td><td>2.8839</td><td>2.8286</td><td>2.7751</td></tr>
<tr><td>4年</td><td>3.9020</td><td>3.8077</td><td>3.7171</td><td>3.6299</td></tr>
<tr><td>5年</td><td>4.8534</td><td>4.7135</td><td>4.5797</td><td>4.4518</td></tr>
<tr><td>6年</td><td>5.7955</td><td>5.6014</td><td>5.4172</td><td>5.2421</td></tr>
<tr><td>7年</td><td>6.7282</td><td>6.4720</td><td>6.2303</td><td>6.0021</td></tr>
<tr><td>8年</td><td>7.6517</td><td>7.3255</td><td>7.0197</td><td>6.7327</td></tr>
</table>

(1)	¥	(2)	¥

◆確認テスト

4-5 下記の現価係数表と年金現価係数表を用いて，次の計算をしなさい。なお，計算過程で生じた端数は，円未満を四捨五入すること。

(1) 期間6年，割引率年4％のときの将来キャッシュ・フロー¥4,000,000の現在価値

(2) 毎年末に7年間にわたり¥300,000だけ生じる将来キャッシュ・フローを年3％で割り引いたときの現在価値

(3) ある資産を使用することによって毎年末に8年間にわたり¥1,000,000の将来キャッシュ・フローが生じ，8年目の期末に当該資産の処分によって¥400,000の将来キャッシュ・フローが生じる場合におけるこの資産の現在価値。割引率は年4％とする。

<table>
<tr><th colspan="4" style="text-align:center">現価係数表</th></tr>
<tr><th>n   r</th><th>3％</th><th>4％</th><th>5％</th></tr>
<tr><td>6年</td><td>0.8375</td><td>0.7903</td><td>0.7462</td></tr>
<tr><td>7年</td><td>0.8131</td><td>0.7599</td><td>0.7107</td></tr>
<tr><td>8年</td><td>0.7894</td><td>0.7307</td><td>0.6768</td></tr>
</table>

<table>
<tr><th colspan="4" style="text-align:center">年金現価係数表</th></tr>
<tr><th>n   r</th><th>3％</th><th>4％</th><th>5％</th></tr>
<tr><td>6年</td><td>5.4172</td><td>5.2421</td><td>5.0757</td></tr>
<tr><td>7年</td><td>6.2303</td><td>6.0021</td><td>5.7864</td></tr>
<tr><td>8年</td><td>7.0197</td><td>6.7327</td><td>6.4632</td></tr>
</table>

(1)	¥	(2)	¥	(3)	¥

② 資産の評価方法

(1) 金融資産

　金融資産は，現金預金のほか，株式や社債等の有価証券，売掛金，受取手形，貸付金等の金銭債権，デリバティブ取引によって生じる正味の債権等である。

　金融資産の評価は，その種類や保有目的ごとに評価方法が定められている。

① 有価証券

　有価証券は，目的別に分類されている。

分　　類	内　　容	期末評価
売買目的有価証券	有価証券の値上がり益を狙って保有される有価証券	時価 （評価差額は損益）
満期保有目的の債券	短期的に売買することを目的とはせずに，満期まで長期的に保有する債券	取得原価 または償却原価
子会社株式 および関連会社株式	子会社に対する支配を獲得，または関連会社に対する影響力を確保することが目的で保有する株式	取得原価
その他有価証券	上記のいずれにも該当しない有価証券	時価 （評価差額は評価・換算差額等）

※市場価格のない株式は，取得原価で評価される。

② 金銭債権（受取手形，売掛金，貸付金等）

　受取手形，売掛金，貸付金等の金銭債権は，債権金額から貸倒見込額を控除した額を貸借対照表価額とする。

　この価額は，回収可能価額を表している。

貸借対照表価額　＝　債権金額　－　貸倒見積額

　金銭債権を債権金額とは異なる金額で取得した場合には，その差額が金利の調整としての性格を有しているときには，その金銭債権は，**償却原価法**（差額を取得原価に加減していく方法）によって評価される。

　償却原価法には，定額法と利息法がある。

　　┌─定額法 … 差額を毎期一定額ずつ毎期の利息に加減していく方法
　　└─利息法 … 金銭債権の毎期の利回りが一定となるように利息を配分する方法

③ デリバティブ取引

　先物取引，先渡取引，オプション取引，スワップ取引などのデリバティブ取引は，株価，金利，為替，商品価格などの基礎数値に連動して，将来の受払額が変動する取引である。

　デリバティブ取引は，取引所において売買される場合もあれば，相対取引によって売買される場合もある。デリバティブ取引によって，将来の決済に関する正味の債権または債務が生じる。

【デリバティブ取引の種類】

種　類	内　　容	取引例
先物取引	ある商品（またはその他の基礎数値）について，将来のあらかじめ定められた期日において，現時点で取り決めた価格によって売買することを約束する取引。	・債券先物 ・商品先物
先渡取引	先物取引と同様に，将来のあらかじめ定められた期日において，現時点で取り決めた価格によって売買することを約束する取引をいうが，対象物が定型化しておらず，取引の当事者間の相対によって行われるもの。	・為替予約 （第10章「外貨換算会計」で学ぶ→p.140）
オプション取引	将来の特定の期日（または特定の期間）において，あらかじめ取り決められた権利行使価格によって，買う権利（コール・オプション）または売る権利（プット・オプション）を売買する取引。	・株価指数オプション
スワップ取引	将来の特定の期日（通常は，6か月や1年ごとの受払日）において，キャッシュ・フローの交換を約束する取引。	・金利スワップ

（注1）　先物取引の定型化（標準化）された対象物の例として，金標準先物がある。金標準先物は標準品が「純度99.99％以上の金地金」と取引所で決められており，そのほか取引単位（1kg）や決済方法（差金決済），満期日（限月）などの取引内容も決められている。

（注2）　先渡取引では，取引所を介さないため，取引内容は売り手と買い手が交渉して決める。原則として現物で決済する（現物の受け渡しをする）。

【デリバティブ取引の会計処理（原則処理）】…… 応用論点

　期末にデリバティブ取引によって生じる正味の債権・債務を時価評価し，評価差額は当期の損益とする。（ヘッジ会計の対象となるものを除く。）

例 （先物取引／デリバティブ取引の原則処理）

1．国債先物¥10,000（100口）を額面¥100につき¥92で買い建てる契約を締結し，委託証拠金として現金¥200を差し入れた。

（借）　先物取引差入証拠金　　　　200　　（貸）　現　　　　金　　　　200
　　　　　　　└─── 資産

2．決算日において，国債先物の時価は額面¥100につき¥96であった。

（借）　先　物　取　引　差　金　　400　　（貸）　先　物　損　益　　　400
　　　　　　　└─── 資産または負債　　　　　　　　　　　└─── 営業外損益

評価損益 ＝ （¥96 － ¥92）× 100口 ＝ ¥400

例 （オプション取引／デリバティブ取引の原則処理）

1．日経平均株価指数のコール・オプション（権利行使価格¥25,000）を購入し，オプション料として現金¥300を支払った。

（借）　オ プ シ ョ ン 資 産　　300　　（貸）　現　　　　金　　　　300
　　　　　　　└─── 資産／（注）貸方のときは「オプション負債」（負債）

2．決算日において，オプションの時価は¥700であった。

（借）　オ プ シ ョ ン 資 産　　400　　（貸）　オ プ シ ョ ン 損 益　　400
　　　　　　　　　　　　　　　　　　　　　　　└─── 営業外損益

例 （スワップ取引／デリバティブ取引の原則処理）

1．期間5年の金利スワップ取引（変動金利を受け取り，固定金利を支払う取引）をB銀行との間で締結した。

　　仕訳なし

2．借入金（変動金利）があるA銀行に，利息¥40,000を普通預金から支払った。また，B銀行との金利スワップ取引について，変動金利（¥40,000の受け取り）と固定金利（¥30,000の支払い）の差額¥10,000が，普通預金に入金された。

（借）支　払　利　息	40,000	（貸）普　通　預　金	40,000
（借）普　通　預　金	10,000	（貸）支　払　利　息	10,000

3．決算日において，金利スワップの時価は¥12,000であった。

（借）金　利　ス　ワ　ッ　プ	12,000	（貸）金利スワップ損益	12,000

　　　　　　　　　　　└……資産または負債　　　　　　　　　　　　　　　　　　　　　　└……営業外損益

④　ヘッジ取引とヘッジ会計

➡ヘッジ取引

　　すでに保有している資産または負債に係る時価の変動リスクや，将来の予定取引に係るキャッシュ・フローの変動リスクを，デリバティブ取引を使って緩和する取引を**ヘッジ取引**という。

　　ヘッジ取引における**ヘッジ対象**とは，相場変動のリスクのある資産や負債のことである。また，**ヘッジ手段**とは，ヘッジ対象の相場変動のリスクを抑制するために行うデリバティブ取引のことである。

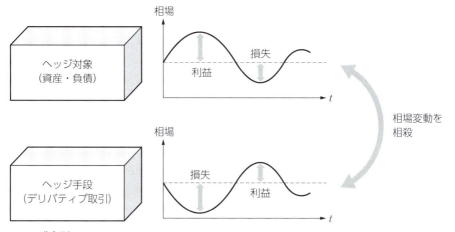

➡ヘッジ会計

　　ヘッジ取引は，一定の要件を満たせば，**ヘッジ会計**を適用することができる。

　　ヘッジ会計とは，ヘッジされる金融商品（ヘッジ対象：資産，負債）とヘッジする金融商品（ヘッジ手段：デリバティブ取引）に係る損益を対応させて，同一の会計期間において計上する特殊な会計処理である。ヘッジ会計には，以下の処理方法がある。

・繰延ヘッジ（原則）
・時価ヘッジ
・金利スワップの特例処理

【ヘッジ会計：繰延ヘッジ（原則）】……　応用論点

　　繰延ヘッジは，ヘッジ会計を適用した場合の原則的な処理方法である。

　　繰延ヘッジでは，時価評価されているヘッジ手段に係る損益または評価差額を，ヘッジ対象に係る損益が認識されるまで，純資産の部において繰り延べる。

　　繰り延べるヘッジ手段に係る損益または評価差額は，**繰延ヘッジ損益**として純資産の部に計上する。

（注）　なお，純資産の部に計上されるヘッジ手段に係る損益または評価差額については，税効果会計を適用しなければならない。（金融商品に関する会計基準32項）→p.132 第9章 確認テスト9−6参照

例 （先物取引／ヘッジ会計を適用した場合：繰延ヘッジ）

1. 国債¥10,000（額面）を¥9,800で購入し，その他有価証券とした。また，同時に国債先物を売り建てる契約を締結し，委託証拠金として現金¥150を差し入れた。なお，ヘッジ会計を適用し，処理方法は繰延ヘッジによる。

| （借） | その他有価証券 | 9,800 | （貸） | 現　　　　金 | 9,800 |
| （借） | 先物取引差入証拠金 | 150 | （貸） | 現　　　　金 | 150 |

2. 決算日において，その他有価証券（国債）の時価は¥9,400であった。なお，国債先物の売建取引の時価は契約締結時から¥400上昇した。

| （借） | その他有価証券評価差額金 | 400 | （貸） | その他有価証券 | 400 |
| （借） | 先物取引差金 | 400 | （貸） | 繰延ヘッジ損益 | 400 |

┌─────純資産

【ヘッジ会計：時価ヘッジ（例外）】 …… 応用論点

　時価ヘッジでは，その他有価証券の相場変動を損益に反映させることにより，その損益とヘッジ手段に係る損益とを同一の会計期間に認識することができる。

例 （先物取引／ヘッジ会計を適用した場合：時価ヘッジ）

1. 国債¥10,000（額面）を¥9,800で購入し，その他有価証券とした。また，同時に国債先物を売り建てる契約を締結し，委託証拠金として現金¥150を差し入れた。なお，ヘッジ会計を適用し，処理方法は時価ヘッジによる。

| （借） | その他有価証券 | 9,800 | （貸） | 現　　　　金 | 9,800 |
| （借） | 先物取引差入証拠金 | 150 | （貸） | 現　　　　金 | 150 |

2. 決算日において，その他有価証券（国債）の時価は¥9,400であった。なお，国債先物の売建取引の時価は契約締結時から¥400上昇した。

| （借） | 投資有価証券評価損益 | 400 | （貸） | その他有価証券 | 400 |
| （借） | 先物取引差金 | 400 | （貸） | 先物損益 | 400 |

【ヘッジ会計：金利スワップの特例処理】 …… 応用論点

　金利スワップの特例処理では，一定の要件を満たす場合に，金利スワップを時価評価せず，金利スワップによる金銭等の受け払いの純額をヘッジ対象の利息に加減する。

　なお，金利スワップの特例処理を選択すれば，会計処理を簡素化できるため，経理業務の負担が軽減される。

例 （スワップ取引／金利スワップの特例処理）

1. A銀行から¥1,500,000（変動金利）を借り入れ，当座預金口座に振り込まれた。また，同時に，金利スワップ取引（変動金利を受け取り，固定金利を支払う取引）をB銀行との間で締結した。なお，ヘッジ会計を適用し，処理方法は金利スワップの特例処理による。

| （借） | 当　座　預　金 | 1,500,000 | （貸） | 借　入　金 | 1,500,000 |

2. A銀行に，利息¥40,000を当座預金から支払った。また，B銀行との金利スワップ取引について，変動金利（¥40,000の受け取り）と固定金利（¥30,000の支払い）の差額¥10,000が，当座預金に入金された。

| （借） | 支　払　利　息 | 30,000 | （貸） | 当　座　預　金 | 30,000 |

　　　借入金利息¥40,000＋（スワップ受取金利△¥40,000＋スワップ支払金利¥30,000）＝¥30,000

3. 決算日において，金利スワップの時価は¥12,000であった。

仕訳なし

20

総論 1 編
各論 2 編 [1]
各論 3 編 [2]
各論 4 編 [3]
財務諸表の活用 5 編
監査と職業会計人 6 編

◆練習問題

4－6 次の文章の空欄にあてはまる語を答えなさい。

① 有価証券の値上がり益を狙って保有される有価証券を（ ア ）有価証券といい，（ イ ）によって評価する。

② 満期保有目的の債券は，取得原価または（ ウ ）によって評価する。

③ その他有価証券は，（ エ ）によって評価し，その評価差額は純資産の部における（ オ ）に直接計上する。

ア	イ
ウ	エ
オ	

4－7 有価証券に関する下記の資料にもとづいて，貸借対照表における次の金額を求めなさい。

(1) 売買目的有価証券　　(2) 満期保有目的の債券　　(3) その他有価証券　　(4) 子会社株式

［資料］　　　　　　　　　　　　　　　　　　　　　　　　　　　　　（単位：千円）

銘　柄	分　類	帳簿価額	期末時価
A社株式	売買目的有価証券	2,200	3,480
B社株式	売買目的有価証券	1,900	2,240
C社社債	満期保有目的の債券	4,000	4,020
D社株式	その他有価証券	7,200	7,560
F社株式	その他有価証券	8,320	9,160
S社株式	子会社株式	4,800	4,920

※C社社債は当期首に，額面金額で取得したものである。

(1)	千円	(2)	千円	(3)	千円	(4)	千円

4－8 次の貸付金について，20X1年度期末および20X2年度期末における貸借対照表価額を償却原価法によって求めなさい。なお，計算は，①定額法による場合と②利息法による場合とに分けて行い，計算過程で生じた端数は，円未満を四捨五入すること。

取 得 日：20X1年度期首　　債権金額：¥500,000　　取得原価：¥444,500

貸付期間：3 年　　実効利子率（年）：4 ％

①定額法	20X1年度期末	¥	20X2年度期末	¥
②利息法	20X1年度期末	¥	20X2年度期末	¥

4-9 次の一連の取引の仕訳を示しなさい。 ・・・・・・ 参考問題（応用論点）

(1) 20X1年3月1日に，額面¥4,000,000の国債先物を¥100につき¥96で買い建て，委託証拠金¥200,000を当座預金から支払った。

(2) 20X1年3月31日（決算日）において，国債先物の時価が¥100につき¥99となった。

(3) 20X1年5月15日に，上記の国債先物（額面¥4,000,000）を¥100につき¥98で反対売買による差金決済を行った。なお，当該差額は差し入れていた委託証拠金とともに，当座預金口座に振り込まれた。

	借　　　　方	貸　　　　方
(1)		
(2)		
(3)		

4-10 次の一連の取引の仕訳を示しなさい。 ・・・・・・ 参考問題（応用論点）

(1) 20X1年度期中に日経平均コールオプション（行使価格¥3,000,000）を購入し，オプション料¥230,000を現金で支払った。

(2) 20X1年度期末において，当該オプションの時価は¥300,000であった。

	借　　　　方	貸　　　　方
(1)		
(2)		

4-11 次の一連の取引の仕訳を示しなさい。 ・・・・・・ 参考問題（応用論点）

(1) 金利スワップ取引について，利払日となり，変動金利と固定金利との差額¥200,000を当座預金から支払った。

(2) 20X1年度期末において，金利スワップ利払後の期末時価は¥140,000であった。

	借　　　　方	貸　　　　方
(1)		
(2)		

4-12 次の取引の仕訳を示しなさい。なお，仕訳が不要な場合は，借方欄に「仕訳なし」と記入すること。

(1) 20X1年度期首において，期間3年の金利スワップ取引（変動金利を受け取り，固定金利を支払う取引）を取引銀行との間で締結した。

(2) 20X1年度期末において，当該金利スワップ取引について，利息¥180,000を普通預金から支払った。また，利払い後の期末の時価は，¥150,000（資産）であった。当社は，金利スワップ取引を借入金のヘッジ目的で利用しており，ヘッジ会計（繰延ヘッジ）を適用する。

	借　　　　　方	貸　　　　　方
(1)		
(2)		

◆確認テスト••

4-13 下記の資料から，貸借対照表における次の金額を求めなさい。

(1) 売買目的有価証券　　(2) 満期保有目的の債券　　(3) その他有価証券　　(4) 子会社株式

資料　　　　　　　　　　　　　　　（単位：千円）

銘　柄	分　　　類	帳簿価額	期末時価
A社株式	売買目的有価証券	1,600	2,160
B社株式	売買目的有価証券	5,000	4,200
C社社債	満期保有目的の債券	1,850	1,800
D社株式	その他有価証券	1,600	1,400
E社株式	その他有価証券	2,300	2,500
F社株式	子会社株式	8,100	7,200

※C社社債は，当期首に発行と同時に額面2,000千円（償還期限5年）を1,850千円で取得したものであり，額面金額と取得原価との差額は金利の調整と認められ，償却原価法（定額法）により評価する。

(1)	千円	(2)	千円	(3)	千円	(4)	千円

4-14 次の債権について，20X1年度期末と20X2年度期末における貸借対照表価額を償却原価法によって求めなさい。なお，計算は，①定額法による場合と②利息法による場合に分けて行い，計算過程で生じた端数は，円未満を四捨五入すること。

債権金額：¥6,000,000　　取得原価：¥5,175,654　　貸付金期間：5年

取得日：20X1年度期首　　実効利子率：年3％

	20X1年度期末	20X2年度期末
①定　額　法	¥	¥
②利　息　法	¥	¥

4−15 次の一連の取引の仕訳を示しなさい。 ······ 参考問題（応用論点）

(1) 20X3年2月6日に、額面¥1,000,000の国債（その他有価証券）を¥100につき¥100で購入し、当座預金から支払った。また、同時に、国債先物を¥100につき¥96で売り建て、委託証拠金¥30,000を当座預金から支払った。

(2) 20X3年3月31日（決算日）において、国債の時価が¥100につき¥101、国債先物の時価が¥100につき¥97となった。なお、当社は先物取引をヘッジ目的で利用しており、ヘッジ会計（繰延ヘッジ）を適用する。

	借　　　方	貸　　　方
(1)		
(2)		

4−16 次の一連の取引の仕訳を示しなさい。 ······ 参考問題（応用論点）

(1) 20X2年2月5日に、額面¥2,000,000の国債（その他有価証券）を購入し、代金¥2,000,000を当座預金から支払った。また、これと同時に、金利変動リスクをヘッジするために固定金利支払い・変動金利受け取りの金利スワップ契約を締結した。

(2) 20X2年3月31日（決算日）において、国債（その他有価証券）の時価が¥1,880,000となり、金利スワップ（資産）の時価が¥140,000となった。ヘッジ会計（繰延ヘッジ）を適用する。

	借　　　方	貸　　　方
(1)		
(2)		

4−17 次の一連の取引の仕訳を示しなさい。 ······ 参考問題（応用論点）

(1) 20X6年4月1日に、取引銀行から¥2,500,000（返済期日20X9年3月31日、変動金利、利払日は3月末日の年1回）を借り入れ、普通預金口座に振り込まれた。また、同時に、変動金利を固定金利に変換する金利スワップ契約（契約期間3年、固定金利（年）3.5%、金利の受払日は3月末日の年1回）を締結した。なお、当社は金利スワップの特例処理を採用している。

(2) 20X7年3月31日の利払日となったので、必要な処理を行う。なお、借入金の利息¥100,000の支払いと、金利スワップによる差額¥12,500の受け取り（固定金利と変動金利との差額の受け取り）は普通預金口座で行っている。

	借　　　方	貸　　　方
(1)		
(2)		

◆発展問題 ··

4－18 わが国の会計諸基準に照らして，次の文章のうち正しいものには○を，誤っているものには×を解答欄に記入しなさい。

(1) 売買目的有価証券は時価で評価する一方で，その他有価証券は原則として取得原価で評価する。

(2) 売買目的で保有する社債券のうち，決算日の翌日から１年以内に満期の到来するものは流動資産に属するものとし，それ以外は固定資産に属するものとする。

(3) 償却原価法には２つの会計処理が認められており，原則は利息法であり，継続適用を条件として簡便法である定額法も認められている。

(4) 有価証券はその保有目的により分類し，貸借対照表に記載する。たとえば，満期保有目的の債券とその他有価証券はすべて投資有価証券として固定資産に記載する。

(5) その他有価証券は，決算日の翌日から１年以内に満期の到来するものは流動資産に区分して表示し，１年を超えて満期の到来するものは有形固定資産に区分して表示する。

(6) 子会社株式は他の企業を支配する目的で保有する株式であり，関係会社株式は他の企業への影響力を行使する目的で保有する株式である。これらは貸借対照表上は「関連会社株式」と表示する。

(7) デリバティブ取引から生じる正味の債権および債務は，原則として，これを貸借対照表において資産および負債として計上し，取得原価をもって貸借対照表価額とする。

(8) デリバティブ取引についてヘッジ会計を適用する場合には，原則として，時価評価によって生じる評価差額を繰延ヘッジ損益として当期の損益とする。

(1)	(2)	(3)	(4)	(5)	(6)	(7)	(8)

4－19 次の取引の仕訳を示しなさい。

(1) ×1年４月１日に額面100円につき98円で発行と同時に取得した額面金額3,000,000円の満期保有目的債券（券面利子率：年１％，利払日：毎年３月31日，償還期間：５年）について，×2年３月31日に利息を現金で受け取った。ただし，額面金額と取得原価との差額は金利の調整と認められるため，償却原価法（利息法）によって処理する。なお，実効利子率は年1.4％として計算すること。

(2) ×1年４月１日に，額面金額1,000,000円の社債（償還期間３年，券面利子率年２％，実効利子率年3.25％，利払日３月末）を発行と同時に額面100円につき97円で購入し，満期保有を目的として保有している。本日×2年３月31日（決算日）に，１回目の利払い日を迎え，利息を現金で受け取った。なお，額面金額と発行金額の差額は，金利の調整と認められるため償却原価法（利息法）で処理する。

	借 方 科 目	金 額	貸 方 科 目	金 額
(1)				
(2)				

4−20　次の取引の仕訳を示しなさい。

(1) ×1年8月2日に売買目的で額面総額6,000,000円の社債を@97円で購入していたが，この社債の全額を×1年11月17日に@96円で売却した。なお，この社債の年利率は3.65％，利払日は6月末と12月末の年2回で，代金および端数利息を現金で受け取った。

(2) 当期に2回に分けて取得した滋賀商事株式会社の株式（売買目的）2,000株のうち，1,000株を1株3,550円で売却し，手数料35,000円を差し引かれ，手取り金は小切手で受け取り，直ちに当座預金に預け入れた。なお，払出単価の計算は平均原価法，有価証券の売却にともなう手数料は，有価証券売却損益の計算に含めて処理する。

　　1回目　　500株　@3,000円（買入手数料30,000円）
　　2回目　1,500株　@3,500円（買入手数料50,000円）

(3) ×3年4月1日に，額面総額3,000,000円の社債（償還期間5年，券面利子率年2％，実効利子率年3.06％，利払日3月末日）を発行と同時に額面100円につき96円で購入し，満期保有を目的として保有している。本日×5年3月31日（決算日）に，利払日を迎え，利息を現金で受け取った。なお，額面金額と発行価額との差額は，金利の調整と認められるため償却原価法（利息法）で処理する。端数が生じた場合には，円未満を四捨五入すること。

	借　方　科　目	金　　　額	貸　方　科　目	金　　　額
(1)				
(2)				
(3)				

4－21 金融資産に関する以下の問いに答えなさい。なお，仕訳にあたっては次の勘定科目を用いることとし，計算過程で端数が生じた場合は円未満を四捨五入して解答すること。また，当社の決算日は毎年3月31日である。

当 座 預 金	売買目的有価証券	満期保有目的債券	長 期 貸 付 金
有価証券売却損	有価証券売却益	有価証券評価損	有価証券評価益
支 払 利 息	受 取 利 息	有価証券利息	

当社は，×1年4月1日に〈資料〉に示した西条商事株式会社の社債を購入した。以下の(1)(2)に答えなさい。

〈資料〉

額 面 総 額：*1,000,000*円	取得金額：額面*100*円につき*96*円
券面利子率：年3％	利 払 日：毎年3月31日の年1回
実効利子率：年3.9％	満 期 日：×6年3月31日

(1) 上記社債を満期まで保有する目的で購入した場合について，×2年3月31日と×3年3月31日の利払日の仕訳を示しなさい。ただし，額面金額（*100*円）と取得金額（*96*円）との差額は金利の調整と認められており，償却原価法（利息法）により処理する。また，利息の受け取りは当座預金口座を通じて行われている。

(2) 上記社債を売買目的で購入した場合について，×2年3月31日における決算整理仕訳を示しなさい。なお，同日における上記社債の時価は*100*円につき*97*円であった。

		借 方 科 目	金 額	貸 方 科 目	金 額
(1)	×2年3月31日				
	×3年3月31日				
(2)	×2年3月31日				

(2) 棚卸資産

棚卸資産とは，直接・間接に販売を目的として保有する資産である。

商業を営む企業であれば，通常，**商品**として保有している。

製造業を営む企業であれば，**製品**のほか，製造過程の**原材料**や**仕掛品**も保有している。

これらについては，通常，**棚卸し**とよばれる数量を確認する作業が定期的に行われている。

棚卸資産は，原則として，**取得原価**によって評価される。

棚卸資産の取得原価 ＝ 購入価額 ＋ 引取運賃等の付随費用

棚卸資産として取得したもののうち，当期において販売されたものは損益計算書に**売上原価**として計上される。

他方，販売されずに期末棚卸高として残っているものは，貸借対照表に**棚卸資産**として計上される。

このような手続きは，棚卸資産に**費用配分の原則**が適用されたものと考えることができる。

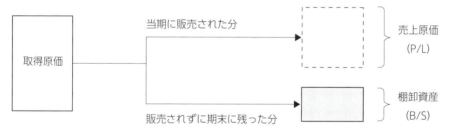

仕入れごとに棚卸資産の単位当たりの取得原価は，異なる場合がある。

このような場合に，倉庫から払い出された棚卸資産の単位当たり原価と，倉庫内にとどまる棚卸資産の単位当たり原価を，どのように割り当てるかが問題となる。

棚卸資産の払出原価の計算方法は，**個別法**，**先入先出法**，平均法（**移動平均法**，**総平均法**）がある。

これらの払出原価の計算方法を適用して，当期の売上原価と期末商品棚卸高を計算する。

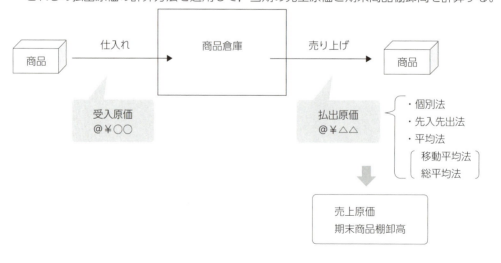

◆練習問題···

4-22 次の商品の仕入れと売り上げに関する資料にもとづいて，当月の売上原価と月末商品棚卸高を求めなさい。なお，払出原価の計算は，①先入先出法，②移動平均法，および③総平均法のそれぞれによる場合に分けて行いなさい。

[資料]

6／1	月初商品棚卸高	500個	@¥800	
6／10	仕　　入	1,000個	@¥790	引取運賃¥22,000
6／18	売　　上	800個		
6／30	仕　　入	500個	@¥812	

	①先入先出法	②移動平均法	③総平均法
当月の売上原価	¥	¥	¥
月末商品棚卸高	¥	¥	¥

4-23 次の資料にもとづいて，貸借対照表における棚卸資産の金額を求めなさい。なお，当期は20X4年4月1日から20X5年3月31日までの1年である。

[資料]

商品の払出しは，次のように行われている。総平均法を採用している。

3／1	前月繰越	300個	@¥400	15	仕　　入	700個	@¥415
10	仕　　入	500個	@¥410	23	売　　上	800個	@¥610
12	売　　上	600個	@¥600	27	仕　　入	500個	@¥425

¥

◆確認テスト···

4-24 次の商品に関する資料から，当月の売上原価と月末商品棚卸高を求めなさい。なお，払出原価の計算は，①先入先出法，②移動平均法，③総平均法の場合に分けて行うこと。

[資料]

1／1	月初棚卸高	200個	@¥600	
11	売　　上	100個	@¥1,100	
18	仕　　入	300個	@¥620	引取運賃 ¥6,000
26	売　　上	340個	@¥1,050	

	①先入先出法	②移動平均法	③総平均法
当月の売上原価	¥	¥	¥
月末商品棚卸高	¥	¥	¥

(3) 有形固定資産

① 有形固定資産の意義

　　有形固定資産は，長期的に使用することを目的に保有する物理的形状を有する資産である。土地や建物などの不動産のほか，車両運搬具，船舶，航空機，機械装置，備品などがある。

　　＜投資不動産＞

　　　　投資を目的として土地や建物などの不動産を所有する場合がある。

　　　　このような不動産は，**投資不動産**とよばれ，投資その他の資産の区分に表示される。

　　　　投資不動産などを含む賃貸等不動産については，通常の有形固定資産と同じように，原価基準による会計処理（貸借対照表価額＝取得原価－減価償却累計額）を行う。

　　　　ただし，その時価などの情報を注記によって開示する。

例

20X1年4月1日

　　当社の主たる事業は製造業であるが，投資を目的として不動産¥80,000,000（建物¥50,000,000および土地¥30,000,000）を購入し，代金は普通預金口座から支払った。

20X1年4月30日

　　当月分の建物および土地の賃貸料として，¥500,000が普通預金口座に振り込まれた。

20X2年3月31日

　　決算日につき，建物について定額法によって減価償却を行う。残存価額は零（0），耐用年数は20年とし，間接法により記帳している。

20X1年4月1日

（借）投　資　不　動　産　80,000,000　（貸）普　通　預　金　80,000,000

20X1年4月30日

（借）普　通　預　金　500,000　（貸）投資不動産賃貸料　500,000

20X2年3月31日

（借）減　価　償　却　費　2,500,000　（貸）投資不動産減価償却累計　2,500,000

参考 ＜販売用不動産＞

　　企業が事業を行う上で使用する建物などの不動産（有形固定資産）とは別に，販売用として不動産を保有する場合がある。

　　この場合は，貸借対照表上，流動資産の区分の棚卸資産として表示する。

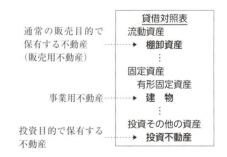

② 有形固定資産の取得原価

　　有形固定資産は，原則として，取得原価によって評価する。

取得原価 ＝ 購入価格 ＋ 付随費用

③ 有形固定資産の減価償却

　　有形固定資産は，減価償却の手続きが適用され，取得原価をその耐用年数にわたって計画的かつ規則的に配分する。

$$貸借対照表に記載される金額 = 取得原価 - 減価償却累計額$$

＜減価償却の方法＞

　　減価償却の方法は，**定額法，定率法，級数法，生産高比例法**がある。

＜法人税法上の減価償却＞

　　有形固定資産の形態ごとに詳細な法定耐用年数が定められているとともに，残存価額¥1までの償却が認められている。

　　定額法の償却率は，耐用年数の逆数として求められる。定率法（200％定率法）の償却率は，定額法の償却率の2倍（200％）となる。

$$定額法による減価償却費 = 取得原価 × 定額法の償却率$$

$$定率法による減価償却費 = 期首未償却残高 × 定額法の償却率 × 2$$

　　なお，定率法を採用した場合，年数が経過して，残存耐用年数にもとづく均等償却額のほうが大きくなる年度から，均等償却額が減価償却費の金額となる。

＜投資不動産の減価償却＞

　　投資不動産の減価償却費は，営業外費用となる。

＜総合償却＞

　　複数の資産をまとめた資産群を償却の単位として減価償却を行う方法を**総合償却**という。総合償却は，異種の固定資産群に対して行う場合もあり，この場合は，平均耐用年数を見積もる。

$$平均耐用年数 = \frac{個別資産の要償却額の合計}{個別資産の定額法による年償却額の合計}$$

④　**圧縮記帳**

　　国庫補助金等の受け入れによって有形固定資産を取得し，受贈益が計上される場合に，法人税法上，**圧縮記帳**とよばれる会計処理が認められている。収益（受贈益）を相殺する費用（圧縮損）の計上を認めて，受贈が行われた期間に税金が課されないようにしている。圧縮記帳の方法として，**直接減額方式**と，**積立金方式**がある。

＜直接減額方式＞

　　直接減額方式では，**固定資産圧縮損**（特別損失）を計上して，有形固定資産の帳簿価額を直接減額する。使用する有形固定資産の帳簿価額を減額するため，その資産の用役提供能力の実態を表さなくなってしまうという問題がある。

＜積立金方式＞

　　積立金方式では，決算整理手続において，**圧縮積立金**という積立金を純資産の部（株主資本の区分）に計上する。法人税法上は，圧縮積立金の積立てに伴う繰越利益剰余金の減少額が損金として認められ，その分だけ課税所得が減額されることによって，企業の課税負担が軽減される。

ただし，減価償却費の計上に合わせて，圧縮積立金が取り崩され，繰越利益剰余金が増加する。これは法人税法上，益金として取り扱われ，耐用年数を構成する各期間における課税負担が増えることになる。
　　　税金を将来の期間に繰り延べる効果があるという点では，直接減額方式と同様である。

例　（圧縮記帳なし）
　　　当社は，20X1年4月1日（期首）に，国庫補助金として受け取った資金¥400,000と自己資金¥800,000によって，¥1,200,000の機械装置を購入した（法人税法上の圧縮記帳は行わない）。減価償却は，残存価額　零（0），耐用年数4年の定額法により，間接法によって記帳する。

20X1年4月1日（20X1年度期首）
ⓐ　（借）現　金　預　金　　400,000　　（貸）国庫補助金受贈益　　400,000
ⓑ　（借）機　械　装　置　1,200,000　　（貸）現　金　預　金　1,200,000
20X2年3月31日（20X1年度期末）
ⓒ　（借）減　価　償　却　費　300,000　　（貸）機械装置減価償却累計額　300,000
20X3年3月31日（20X2年度期末）
ⓓ　（借）減　価　償　却　費　300,000　　（貸）機械装置減価償却累計額　300,000
20X4年3月31日（20X3年度期末）
ⓔ　（借）減　価　償　却　費　300,000　　（貸）機械装置減価償却累計額　300,000
20X5年3月31日（20X4年度期末）
ⓕ　（借）減　価　償　却　費　300,000　　（貸）機械装置減価償却累計額　300,000

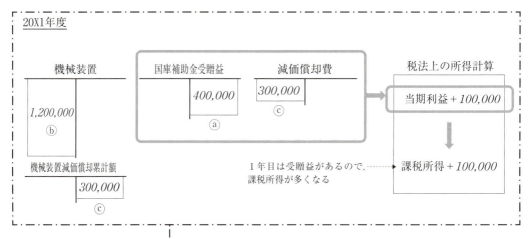

（4年間の推移）

	20X1年度 ⓐⓑⓒ	20X2年度 ⓓ	20X3年度 ⓔ	20X4年度 ⓕ	4年間合計
国庫補助金受贈益	+400,000	—	—	—	+　400,000
減価償却費	△300,000	△300,000	△300,000	△300,000	△1,200,000
当期利益（税引前）	+100,000	△300,000	△300,000	△300,000	△　800,000
課税所得	+100,000	△300,000	△300,000	△300,000	△　800,000
機械装置（簿価）	900,000	600,000	300,000	0	

例 （圧縮記帳・直接減額方式）

　当社は，20X1年4月1日（期首）に，国庫補助金として受け取った資金¥400,000と自己資金¥800,000によって，¥1,200,000の機械装置を購入した。受贈益に相当する金額について，法人税法上の圧縮記帳（直接減額方式）を行うこととした。減価償却は，残存価額零（0），耐用年数4年の定額法により，間接法によって記帳する。

20X1年4月1日（20X1年度期首）

ⓖ （借）現 金 預 金　　　　400,000　　（貸）国庫補助金受贈益　　　400,000
ⓗ （借）機 械 装 置　　　1,200,000　　（貸）現 金 預 金　　　1,200,000

20X2年3月31日（20X1年度期末）

ⓘ （借）固定資産圧縮損　　　400,000　　（貸）機 械 装 置　　　　400,000
ⓙ （借）減 価 償 却 費　　　200,000　　（貸）機械装置減価償却累計額　200,000

20X3年3月31日（20X2年度期末）

ⓚ （借）減 価 償 却 費　　　200,000　　（貸）機械装置減価償却累計額　200,000

20X4年3月31日（20X3年度期末）

ⓛ （借）減 価 償 却 費　　　200,000　　（貸）機械装置減価償却累計額　200,000

20X5年3月31日（20X4年度期末）

ⓜ （借）減 価 償 却 費　　　200,000　　（貸）機械装置減価償却累計額　200,000

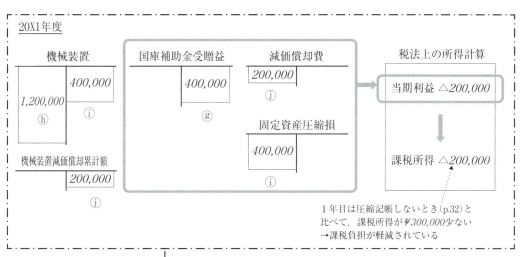

1年目は圧縮記帳しないとき（p.32）と
比べて，課税所得が¥300,000少ない
→課税負担が軽減されている

（4年間の推移）

	20X1年度 ⓖⓗⓘⓙ	20X2年度 ⓚ	20X3年度 ⓛ	20X4年度 ⓜ	4年間合計
国庫補助金受贈益	+400,000	—	—	—	+400,000
固定資産圧縮損	△400,000	—	—	—	△400,000
減価償却費	△200,000	△200,000	△200,000	△200,000	△800,000
当期利益（税引前）	△200,000	△200,000	△200,000	△200,000	△800,000
課税所得	△200,000	△200,000	△200,000	△200,000	△800,000
機械装置（簿価）	600,000	400,000	200,000	0	

20X2年度～20X4年度の3年間は，圧縮記帳しないとき
（p.32）と比べて，課税所得がそれぞれ¥100,000多い
↓
20X1年度（1年目）の課税負担が20X2～20X4年の3年間に
わたって繰り延べられている

1編 総論
2編 各論〔1〕
3編 各論〔2〕
4編 各論〔3〕
5編 財務諸表の活用
6編 合併と購入・受入

例 （圧縮記帳・積立金方式）

　当社は，20X1年4月1日（期首）に，国庫補助金として受け取った資金¥400,000と自己資金¥800,000によって，¥1,200,000の機械装置を購入した。受贈益に相当する金額について，法人税法上の圧縮記帳（積立金方式）を行うこととした。減価償却は，残存価額　零（0），耐用年数4年の定額法により，間接法によって記帳すること。

20X1年4月1日（20X1年度期首）

ⓝ　（借）　現　金　預　金　　　400,000　　（貸）　国庫補助金受贈益　　　400,000
ⓞ　（借）　機　械　装　置　　1,200,000　　（貸）　現　金　預　金　　1,200,000

20X2年3月31日（20X1年度期末）

ⓟ　（借）　繰越利益剰余金　　　400,000　　（貸）　圧　縮　積　立　金　　　400,000
ⓠ　（借）　減　価　償　却　費　　300,000　　（貸）　機械装置減価償却累計額　　300,000
ⓡ　（借）　圧　縮　積　立　金　　100,000　　（貸）　繰越利益剰余金　　　100,000

20X3年3月31日（20X2年度期末）

ⓢ　（借）　減　価　償　却　費　　300,000　　（貸）　機械装置減価償却累計額　　300,000
ⓣ　（借）　圧　縮　積　立　金　　100,000　　（貸）　繰越利益剰余金　　　100,000

20X4年3月31日（20X3年度期末）

ⓤ　（借）　減　価　償　却　費　　300,000　　（貸）　機械装置減価償却累計額　　300,000
ⓥ　（借）　圧　縮　積　立　金　　100,000　　（貸）　繰越利益剰余金　　　100,000

20X5年3月31日（20X4年度期末）

ⓦ　（借）　減　価　償　却　費　　300,000　　（貸）　機械装置減価償却累計額　　300,000
ⓧ　（借）　圧　縮　積　立　金　　100,000　　（貸）　繰越利益剰余金　　　100,000

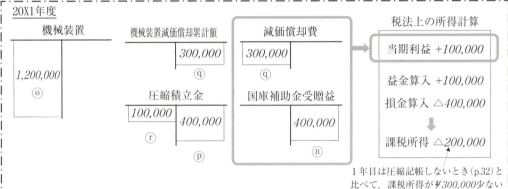

（4年間の推移）

	20X1年度 ⓝⓞⓟⓠⓡ	20X2年度 ⓢⓣ	20X3年度 ⓤⓥ	20X4年度 ⓦⓧ	4年間合計
国庫補助金受贈益	+400,000	—	—	—	+400,000
減価償却費	△300,000	△300,000	△300,000	△300,000	△1,200,000
当期利益（税引前）	+100,000	△300,000	△300,000	△300,000	△800,000
益金算入	+100,000	+100,000	+100,000	+100,000	+400,000
損金算入	△400,000	—	—	—	△400,000
課税所得	△200,000	△200,000	△200,000	△200,000	△800,000
機械装置（簿価）	900,000	600,000	300,000	0	
圧縮積立金	300,000	200,000	100,000	0	

20X2年度～20X4年度の3年間は，圧縮記帳しないとき
（p.32）と比べて，課税所得がそれぞれ¥100,000多い

34

◆練習問題・・・

4－25 次の各文の空欄にあてはまる語を答えなさい。

① 有形固定資産は原則として（ ア ）によって評価する。

② 国庫補助金等の受け入れによって有形固定資産を取得し，受贈益が計上される場合には，法人税法上，（ イ ）とよばれる会計処理が認められている。（ イ ）の方法として，直接減額方式と積立金方式がある。直接減額方式では（ ウ ）を計上して有形固定資産の帳簿価額を直接減額する。積立金方式では決算整理手続において（ エ ）を純資産の部に計上する。

③ 減価償却の方法として，個々の資産を償却の単位として減価償却を行う個別償却と，複数の資産をまとめた資産群を償却の単位として減価償却を行う（ オ ）とがある。（ オ ）は，異種の固定資産群に対して行う場合もあり，この場合には，（ カ ）を見積もらなければならない。

ア	イ
ウ	エ
オ	カ

4－26 次の備品について，各年度に計上される法人税法上の減価償却費の金額を求めなさい。なお，減価償却費の計算は，①定額法および②定率法のそれぞれによる場合に分けて行いなさい。計算過程で生じた端数は，円未満を四捨五入すること。

取得原価：¥2,000,000　　残存価額：¥1　耐用年数：5年　　取得日：20X1年度期首

	①定　額　法	②定　率　法
20X1年度	¥	¥
20X2年度	¥	¥
20X3年度	¥	¥
20X4年度	¥	¥
20X5年度	¥	¥

4－27 20X1年度において，次の3つの有形固定資産を取得して営業の用に供しているが，同年度から総合償却を行うこととした。よって，平均耐用年数を算定し，20X1年度における減価償却費を求めなさい。

資産の種類	取得原価	耐用年数	残存価額
備　品A	30,000 千円	5 年	ゼロ
機　械B	90,000 千円	10 年	ゼロ
構築物C	120,000 千円	8 年	ゼロ

千円

4−28 当社は，第1年度期首において，国庫補助金によって受け取った資金¥2,000,000と自己資金¥4,000,000によって，¥6,000,000の機械装置を購入した。受贈益に相当する金額について，法人税法上の直接減額方式による圧縮記帳を行うこととした。よって，①受贈益計上時，②機械装置購入時，③年度末の仕訳を示しなさい。減価償却は，残存価額零（0），耐用年数10年の定額法（間接法により記帳）による。(資金の受け取りおよび支払いは「現金預金」勘定を用いること。)

	借　　　方	貸　　　方
①		
②		
③		

4−29 当社は，第1年度期首において，国庫補助金によって受け取った資金¥3,000,000と自己資金¥8,000,000によって，¥11,000,000の機械装置を購入した。受贈益に相当する金額について，法人税法上の積立金方式による圧縮記帳を行うこととした。よって，①受贈益計上時，②機械装置購入時，③年度末の仕訳を示しなさい。減価償却は，残存価額零（0），耐用年数8年の定額法（間接法により記帳）による。(資金の受け取りおよび支払いは「現金預金」勘定を用いること。)

	借　　　方	貸　　　方
①		
②		
③		

4−30 次の資料にもとづいて，貸借対照表における次の金額を求めなさい。なお，当期は20X4年4月1日から20X5年3月31日までの1年である。

(1) 建　物　　　(2) 備　品

[資料]
(1) 建物は，20X1年4月1日に¥5,000,000で取得したものであり，法人税法上の定額法によって減価償却を行う。なお，残存価額は零（0），耐用年数は20年とし，直接法によって記帳している。
(2) 備品は，20X3年4月1日に¥1,600,000で取得したものであり，法人税法上の定率法によって減価償却を行う。耐用年数は8年であり，定額法の償却率の2倍の償却率を用いる（200%定率法）。なお，直接法によって記帳している。

(1)	¥	(2)	¥

◆確認テスト・・

4−31 次の備品に関する資料から，各年度に計上される法人税法上の減価償却費の金額を求めなさい。なお，減価償却費の計算は，①定額法と②定率法（200%定率法）による場合に分けて行うこと。また，計算過程で生じた端数は，円未満を四捨五入すること。

取得原価：¥1,536,000　　残存価額：¥1　　耐用年数：5 年　　取得日：20X1年度期首

	20X1年度	20X2年度	20X3年度	20X4年度	20X5年度
①定額法	¥	¥	¥	¥	¥
②定率法	¥	¥	¥	¥	¥

4−32 次の一連の取引の仕訳を示しなさい。

(1) 当期首に，国庫補助金¥1,000,000を現金で受け入れ，同時に，自己資金¥1,500,000を加えて機械装置¥2,500,000を購入し，代金は現金で支払った。なお，受贈益に相当する金額について，法人税法の圧縮記帳（直接減額方式）を行うことにした。

(2) 決算に際し，機械装置の減価償却費を計上した。ただし，減価償却は，残存価額零（0），耐用年数10年の定額法による（間接法）。

	借　　　　　方	貸　　　　　方
(1)		
(2)		

◆発展問題・・

4−33 わが国の会計諸基準に照らして，次の文章のうち正しいものには○を，誤っているものには×を解答欄に記入しなさい。

(1) 投資目的で保有する不動産は投資その他の資産に分類され，その減価償却費は特別損失の区分に計上する。

(2) 投資目的で保有する不動産の減価償却費は，販売費及び一般管理費の区分に計上される。

(3) 不動産販売会社が販売目的で保有する土地や建物は，貸借対照表上，有形固定資産として表示する。

(4) 固定資産の価値の減少には，時の経過による老朽化などによる経常的減価と天災などによる偶発的減価がある。偶発的減価は減価償却の対象であり，取得原価は残存価額を除いて耐用期間にわたり費用として配分される。これは，費用配分の原則の考え方である。

(5) 有形固定資産を建設するために必要な資金を借入金で調達した場合，当該借入金に生じた支払利息については，稼働前の期間に属する額を取得原価に加算することが認められている。

(6) 国庫補助金等の受け入れによって有形固定資産を取得した場合は，国庫補助金等に相当する金額をその取得原価から控除する圧縮記帳が認められている。これにより，国庫補助金等の受け入れにより課税される税金を将来の期間に繰り延べることができる。

(1)	(2)	(3)	(4)	(5)	(6)

4-34 次の取引の仕訳を示しなさい。なお，仕訳が不要な場合は，借方科目欄に「仕訳なし」と記入すること。

(1) 青森株式会社は，保有する営業用車両（取得原価：3,000,000円，車両勘定を用いて処理している）を1,800,000円で下取りに出し，新たに4,500,000円の車両を購入し，下取り価額と新車両の購入価額との差額は翌月末に支払うことにした。なお，同社は営業用車両について生産高比例法により減価償却を行っており，間接法により記帳している。残存価額は取得原価の10%とし，下取りに出した車両の見積総走行可能距離は150,000km，前期末までの走行距離は78,000km，当期中の走行距離は6,000kmであった。

(2) ×7年8月10日に事務用のノートパソコン（取得日：×5年7月1日，取得原価：300,000円，残存価額：零（0），耐用年数：4年，償却方法：定額法，記帳方法：間接法）を新しいノートパソコンに買い換えた。新しいノートパソコンの取得原価は320,000円であり，旧ノートパソコンの下取価額は130,000円であった。下取価額を差し引いた代金は翌月末に支払うことにした。なお，決算日は3月31日であり，買い換えに際して当年度の減価償却費を月割計算により計上すること。

(3) 当期首において，国庫補助金として受け取った資金2,000,000円と自己資金3,000,000円によって，5,000,000円の機械装置を購入していたが，決算となり国庫補助金相当額の圧縮記帳（直接減額方式）と減価償却費の計上を行った。なお，減価償却は，耐用年数を6年，残存価額を零（0）として定額法で行い，間接法により記帳している。決算は年1回とする。

(4) 岩手株式会社（決算年1回）は当期首に建物（取得原価9,000,000円，耐用年数15年，残存価額0円）を国庫補助金3,000,000円と自己資金6,000,000円で取得し，使用を開始していた。本日，決算日のため，減価償却（定額法，間接法）を行う。なお，取得と同時に直接減額方式で圧縮記帳を行っている。

	借　方　科　目	金　　　額	貸　方　科　目	金　　　額
(1)				
(2)				
(3)				
(4)				

4-35 次の固定資産に関する〈資料〉に基づき，当期（×4年4月1日〜×5年3月31日）の解答欄に示した(1)〜(5)に決算整理後の勘定残高を答えなさい。なお，計算過程で端数が生じる場合は円未満を四捨五入すること。

〈資料〉

設定科目	取得原価	減価償却方法	残存価額	記帳方法	備考
車両運搬具	7,000,000円	定率法（200%定率法）保証率：0.108 改定償却率：0.500	1円	間接法	取得日：×1年4月1日 耐用年数：5年
機械装置	6,000,000円	定額法＊	零(0)円	間接法	取得日：×2年4月1日 耐用年数：8年
鉱業権	10,800,000円	生産高比例法 総採掘量：54,000t 当期採掘量：23,050t	零(0)円	直接法	取得日：×4年6月2日

＊×2年4月1日，国庫補助金によって3,000,000円を受け取っており，機械装置の取得と同時に直接減額方式により圧縮記帳を行っている。

(1)	車両運搬具減価償却累計額	円
(2)	機械装置	円
(3)	機械装置減価償却累計額	円
(4)	鉱業権	円
(5)	減価償却費	円

4-36 次の〈資料〉に基づき，総合償却（定額法）によって減価償却を行う場合の，当期（×1年4月1日〜×2年3月31日）に計上する減価償却費の金額を答えなさい。なお，機械はすべて当期首（×1年4月1日）に取得したものである。また，計算過程で端数が生じる場合は，平均耐用年数については年未満を四捨五入することとし，金額については円未満を四捨五入すること。

〈資料〉

	取得原価	耐用年数	残存価額
機械A	3,000,000円	6年	ゼロ
機械B	5,600,000円	7年	ゼロ
機械C	2,400,000円	8年	ゼロ
機械D	9,800,000円	10年	ゼロ

減価償却費	円

4−37 ×1年度末に国庫補助金*1,000,000*円を現金で受け入れて，機械装置*10,000,000*円を取得し代金は現金で支払った。当該機械装置につき，*1,000,000*円の圧縮記帳を行う。なお，機械装置の減価償却は×2年度より定額法（残存価額*0*円，耐用年数５年，間接法により記帳）により行う。そこで，(1)直接減額方式により処理する場合と，(2)積立金方式により処理する場合における次の①〜③に示す仕訳を示しなさい。なお，積立金方式により積み立てた圧縮積立金は，減価償却費の計上に応じて取り崩すこと。

(1) 直接減額方式
　① 国庫補助金受入時

借　方　科　目	金　　額	貸　方　科　目	金　　額

　② 機械装置取得時

借　方　科　目	金　　額	貸　方　科　目	金　　額

　③ ×2年度決算時の圧縮記帳と減価償却費の計上

借　方　科　目	金　　額	貸　方　科　目	金　　額

(2) 積立金方式
　① 国庫補助金受入時

借　方　科　目	金　　額	貸　方　科　目	金　　額

　② 機械装置取得時

借　方　科　目	金　　額	貸　方　科　目	金　　額

　③ ×2年度決算時の圧縮記帳と減価償却費の計上

借　方　科　目	金　　額	貸　方　科　目	金　　額

⑷　無形固定資産

① 無形固定資産の償却

無形固定資産の償却は，ソフトウェアや鉱業権などを除き，通常は残存価額をゼロ，耐用年数を法定有効期間とする定額法が採用され，直接法によって記帳される。（鉱業権は生産高比例法による場合もある。）

② ソフトウェア

ソフトウェアを企業が自ら制作する場合，その目的に応じて会計処理を行う。

ただし，研究開発に該当する部分は，これを支出した期間の費用（研究開発費）とする。

制作目的による分類	会計処理	償却方法
受注制作のソフトウェア	請負工事の会計処理に準じて処理する。	
市場販売目的のソフトウェア	製品マスターの制作費は，**無形固定資産**として貸借対照表に計上する。（ただし，製品マスターの機能維持に要した費用は，資産として計上しない。）	通常，見込販売数量や見込販売収益にもとづいて行う。ただし，各年度の償却費は残存有効期間にもとづく均等配分額を下回ってはならない。
自社利用のソフトウェア	制作に要した費用を**無形固定資産**として貸借対照表に計上する。	原則5年以内の償却期間として，定額法で行う。

③ 研究開発費

研究開発費は，新しい知識の発見または新しい製品についての計画や設計などに関する活動から生じる支出額であり，**研究開発費**（費用）で処理する。

研究	新しい知識の発見を目的とした計画的な調査および探究。
開発	新しい製品・サービス・生産方法についての計画もしくは設計または既存の製品等を著しく改良するための計画もしくは設計として，研究の成果その他の知識を具体化すること。

◆練習問題‥‥

4-38　次の文章の空欄にあてはまる語を答えなさい。

① 無形固定資産の償却にあたっては，通常（　ア　）法が採用される。

② ソフトウェアを市場で販売する目的で制作する場合には，マスターの制作に要した費用を（　イ　）として（　ウ　）に計上する。

ア	イ
ウ	

4－39 次の取引の仕訳を示しなさい。なお，当期は20X1年4月1日を期首とする1年間である。
(1) 20X1年7月1日に¥4,800,000で取得した特許権を法定償却期間8年で償却した。
(2) 20X1年10月1日に¥14,400,000で取得した鉱業権を生産高比例法により償却した。なお，当該鉱区の推定埋蔵量は72,000トンであり，当期採掘量は8,100トンである。

	借　　　　　方	貸　　　　　方
(1)		
(2)		

4－40 次の市場販売目的のソフトウェアに関する資料にもとづいて，各年度に計上されるソフトウェア償却費の金額を求めなさい。なお，ソフトウェア償却費の計算は，見込販売数量を基準とする。
［資料］
(1) ソフトウェア関連費用は次のとおりである。

	制作原価	研究開発費に該当する割合
給　　　　　　　料	¥2,720,000	90%
備 品 減 価 償 却 費	¥1,400,000	40%
そ の 他 の 経 費	¥2,020,000	60%

※ソフトウェアは20X1年度中に完成し，販売を開始した。
(2) 販売開始時における見込販売数量は次のとおりである。

	見込販売数量
20X1年度	8,000個
20X2年度	4,000個
20X3年度	3,000個
合　　　計	15,000個

※実際販売数量は，当初の見込みどおりであった。

20X1年度	20X2年度	20X3年度
¥	¥	¥

4－41 次の資料にもとづいて，貸借対照表における次の金額を求めなさい。なお，当期は20X4年4月1日から20X5年3月31日までの1年である。
(1) 特許権　　　(2) ソフトウェア
［資料］
(1) 特許権は，20X2年10月1日に¥720,000で取得したものであり，定額法によって償却を行う。耐用年数は8年，残存価額は零（0）とする。
(2) ソフトウェアは，市場販売目的で，20X4年4月1日に¥1,200,000で取得したものであり，見込販売数量にもとづく生産高比例法によって償却を行う。販売可能期間4年における見込販売数量は2,000個であったが，20X4年度中の実際販売数量は400個であった。

(1)	¥	(2)	¥

4-42 次の市場販売目的のソフトウェアに関する資料にもとづいて，各年度に計上されるソフトウェア償却費の金額を求めなさい。

資　料

(1)　ソフトウェアの制作費　¥1,800,000

(2)　販売開始時における見込販売数量

	20X1年度	20X2年度	20X3年度
見込販売数量	8,000個	4,000個	6,000個

(3)　ソフトウェアは20X1年度中に完成し，販売を開始した。また，実際販売数量は当初の見込みどおりであった。

(4)　ソフトウェアの償却費の計算は，見込販売数量を基準とする。

	20X1年度	20X2年度	20X3年度
ソフトウェアの償却費	¥	¥	¥

4-43 わが国の会計諸基準に基づき，次の文章の（　a　）（　b　）の中に入る適当な語句を，解答欄に記入しなさい。

市場販売目的のソフトウェアの製品マスターにかかる制作費は，（　a　）に該当する部分や機能維持のための費用を除き，（　b　）の区分に計上される。

a	b

4-44 わが国の会計諸基準に照らして，次の文章のうち正しいものには○を，誤っているものには×を解答欄に記入しなさい。

(1)　ソフトウェア製作費のうち，研究開発費に該当する部分については，これを支出した期間の費用としなければならない。

(2)　受注制作のソフトウェアの制作費は，無形固定資産として計上される。

(3)　無形固定資産の償却は，ソフトウェアや鉱業権などを除き，通常は残存価額をゼロ，耐用年数を法定有効期間とする定率法が採用される。

(4)　市場販売目的のソフトウェアにおける製品マスターの制作費は，無形固定資産として貸借対照表に計上する。

(5)　自社利用のソフトウェアの償却方法は，原則3年以内の償却期間として，定額法で行う。

(1)	(2)	(3)	(4)	(5)

4-45 次の取引の仕訳を示しなさい。

(1) 当社は，研究開発用として材料300,000円，機械装置1,000,000円を購入し，代金は研究開発部門の人件費800,000円とともに当座預金口座より支払った。なお，この機械装置は特定の研究専用の測定機械であり，研究開発の目的を達成した後は他の用途に転用することができない。

(2) 当期首（×3年度期首）に無形固定資産として計上した市場販売目的のソフトウェア2,700,000円について，×3年度期末決算につき見込販売数量に基づいて減価償却を行う。なお，当該ソフトウェアの見込有効期間は3年であり，当期の販売数量と次期以降の各年度見込販売数量は次のとおりである。

×3年度　2,820個　　×4年度　4,350個　　×5年度　1,830個

(3) 研究開発目的のソフトウェア制作費として，750,000円を現金で支払った。

	借 方 科 目	金 額	貸 方 科 目	金 額
(1)				
(2)				
(3)				

4-46 次の市場販売目的のソフトウェアに関する資料に基づき，(1)，(2)に答えなさい。

〈資 料〉

1．ソフトウェアの制作費

従業員給料　1,100,000円　　機械減価償却費　200,000円

ただし，上記費用のうち，給料の80％，機械減価償却費の30％は研究開発に関わるもので，それ以外はすべて製品のマスター制作費である。

2．販売開始時における見込販売数量

	×1年度	×2年度	×3年度
見込販売数量	4,000個	2,000個	3,000個

3．ソフトウェアは×1年度中に完成し，販売を開始した。また，実際販売数量は当初の見込みどおりであった。

4．ソフトウェアの償却費の計算は，見込販売数量を基準とする。

(1) 研究開発費として計上する金額を計算しなさい。

(2) ×1年度末と×2年度末に計上するソフトウェアの償却額を求めなさい。

(1) 研究開発費の金額 ［　　　　　　　　　　　］円

(2) ×1年度の償却額 ［　　　　　　　　　　　］円

　　×2年度の償却額 ［　　　　　　　　　　　］円

❸ 減損の会計処理

(1) 金融資産の減損

金融資産については，時価によって毎期評価されている資産を除き，一般に，時価が著しく下落した場合には帳簿価額を時価まで切り下げる会計処理が行われる。

① 有価証券

分　　類	時価が著しく下落した場合の処理※	評価損
満期保有目的の債券	帳簿価額を時価まで切り下げる。	当期の損失として処理
子会社株式および関連会社株式	帳簿価額を時価まで切り下げる。	当期の損失として処理
その他有価証券	帳簿価額を時価まで切り下げる。	当期の損失として処理（純資産の部に直接計上せず，純利益に含めて計上する。）

※回復する見込みがあると認められる場合を除く。

※市場価格のない株式等は，発行会社の財政状態の悪化により実質価額が著しく低下したときは，相当の減額をして，評価差額は当期の損失として処理しなければならない。

※売買目的有価証券は常に時価で評価されるため，減損の対象にはならない。

※時価（実質価額）が取得原価に比べて50％程度以上低下した場合は，時価が著しく下落した場合に該当する。

② 金銭債権

　一　般　債　権 … 経営状態に重大な問題が生じていない債務者に対する債権

　貸倒懸念債権 … 債務者が経営破綻の状態に陥っているわけではないが，元利金の回収について重大な懸念がある債権

　破産更生債権等 … 会社更生法や民事再生法の適用申請があった債務者に対する債権

（債権の区分と貸倒見積高の計算方法）

債権の区分	期末評価	貸倒見積高
一般債権	貸倒実績率法	貸倒引当金（見積額）＝債権金額×貸倒実績率
貸倒懸念債権	キャッシュ・フロー見積法	貸倒引当金（見積額）＝債権金額－将来キャッシュ・フロー見積額（元本の回収・利息の受け取り）
	財務内容評価法	貸倒引当金（見積額）＝債権金額－（担保の処分見込額および保証による回収見込額）×一定の割合※　　※債務者の財政状態および経営成績を考慮する。（簡便的に50％など）
破産更生債権等	財務内容評価法	貸倒引当金（見積額）＝債権金額－（担保の処分見込額および保証による回収見込額）

4－47 次の文章の空欄にあてはまる語を答えなさい。

① 資産は，収益性の低下に伴い，その価値を喪失することがあるが，一定の要件を満たした場合には，資産の帳簿価額を切り下げ，損失を計上する会計処理が行われる。こうした会計処理を広く（　ア　）処理といい，（　ア　）処理によって認識される損失を（　イ　）という。

② その他有価証券の時価が著しく下落した場合，評価損は（　ウ　）に含めて計上する。

③ 貸倒懸念債権については，（　エ　）または（　オ　）によって貸倒見込額を計算する。

④ 経営破綻または実質的に経営破綻に陥っており，会社更生法や民事再生法の適用申請があった債務者に対する債権を（　カ　）という。

ア	イ
ウ	エ
オ	カ

4－48 下記の資料から，貸借対照表における次の金額を求めなさい。

(1) 満期保有目的の債券　　(2) その他有価証券　　(3) 子会社株式

[資料]

（単位：千円）

銘　　柄	分　　類	帳簿価額	期末時価
C社社債	満期保有目的の債券	3,940	1,620
D社株式	その他有価証券	7,200	7,560
F社株式	その他有価証券	8,320	2,100
S社株式	子会社株式	4,800	2,320

※近い将来，S社株式については市場価格が回復する見込みがあると認められるが，C社社債およびF社株式については回復するかどうかは不明である。

(1)	千円	(2)	千円	(3)	千円

4－49 次の貸付金に関する資料にもとづいて，当期末（20X2年度期末）における貸倒見積高を算定しなさい。なお，計算過程で生じた端数は，そのつど円未満を四捨五入すること。

[資料]

(1) 貸付金額：¥6,000,000　　当初約定利子率：3％（年1回期末払い）

　　返済期日：20X5年度期末

(2) 決算整理前における貸倒引当金の残高は¥0である。

(3) 当期末の利払い後に，債務者の申し出により約定利子率を1.5％に引き下げた。

(4) 当該貸付金は貸倒懸念債権に区分され，キャッシュ・フロー見積法により貸倒見込額を計算する。

¥

4－50 次の取引の仕訳を示しなさい。

(1) 当社は，甲社に対して¥3,000,000の貸付を行っているが，甲社は債務の弁済に重大な問題が生じている可能性が高いと判断された。なお，甲社所有の土地¥2,400,000（時価）を当該貸付金の担保として設定している。また，担保のない部分の回収不能率は60％と予想される。

(2) 当社は，乙社に対して¥3,000,000の貸付を行っているが，乙社は経営破綻に陥り，民事再生法の適用申請を行った。なお，乙社所有の土地¥2,400,000（時価）を当該貸付金の担保として設定している。

	借　　方	貸　　方
(1)		
(2)		

◆確認テスト・・

4－51 下記の資料から，貸借対照表における次の金額を求めなさい。

(1) 満期保有目的の債券　　(2) その他有価証券　　(3) 子会社株式

資　料 (単位：千円)

銘　柄	分　類	帳簿価額	期末時価	備　考
A社社債	満期保有目的の債券	4,900	2,040	回復する見込み不明
B社株式	その他有価証券	2,250	1,050	回復する見込みなし
C社株式	その他有価証券	2,620	4,000	
D社株式	子会社株式	1,850	950	回復する見込み不明
E社株式	子会社株式	3,800	2,000	回復する見込みあり

(1)	千円	(2)	千円	(3)	千円

4－52 次の貸付金に関する資料から，当期末（20X3年度期末）における貸倒見積高を求めなさい。

資　料

(1) 貸付金額：¥2,000,000
当初約定利子率：4％（年1回期末払い）
返済期日：20X5年度期末

(2) 決算整理前における貸倒引当金の残高は0である。

(3) 当期末の利払い後に，債権者の申し出により約定利子率を1％に引き下げた。

(4) 当該貸付金は貸倒懸念債権に区分され，キャッシュ・フロー見積法により貸倒見込額を計算する。

現価係数表

n＼r	1 ％	2 ％	3 ％	4 ％
1	0.9901	0.9804	0.9709	0.9615
2	0.9803	0.9612	0.9426	0.9246
3	0.9706	0.9423	0.9151	0.8890
4	0.9610	0.9238	0.8885	0.8548
5	0.9515	0.9057	0.8626	0.8219

¥	

4－53　次のＡ社に対する貸付金の資料から，下記の仕訳を完成させなさい。

資　料

(1)　貸付金額　￥4,000,000

(2)　保証人による弁済見込額　￥2,000,000

(3)　担保による回収見込額　￥1,200,000

(4)　Ａ社は経営破綻に陥り，民事再生法の適用申請を行った。

借　　　　　方		貸　　　　　方	
（　　　　　　　）	4,000,000	貸　　付　　金	4,000,000
貸 倒 引 当 金 繰 入 （　　　　　）		貸 倒 引 当 金 （　　　　　）	

◆発展問題・・

4－54　わが国の会計諸基準に照らして，次の文章のうち正しいものには○を，誤っているものには×を解答欄に記入しなさい。

(1)　経営破綻または実質的に経営破綻に陥っている債務者に対する債権は，貸倒懸念債権に分類し，その貸倒見積額は，財務内容評価法またはキャッシュ・フロー見積法により算定する。

(2)　経営破綻又は実質的に経営破綻に陥っている債権は，破産更生債権等に分類し，その貸倒見積額は，財務内容評価法またはキャッシュ・フロー見積法により算定する。

(1)	(2)

4－55　次の取引の仕訳を示しなさい。

(1)　関東商会株式会社は，南西商事株式会社に対して3,000,000円の貸付を行っているが，南西商事株式会社が経営破綻の状態に陥り，民事再生法の適用申請を行ったため，当該貸付金を破産更生債権等として扱うことにした。なお，担保である土地の処分見込額は2,400,000円である。破産更生債権等勘定への振り替えを行うとともに，当該貸倒見積額について全額貸倒引当金を設定する。

(2)　得意先東西商事株式会社が経営破綻の状態に陥り，民事再生法の適用申請を行ったため，同社に対する売掛金2,300,000円を破産更生債権等勘定に振り替えるとともに，この売掛金に対する貸倒見積額について全額貸倒引当金を設定した。なお，同社からは営業保証金1,000,000円を預かっている。

	借 方 科 目	金 額	貸 方 科 目	金 額
(1)				
(2)				

48

4−56 次の資料に基づいて，当期末の債権に対する貸倒引当金の設定額をそれぞれ求めなさい。なお，当期は×1年4月1日から×2年3月31日までである。また，計算過程で端数が生じた場合は円未満を四捨五入して解答すること。

〈資 料〉

当期末に保有する債権

科　目	債権の区分	取　引　先	帳簿価額	備　考
売　掛　金	一　般　債　権	A　社	1,400,000円	(1)参照
売　掛　金	一　般　債　権	B　社	1,300,000円	〃
売　掛　金	一　般　債　権	C　社	2,100,000円	〃
長期貸付金	貸倒懸念債権	D　社	3,000,000円	(2)参照
短期貸付金	破産更生債権等	E　社	600,000円	(3)参照

(1) 売掛金は，すべて経営状態に重大な問題が生じていない債務者に対する債権である。そこで，売掛金を一般債権として，貸倒実績法に基づき貸倒実績率2％により貸倒引当金を設定する。

(2) 長期貸付金は，当期首にD社に対して，期間3年（返済日は×4年3月31日），年利率4％（利息は3月末日に1年分を後払い）の条件で3,000,000円を貸し付けたものである。当期末の利払後，同社より利息を年0.8％に減免してほしい旨の申し出があり，これを受け入れた。そこで，長期貸付金を貸倒懸念債権として，キャッシュ・フロー見積法により貸倒引当金を設定する。

(3) 短期貸付金はE社に貸し付けたものであるが，当期の利払後，E社が経営破綻に陥ったため，短期貸付金を破産更生債権等として，財務内容評価法により貸倒引当金を設定する。なお，担保として土地の提供を受けており，その処分見込額は500,000円であり，これ以外の回収は不可能である。

(1) 売掛金に対する貸倒引当金設定額 ［　　　　　　　　　　　　　］円

(2) 長期貸付金に対する貸倒引当金設定額 ［　　　　　　　　　　　　　］円

(3) 破産更生債権等に対する貸倒引当金設定額 ［　　　　　　　　　　　　　］円

4－57　A商事株式会社（決算年1回）の×1年3月31日における決算整理前残高試算表（一部）と決算整理事項によって，

① 決算整理事項1～3について，それぞれ決算に必要な仕訳を示しなさい。

② 貸借対照表（一部）を完成しなさい。

決算整理前残高試算表（一部）

決算整理前残高試算表

受 取 手 形	8,400,000	貸 倒 引 当 金	220,000	(注)
電子記録債権	3,000,000			
売 掛 金	19,500,000			

（注）貸倒引当金¥220,000は一般債権に対するものである。

決算整理事項

1．受取手形8,400,000円，電子記録債権3,000,000円および売掛金18,300,000円は，一般債権であり，その期末残高に対し，貸倒実績率1％として貸倒引当金として設定する。

2．B社に対する売掛金200,000円は当期に発生した貸倒懸念債権であり，債権金額から担保の処分見込額40,000円を控除した残額の50％を貸倒引当金として設定する。

3．C社に対する売掛金1,000,000円は当期に発生した破産更生債権等であり，担保の処分見込額450,000円を控除した残額を貸倒引当金として設定する。

①

	借 方 科 目	金 額	貸 方 科 目	金 額
1				
2				
3				

②

貸 借 対 照 表

A商事株式会社　　　　　　　　×1年3月31日　　　　　　　　（単位：円）

資 産 の 部

Ⅰ　流動資産

　　　　：

　　受 取 手 形　　（　　　　　　　）

　　　貸 倒 引 当 金　（　　　　　　　）　　　（　　　　　　　）

　　電子記録債権　　（　　　　　　　）

　　　貸 倒 引 当 金　（　　　　　　　）　　　（　　　　　　　）

　　売 掛 金　　（　　　　　　　）

　　　貸 倒 引 当 金　（　　　　　　　）　　　（　　　　　　　）

　　　　：

Ⅱ　固定資産

　　　　：

　　破産更生債権等　　（　　　　　　　）

　　　貸 倒 引 当 金　（　　　　　　　）　　　（　　　　　　　）

総論 1 編

各論 2 編 ①

各論 3 編 ②

各論 4 編 ③

財務諸表の活用 5 編

監査と職業会計人 6 編

●POINT

(2) 棚卸資産の減損

　　棚卸資産の収益性が低下した場合，販売価格（売価）を用いた減損の処理を行う。

　　棚卸資産の帳簿価額は，原則として取得原価を費用配分の原則にもとづいて，売上原価と期末棚卸高に配分することによって決定される。

　　ただし，正味売却価額が帳簿価額を下回っている場合には，正味売却価額をもって貸借対照表価額とし，帳簿価額と正味売却価額との差額は，損益計算書に評価損として計上しなければならない。

（収益性の低下 ⟶ 棚卸資産の帳簿価額の切り下げ ⟶ 損失を計上）

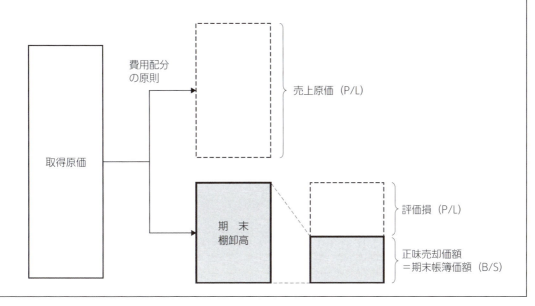

◆練習問題······

4−58　次の棚卸資産について，貸借対照表価額を求めなさい。

［資料］

　　帳簿棚卸高　60個　@¥260（原価）

　　実地棚卸高　56個　@¥220（売価）

※当該商品を売却するに際しては，1個当たり@¥20の直接販売費を要すると見込まれる。

¥

4 −59 次の［資料Ⅰ］と［資料Ⅱ］にもとづいて，損益計算書（一部）を作成しなさい。なお，会計期間は×6年4月1日から×7年3月31日までの1年である。

［資料Ⅰ］

<table>
<tr><th colspan="3">決算整理前残高試算表</th><th>（単位：円）</th></tr>
<tr><th>借　　方</th><th colspan="2">勘 定 科 目</th><th>貸　　方</th></tr>
<tr><td>：</td><td colspan="2">：</td><td>：</td></tr>
<tr><td>1,007,000</td><td colspan="2">繰 越 商 品</td><td></td></tr>
<tr><td>：</td><td colspan="2">：</td><td>：</td></tr>
<tr><td></td><td colspan="2">売　　　上</td><td>28,406,000</td></tr>
<tr><td>23,500,000</td><td colspan="2">仕　　　入</td><td></td></tr>
<tr><td>：</td><td colspan="2">：</td><td>：</td></tr>
</table>

［資料Ⅱ］決算整理事項

　商品の期末帳簿棚卸高は930,000円であり，実地棚卸高（原価）は907,500円であった。なお，次のとおり商品のうちに価値の下落しているものが含まれていた。

	実地棚卸数量	取得原価	正味売却価額
商品A：	59個	@1,200円	@1,080円
商品B：	97個	@700円	@340円

損　益　計　算　書

自×6年4月1日　至×7年3月31日　　（単位：円）

Ⅰ　売 上 高　　　　　　　　　　　　　（　　　　　　　　）

Ⅱ　売上原価

　1．期首商品棚卸高　　（　　　　　　　）

　2．当期商品仕入高　　（　　　　　　　）

　　　合　　　計　　　（　　　　　　　）

　3．期末商品棚卸高　　（　　　　　　　）

　　　差　　　引　　　（　　　　　　　）

　4．棚 卸 減 耗 損　　（　　　　　　　）

　5．商 品 評 価 損　　（　　　　　　　）　　　（　　　　　　　）

　　　売 上 総 利 益　　　　　　　　　　（　　　　　　　）

(3) 固定資産の減損

　固定資産について，その収益性の低下により投資額の回収が見込めなくなった場合は，回収可能性を反映させるように帳簿価額を切り下げる減損処理を行う。

　固定資産の収益性は，将来のキャッシュ・フローに反映される。

　その一方で，将来のキャッシュ・フローを見積もることは，企業の実務においては負担の大きい作業である。

　そのため，まずは，固定資産について減損の兆候があるかどうかを判断し，兆候がある資産についてのみ将来のキャッシュ・フローの見積もりを行う。

① 減損会計の流れ

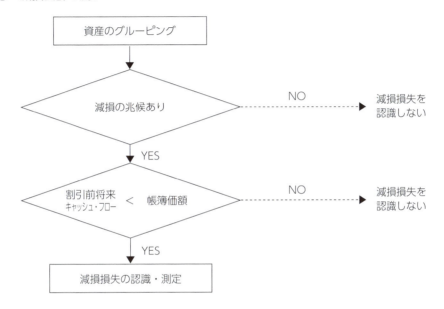

② 資産のグルーピング

　複数の資産が一体となって独立したキャッシュ・フローを生み出す場合には，複数の資産を資産グループとしてまとめる。

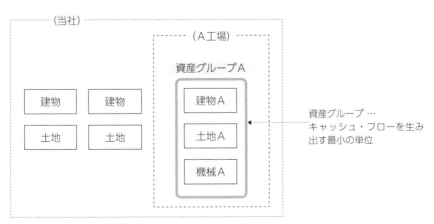

③　減損の兆候

　　資産または資産グループに，減損が生じている可能性を示す事象（減損の兆候）がある場合には，減損損失を認識するかどうかの判定を行う。

（減損の兆候を示す事象の例）
・損益又はキャッシュ・フローが，継続して赤字であること
・回収可能価額を著しく低下させるような変化が生じていること
・経営環境が著しく悪化していること
・資産の市場価格が著しく下落したこと

④　減損損失の認識

　　減損損失を認識するかどうかの判定は，資産または資産グループから得られる割引前将来キャッシュ・フローの総額と帳簿価額を比較することによって行う。
　　割引前将来キャッシュ・フローの総額が帳簿価額を下回る場合には，減損損失を認識する。

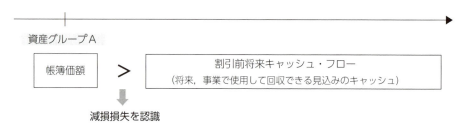

⑤　減損損失の測定

　　減損損失を認識すべきであると判定された資産または資産グループについては，帳簿価額を回収可能価額まで減額し，その減少額を減損損失として当期の損失とする。
　　回収可能価額とは，資産または資産グループの正味売却価額と使用価値のいずれか高い方の金額をいう。

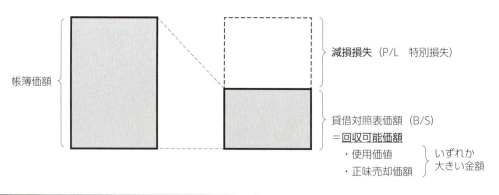

総論 1 編
各論 2 編 〔1〕
各論 3 編 〔2〕
各論 4 編 〔3〕
財務諸表の活用 5 編
環境と職業会計人 6 編

◆練習問題··

4−60 次の文章の空欄にあてはまる語を答えなさい。

① 固定資産の減損処理に際しては（ ア ）があるかどうかを判断し，その兆候がある場合のみ将来の（ イ ）の見積もりを行う。

② 固定資産について減損の認識を行う資産については，（ ウ ）を算定しなければならない。（ ウ ）とは資産の使用価値と（ エ ）のいずれか大きい金額である。

ア	イ
ウ	エ

4−61 次の機械に関する資料にもとづいて，減損損失を認識するかどうかの判断を行いなさい。また減損損失を認識する場合には，その金額を計算しなさい。

[資料]

(1) 取得原価：¥3,000,000　減価償却累計額：¥1,200,000
　　残存耐用年数：3年

(2) キャッシュ・フローの見積もり（各年度末に生じるものとする）

	現金売上	現金支出費用	資産処分収入
20X3年度	¥1,000,000	¥500,000	—
20X4年度	¥900,000	¥450,000	—
20X5年度	¥850,000	¥425,000	¥285,000

※使用価値を算定するにあたっての割引率は10%である。なお，計算によって生じた端数はそのつど円未満を四捨五入すること。

(3) 機械の当期（20X2年度）末時価：¥1,350,000　処分費用見込額：¥50,000

減損を認識 (する ・ しない) （該当するほうを○で囲むこと）

減損損失¥＿＿＿＿＿＿＿＿＿＿（すると解答した場合）

〈計算式〉

4−62 次の機械装置に関する資料から，下記の文章の空欄にあてはまる金額を求めなさい。なお，解答するにあたり右記の現価係数表を用いること。

資　料

(1) 取得原価　¥4,500,000　　減価償却累計額　¥1,800,000
残存耐用年数　3年

(2) キャッシュ・フローの見積もり（各年度末に生じる）

	現金売上	現金支出費用	資産処分収入
20X3年度	¥1,500,000	¥870,000	―
20X4年度	¥1,400,000	¥850,000	―
20X5年度	¥1,200,000	¥700,000	¥350,000

(3) 割引率　5 %

(4) 当期（20X2年度）末時価　¥1,700,000　　処分費用見込額　¥150,000

現価係数表

n＼r	5 %
1	0.9524
2	0.9070
3	0.8638
4	0.8227
5	0.7835
6	0.7462
7	0.7107
8	0.6768
9	0.6446
10	0.6139

　機械装置について，割引前将来キャッシュ・フロー¥[　　ア　　]と帳簿価額¥[　　イ　　]を比較すると，割引前将来キャッシュ・フローが帳簿価額を下回っているので，減損損失を認識する。

　減損損失の金額を求めるため，使用価値を計算すると¥[　　ウ　　]，正味売却価額を計算すると¥[　　エ　　]であり，正味売却価額より使用価値が大きいので，回収可能価額は¥[　　オ　　]となる。したがって，減損損失は帳簿価額¥[　　イ　　]と回収可能価額¥[　　オ　　]との差額¥[　　カ　　]となる。

ア	イ	ウ

エ	オ	カ

1編 総論
2編 各論〔1〕
3編 各論〔2〕
4編 各論〔3〕
5編 財務諸表の活用
6編 監査と簿記会計入門

◆発展問題···

4－63 わが国の会計諸基準に基づき，次の文章の（　a　）（　b　）の中に入る適当な語句を，解答欄に記入しなさい。

　減損会計において，固定資産の収益性が低下したために帳簿価額を（　a　）に修正した場合，その損失は損益計算書上の（　b　）の区分に表示する。

a	b

4－64 わが国の会計諸基準に照らして，次の文章のうち正しいものには○を，誤っているものには×を解答欄に記入しなさい。

(1)　減損の兆候があり，割引前将来キャッシュ・フローが帳簿価額を下回る固定資産については，減損損失が認識される。このとき，帳簿価額を正味売却価額まで減額し，その減額分を減損損失として計上する。

(2)　固定資産の減損会計において，減損損失を認識すべきであると判定された資産または資産グループについては，帳簿価額を回収可能価額まで減額する。なお，回収可能価額とは，正味売却価額と使用価値のいずれか低い方の金額をいう。

(3)　固定資産の減損会計において，減損の兆候がある資産又は資産グループについての減損損失を認識するかどうかの判定は，資産又は資産グループから得られる割引前将来キャッシュ・フローの総額と帳簿価額を比較し，割引前将来キャッシュ・フローの総額が帳簿価額を下回る場合に減損損失を認識する。

(1)	(2)	(3)

4－65 次の取引の仕訳を示しなさい。

(1)　決算において，当社の保有する土地（帳簿価額：12,000,000円）について，減損の兆候が見られたので，減損損失の認識の判定および測定を行うことにした。当該土地の割引前キャッシュ・フローは11,200,000円，回収可能価額は10,800,000円とする。なお，認識された減損損失は帳簿価額から直接減額する方法による。

(2)　当社の保有する機械装置について減損の兆候があったため，減損損失を計上する。機械装置（残存価額0円）の帳簿価額は500,000円であり，今後，5年にわたって各年度末に80,000円のキャッシュ・フローが生じる。また，使用価値を算定するための割引率は2％，当期末の正味売却価額は360,000円である。なお，認識された減損損失は帳簿価額から直接減額する方法による。なお，計算上端数が生じる場合には，計算の最終段階で円未満を四捨五入すること。

	借　方　科　目	金　　額	貸　方　科　目	金　　額
(1)				
(2)				

4－66　20X1年度の期首に取得した次の機械装置の資料に基づき，当期末（20X2年度末）における(1)から(3)の金額を答えなさい。なお，計算過程で生じた端数は円未満を四捨五入すること。

〈資　料〉

1．取得原価　4,500,000円　　　減価償却累計額　1,800,000円　　　残存耐用年数　3年
2．この機械装置については，減損の兆候がある。
3．キャッシュ・フローの見積もり（各年度末に生じるものとする）

	現金売上	現金支出費用	資産処分収入
20X3年度	1,530,000円	900,000円	—
20X4年度	1,300,000円	859,000円	—
20X5年度	1,270,000円	748,900円	405,000円

4．割引率　5％
5．当期末時価　2,025,000円　　　処分費用見込額　175,000円

(1)　割引前将来キャッシュ・フローの金額を計算しなさい。
(2)　有形固定資産の使用価値を計算しなさい。
(3)　減損損失の金額を計算しなさい。

(1)　割引前将来キャッシュ・フローの金額　　　　　　　　　　　　円

(2)　有形固定資産の使用価値　　　　　　　　　　　　円

(3)　減損損失の金額　　　　　　　　　　　　円

4−67 次の〈資　料〉に基づき，下記の決算整理後残高試算表の(ア)から(オ)に入る金額を答えなさい。なお，決算日は毎年3月31日とする。

〈資　料〉

　決算にさいし，当社は建物，土地から構成される資産グループに減損の兆候が見られると判断し，「固定資産の減損に係る会計基準」に従って，減損損失の認識の判定および測定を行うことにした。

　なお，資産グループについて認識された減損損失は建物と土地の期末帳簿価額により比例配分し，土地については直接に控除し，建物については建物減損損失累計額を用いて間接的に控除する。

	取得原価	期首減価償却累計額	耐用年数	償却方法	残存価額
建　物	4,000,000円	1,840,000円	30年	定額法	取得原価の10%
土　地	1,160,000円	—	—	—	—

　割引前将来キャッシュ・フローの合計額　3,000,000円
　正味売却価額　2,400,000円
　使 用 価 値　2,120,000円

決算整理後残高試算表（一部）

決算整理後残高試算表		（単位：円）
建　　　　　物　4,000,000	建物減価償却累計額（　　エ　　）	
土　　　　　地（　　ア　　）	建物減損損失累計額（　　オ　　）	
減 価 償 却 費（　　イ　　）		
減 損 損 失（　　ウ　　）		

(ア)の金額 [　　　　　　　]円

(イ)の金額 [　　　　　　　]円

(ウ)の金額 [　　　　　　　]円

(エ)の金額 [　　　　　　　]円

(オ)の金額 [　　　　　　　]円

4－68 固定資産の減損について，次の〈資　料〉に基づき，①から③に答えなさい。

〈資　料〉

　当社は当期末において，保有する建物（取得原価：40,000,000円，当期末減価償却累計額：32,400,000円）に減損の兆候が見られるので，残存耐用年数3年の各年に営業活動から得られる見込みの将来キャッシュ・フローを見積もったところ，次のとおりであった。

　　　1年目：3,000,000円　　　2年目：2,400,000円　　　3年目：1,000,000円

　なお，上記キャッシュ・フローのほか，3年後に建物を売却する際の正味売却収入200,000円が見込まれている。また，当期末におけるこの建物の売却時価は4,400,000円，処分費用は700,000円と見込まれている。

　将来キャッシュ・フローの割引現在価値を算定するときに用いる割引率は年10％とし，その現価係数としては以下の数値を用いること。

　　　1年：0.91　　　　　　　　2年：0.83　　　　　　　　3年：0.75

①　解答欄の表を完成させ，この建物の使用価値を計算しなさい。
②　この建物の当期末における正味売却価額を計算しなさい。
③　当期末に行われる固定資産の減損に関する仕訳を示しなさい。なお，仕訳にあたっては次の勘定科目を用いることとする。

| 建　　　　　物 | 減　価　償　却　費 | 建物減価償却累計額 |
| 固 定 資 産 除 却 損 | 減　損　損　失 | 災　害　損　失 |

①

	1年目	2年目	3年目
割引前将来キャッシュ・フロー	円	円	円
上 記 の 割 引 現 在 価 値	円	円	円

　　使　用　価　値　[　　　　　　　　円　]

②　正味売却価額　[　　　　　　　　円　]

③

借 方 科 目	金　　　額	貸 方 科 目	金　　　額

60

1編 総論

2編 各論〔1〕

3編 各論〔2〕

4編 各論〔3〕

5編 財務諸表の活用

6編 監査と職業会計人

5章 負債会計

▶教科書p.59〜72

●POINT

1 負債の意味と評価

　負債とは，企業が負担する現在の経済的負担である。負債には，確定した金銭債務である金融負債と引当金がある。

➡ 金融負債

　金融負債は，買掛金，支払手形，借入金等の金銭債務，デリバティブ取引によって生じる正味の債務等であり，通常，貸借対照表には債務金額で記載するが，債務金額と異なる金額で引き受けた場合は，償却原価法で評価する。

➡ 引当金（評価性引当金を除く）

　引当金は，企業が将来の期間において負担する金額を見積もって計上した負債であり，一般に収益費用アプローチにもとづいて，将来の支出の発生原因が当期以前の事象に起因する場合，当該支出のうち当期の負担に属する額を当期の費用として見越し計上する場合に生じる。

　　① 修 繕 引 当 金：将来の固定資産の修繕支出のために繰り入れた引当金。

　　② 役員賞与引当金：役員賞与の支払いが株主総会の決議による場合，当期の役員賞与の見積額を決算日において費用に計上し，同額を繰り入れた引当金。

　　③ 役員退職慰労引当金：会社の役員に対する退職慰労金の支払いに備えて設定される引当金。

　　④ 退職給付引当金：将来の退職給付のうち，当期の費用に属する額を退職給付費用として計上し，将来の退職給付の累計額を計上した引当金。

◆練習問題

5−1 次の取引の仕訳を示しなさい。

(1) 決算日において，将来の建物の修繕のために，修繕引当金として¥100,000を繰り入れる。

(2) 建物の修繕費として¥400,000を小切手を振り出して支払った。なお，修繕引当金として¥360,000が設定されている。

(3) 決算日において，当期に属する役員賞与を¥600,000と見積もった。なお，役員賞与は3か月後の株主総会において承認される予定である。

(4) 株主総会において，上記(3)の役員賞与の議案が承認された。

	借　　　　　方	貸　　　　　方
(1)		
(2)		
(3)		
(4)		

5－2　次の文の　　　　　　にあてはまる語を記入しなさい。

　　負債とは，企業が負担する現在の　　ア　　である。負債には，確定した金銭債務である
　　イ　　と引当金がある。　　イ　　は，貸借対照表において債務額で記入されるが，債務額と異
なる金額で引き受けた場合は　　ウ　　によって評価する。

ア	イ	ウ

5－3　次の文章の空欄にあてはまる語を答えなさい。

　　引当金は，一般に収益費用アプローチにもとづいて，将来の支出の発生原因が　　ア　　に起因す
る場合において，当該支出のうち当期の負担に属する額を　　イ　　（引当金繰入）として見越し計
上する場合に生じるものである。

ア	イ

5－4　次の取引の仕訳を示しなさい。

(1)　決算において，当期に属する役員賞与を¥1,200,000と見積もった。なお，役員賞与は3か月後
の株主総会において承認される予定である。

(2)　株主総会において，役員賞与の議案が承認され，ただちに¥1,200,000を当座預金から支払った。
なお，前期の決算において役員賞与引当金¥1,200,000を計上している。

	借　　　　方	貸　　　　方
(1)		
(2)		

5－5　わが国の会計諸基準に照らして，次の文章のうち正しいものには○を，誤っているものには×
を解答欄に記入しなさい。

(1)　将来の特定の費用又は損失であって，その発生が当期以前の事象に起因し，その発生の可能性が
高く，かつ，その金額を合理的に見積もることができる場合には，当期の負担に属する金額を当期
の費用又は損失として引当金に繰り入れる。

(2)　負債の流動または固定に区別する基準については，原則として営業循環基準と1年基準によって
おこなわれる。

(3)　金融負債は，通常，貸借対照表には債務金額で記載するが，債務金額と異なる金額で引き受けた
場合は，貸倒実績率法で評価する。

(1)	(2)	(3)

2 社債

(1) 社債の発行と利払い

社債は，企業の負担する債務を小口化して多数の投資家から資金を調達する手段である。

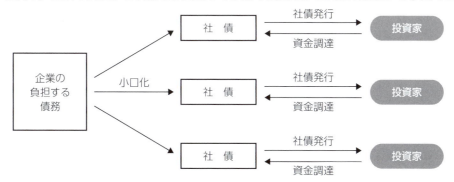

社債には，次の①～③の発行方法がある。
- ① **額面発行**：社債の債務金額（額面額）で発行する。
- ② **割引発行**：社債の債務金額よりも低い金額で発行する。
- ③ **割増発行**：社債の債務金額よりも高い金額で発行する。

例 当期首に，額面総額¥2,000,000の社債（償還期限10年　利率年2％　利払年2回）を額面¥100につき¥98で発行し，全額の払い込みを受け，払込金は当座預金とした。

（借）当 座 預 金　1,960,000　（貸）社　　　　債　1,960,000

$$¥2,000,000 × \frac{¥98}{¥100} = ¥1,960,000$$

社債に対する利息は，ふつう年2回，半年ごとに支払われる。これを**社債利息**といい，支払ったときに費用として処理する。

例 上記の社債について，半年分の利息を小切手を振り出して支払った。

（借）社 債 利 息　　20,000　（貸）当 座 預 金　　20,000

$$¥2,000,000 × 2\% × \frac{6（月）}{12（月）} = ¥20,000$$

(2) 社債の期末評価

社債の期末評価は，原則として，債務金額によって行うが，額面金額よりも低い価額または高い価額で発行した場合は，償却原価法によって評価する。また，償却原価法の適用により帳簿価額に加算した金額は，社債利息に計上する。

　償却原価法：社債を額面金額と異なる価額で発行した場合，額面金額と払込金額との差額を償還期限に至るまで毎期一定の方法で帳簿価額に加算または減算する方法である。償却原価法には，定額法と利息法があり，定額法は決算時に適用され，利息法は利払い時に適用される。

例 決算にあたり，上記の社債を償却原価法（定額法）により評価した。

（借）社 債 利 息　　4,000　（貸）社　　　　債　　4,000

- ① 額面金額と払込金額との差額：¥2,000,000 − ¥1,960,000 = ¥40,000
- ② 帳簿価額に加算する金額：$¥40,000 × \frac{1（年）}{10（年）} = ¥4,000$

例 次の条件で発行した社債について，毎期の社債利息と毎期末の貸借対照表価額を償却原価法（利息法）により求めなさい。なお，計算上生じる端数は円未満を四捨五入すること。

額面総額　¥5,000,000　　払込金額　¥4,442,435　　期　間　4年
表面利率　0（零）　　　　実効利子率　3%　　　利払い　年1回（年度末）

	第1期	第2期	第3期	第4期
社　債　利　息	① ¥ 133,273	③ ¥ 137,271	⑤ ¥ 141,389	⑦ ¥ 145,632
貸借対照表価額	② ¥4,575,708	④ ¥4,712,979	⑥ ¥4,854,368	¥ 0

① ¥4,442,435 × 3% = ¥133,273　　② ¥4,442,435 + ¥133,273 = ¥4,575,708
③ ¥4,575,708 × 3% = ¥137,271　　④ ¥4,575,708 + ¥137,271 = ¥4,712,979
⑤ ¥4,712,979 × 3% = ¥141,389　　⑥ ¥4,712,979 + ¥141,389 = ¥4,854,368
⑦ ¥5,000,000 − ¥4,854,368 = ¥145,632

(3) 社債の償還

社債を返済することを社債の償還といい，償還には次の①〜③の償還方法がある。

① 満期償還

償還期限（満期日）がきたときに，額面金額で償還する。

例 額面¥8,000,000の社債が満期となり，小切手を振り出して償還した。

（借）社　　　　　債　8,000,000　　（貸）当　座　預　金　8,000,000

② 抽せん償還

分割して償還する方法で，抽せんによって償還する社債を決め，額面金額で償還する。

例 額面金額¥2,000,000の社債を抽選によって償還することを決定した。

（借）社　　　　　債　2,000,000　　（貸）未　払　社　債　2,000,000

例 上記の未払社債を小切手を振り出して支払った。

（借）未　払　社　債　2,000,000　　（貸）当　座　預　金　2,000,000

③ 買入償還

証券市場から，流通している社債を，償還期限前に市場価格（時価）で買い入れて償還する。

例 次の条件で，第1期の期首に発行した額面¥5,000,000の社債を，第3期の期首に，額面¥100につき¥94で市場から買入償還した。よって，定額法と利息法による仕訳を示しなさい。なお，計算上生じる端数は円未満を四捨五入すること。

額面総額　¥5,000,000　　払込金額　¥4,442,435　　期　間　4年
表面利率　0（零）　　　　実効利子率　3%　　　利払い　年1回（年度末）

＜定額法＞

（借）社　　　　　債　4,721,217　　（貸）当　座　預　金　4,700,000
　　　　　　　　　　　　　　　　　　　　　社　債　償　還　益　　　21,217

（¥5,000,000 − ¥4,442,435）÷ 4年 = ¥139,391
¥4,442,435 + ¥139,391 × 2年 = ¥4,721,217

＜利息法＞

（借）社　　　　　債　4,712,979　　（貸）当　座　預　金　4,700,000
　　　　　　　　　　　　　　　　　　　　　社　債　償　還　益　　　12,979

¥4,442,435 × (1 + 0.03)^2 = ¥4,712,979

5－6 次の一連の取引の仕訳を示しなさい。

(1) 20X1年4月1日，当社（決算年1回　3月31日）は，額面総額*¥50,000,000*の社債を年利率2％（利払い年2回　3月と9月の末日），償還期限5年，払込金額は，額面*¥100*につき*¥98*の条件で発行し，全額の払い込みを受け，払込金は当座預金とした。

(2) 20X1年9月30日，上記の社債について，第1回の利息（半年分）を，小切手を振り出して支払った。

(3) 20X2年3月31日，上記の社債について，第2回の利息（半年分）を，小切手を振り出して支払った。また，決算にあたり，社債を償却原価法（定額法）により評価した。

(4) 20X6年3月31日，上記の社債について，第10回の利息（半年分）を，小切手を振り出して支払った。また，社債が満期になったので，小切手を振り出して全額を償還した。

	借　　　　方	貸　　　　方
(1)		
(2)		
(3)		
(4)		

5－7 額面*¥5,000,000*の社債を第1期の期首に，期間4年，表面利率零（0），*¥4,274,020*で発行した。毎期の社債利息と毎期末の社債の貸借対照表価額を，①定額法による場合と②利息法（実効利子率は年4％）による場合に分けて求めなさい。計算過程で生じた端数は，円未満を四捨五入すること。

① 定額法による場合

	第1期	第2期	第3期	第4期
社　債　利　息	*¥*	*¥*	*¥*	*¥*
社債の貸借対照表価額	*¥*	*¥*	*¥*	*¥*

② 利息法による場合

	第1期	第2期	第3期	第4期
社　債　利　息	*¥*	*¥*	*¥*	*¥*
社債の貸借対照表価額	*¥*	*¥*	*¥*	*¥*

5－8 前ページ**5－7**において，第３期の期首に額面¥1,000,000の社債を¥100につき¥93で市場から買入償還した。この取引の仕訳を，①定額法による場合と②利息法による場合とに分けて示しなさい。計算過程で生じる端数は，円未満を四捨五入する。なお，この社債に関する出金は，当座預金による。

	借　　　方	貸　　　方
①		
②		

5－9 次の一連の取引の仕訳を示しなさい。
(1) 額面金額¥30,000,000の社債を，抽せんによって償還することを決定した。
(2) 上記の未払社債を小切手を振り出して支払った。

	借　　　方	貸　　　方
(1)		
(2)		

5－10 額面総額¥5,000,000の社債を，利率年４％（年１回毎年度末払い）で20X1年度期首に額面発行した。償還は，20X3年度期末から毎期末に５回にわたって分割して行う。①発行時，②20X1年度末，③20X3年度末，④20X4年度末における仕訳を示しなさい。なお，この社債に関する入金と出金は，当座預金による。

	借　　　方	貸　　　方
①		
②		
③		
④		

◆確認テスト••

5−11 次の条件で発行した社債について，毎期の社債利息と毎期末の貸借対照表価額を①定額法による場合と②利息法による場合に分けて求めなさい。なお，計算過程で生じた端数は，円未満を四捨五入すること。

条　件
(1) 発 行 日　第1期の期首（20X1年4月1日）
(2) 額面金額　¥1,000,000
(3) 払込金額　¥783,526
(4) 償還期限　5年
(5) 利 払 い 日　毎年3月31日の年1回
(6) 表面利子率　零（0）
(7) 実効利子率　年5％

① 定額法

	第1期	第2期	第3期	第4期	第5期
社 債 利 息	¥	¥	¥	¥	¥
貸借対照表価額	¥	¥	¥	¥	¥

② 利息法

	第1期	第2期	第3期	第4期	第5期
社 債 利 息	¥	¥	¥	¥	¥
貸借対照表価額	¥	¥	¥	¥	¥

5−12 上記**5−11**において，第4期の期首に額面¥1,000,000の社債を額面¥100につき¥91で市場から小切手を振り出して買入償還した。この取引を①定額法と②利息法により示しなさい。なお，計算過程で生じた端数は，円未満を四捨五入すること。

	借　　　　方	貸　　　　方
①		
②		

◆発展問題···

5−13 わが国の会計諸基準に照らして，次の文章のうち正しいものには○を，誤っているものには×を解答欄に記入しなさい。

(1) 社債の償却原価法における利息法とは，社債の券面利息（利札分）と社債の発行差額の合計を利息総額と考え，それを券面利子率で各期に配分する計算方法である。

(2) 償還する社債を抽選によって決め，市場価格（時価）で返済する方法を抽選償還という。

(3) 社債を額面金額と異なる価額で発行した場合，額面金額と払込金額との差額を償還期限に至るまで毎期一定の方法で帳簿価額に加算または減算する方法を償却原価法という。

(4) 買入償還とは，証券市場から流通している社債を償還期限前に市場価格で買い入れて償還する方法である。

(1)	(2)	(3)	(4)

5−14 次の＜資料＞に基づいて，スケジュール表を(1)定額法による場合，(2)利息法による場合についてそれぞれ完成しなさい。また，×2年3月31日の仕訳を利息法により示しなさい。ただし，決算日は3月末で年1回とする。また，計算過程で生じた端数は，そのつど円未満を四捨五入すること。

＜資　料＞

×1年4月1日に，額面総額50,000,000円の社債を額面100円につき97.28円で割引発行した。表面（券面）利子率が4％（利払日は3月末で年1回），満期償還日は×4年3月31日である。なお，実効利子率を年5％とし，社債に関する出金は当座預金とする。

(1) 定額法による場合　　　　　　　　　　　　　　　　　　　　　　　　　（単位：円）

	×2年3月31日	×3年3月31日	×4年3月31日
社　債　利　息			
社債の貸借対照表価額			

(2) 利息法による場合　　　　　　　　　　　　　　　　　　　　　　　　　（単位：円）

	×2年3月31日	×3年3月31日	×4年3月31日
社　債　利　息			
社債の貸借対照表価額			

×2年3月31日の仕訳

借　方　科　目	金　　　額	貸　方　科　目	金　　　額

5－15 次の取引の仕訳を示しなさい。なお，計算上端数が生じる場合には円未満を四捨五入すること。

(1) ×2年4月1日に発行した額面3,000,000円の社債（償還期間3年，表面利率（券面利率）年4％，実効利子率年5.85％，利払日3月末，額面100円につき95円で発行，償却原価法（利息法）を適用）が満期日を迎えた。なお，支払いは社債利息（月割計算）とともに当座預金より支払った。会計期間は4月1日から3月31日までの1年である。

(2) 下記の条件で発行していた社債のうち額面2,000,000円を×3年3月31日に額面100円につき94円で買入償還し，小切手を振り出して支払った。ただし，当期の利払い及び償却原価法に関する処理はすでに処理済みとする。

　　発行日：×1年4月1日　　額面総額：6,000,000円　　払込金額：額面100円につき91.34円
　　償還日：×6年3月31日　　利払日：毎年3月末（券面利子率年 3％，実効利子率 年5％）
　　償却原価法を適用している。

(3) ×1年4月1日に発行した次の社債について，×2年3月31日に第2回目の利息を当座預金から支払い，社債は償却原価法（利息法）により評価した。

　　額面総額：2,000,000円　　払込金額：額面100円につき98円　　満期日：×4年3月31日
　　利払日：9月末と3月末（年2回）　　券面利子率：年2.4%　　実効利子率：年3.1%

	借 方 科 目	金 額	貸 方 科 目	金 額
(1)				
(2)				
(3)				

5－16　社債に関する以下の問いに答えなさい。なお，計算上端数が生じる場合には円未満を四捨五入すること。

問1　次の<資料>にもとづき①～④に答えなさい。

<資　料>

　　×1年4月1日に，額面総額3,000,000円の社債を額面100円につき98円で発行し，全額の払い込みを受け，当座預金とした。

　　当社の決算日は毎年3月31日である。なお，社債の券面利子率は年2％，利払日は3月31日の年1回，償還期限は×6年3月31日である。額面金額と払込金額との差額は金利の調整と認められ償却原価法（利息法）により処理し，利息の支払いは当座預金口座を通じておこなう。実効利子率は2.4％とする。

①　×1年4月1日における，社債の発行に係る仕訳を示しなさい。
②　×2年3月31日における，償却原価法を含む利息に係る仕訳を示しなさい。
③　×3年3月31日における，償却原価法を含む利息に係る仕訳を示しなさい。
④　×4年4月1日に，上記の社債の全額を額面100円につき99.5円で買入償還し，償還金額は小切手を振り出して支払った。この仕訳を示しなさい。

問2　次の取引の仕訳の（　　）内に入る適当な金額または科目を記入しなさい。

　　×4年4月1日に，額面総額1,000,000円の転換社債型新株予約権付社債を額面100円につき95円，新株予約権は1個につき500円で100個を発行し，全額の払い込みを受け当座預金とした。ただし，会計処理は区分法による。

　　（借）当 座 預 金（　ア　）　　（貸）（　　イ　　）（　ウ　）
　　　　　　　　　　　　　　　　　　　　　新 株 予 約 権（　エ　）

問1

	借 方 科 目	金　　　額	貸 方 科 目	金　　　額
①				
②				
③				
④				

問2

ア	円	イ		ウ	円	エ	円

❸　退職給付引当金

　退職給付引当金は，企業が負担する**退職給付債務**からすでに積み立てている**年金資産**の時価を控除した額であり，貸借対照表の負債の部に記載する。退職給付とは退職後に従業員に支給される給付をいい，退職一時金と退職年金に区別される。

$$退職給付引当金^※ ＝ 退職給付債務 － 年金資産$$

※年金資産の方が大きい場合は，前払年金費用（資産）が計上される。

(1)　退職給付債務

　企業の従業員のそれぞれについて，退職後に見込まれる将来の退職給付見込額のうち，これまでの勤務によって発生した額を見積もり，これを現在時点まで割引計算することによって求める。

$$退職給付債務 ＝ 退職給付見込額 \times \frac{勤務年数}{全勤務年数} \times 現価係数$$

$$\frac{1}{(1＋割引率)^{残存勤務期間}}$$

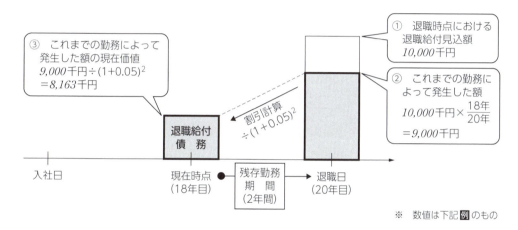

① 退職時点における退職給付見込額 *10,000*千円

③ これまでの勤務によって発生した額の現在価値 *9,000*千円÷(1+0.05)² ＝*8,163*千円

② これまでの勤務によって発生した額 *10,000*千円× $\frac{18年}{20年}$ ＝*9,000*千円

割引計算 ÷(1＋0.05)²

退職給付債務

入社日　　現在時点（18年目）　残存勤務期間（2年間）　退職日（20年目）

※　数値は下記 **例** のもの

(2)　年金資産

　年金資産は，退職給付に充てるために外部に積み立てている資産であり，時価をもって評価する。また，年金資産は運用されており，期末年金資産は運用収益の分だけ期首年金資産より増加する。

$$年金資産 ＝ 期末時価で評価$$

例　次の資料から，退職給付引当金の金額を計算しなさい。なお，割引率は年5％とし，計算上生ずる端数は，千円未満を四捨五入すること。

＜資　料＞

　　退職時点における退職給付見込額：*10,000*千円
　　全勤務年数：20年
　　期末時点までの勤務年数：18年
　　期末年金資産の時価：*5,000*千円

　　退職給付債務：$10,000千円 \times \dfrac{18年}{20年} \times \dfrac{1}{(1＋0.05)^2} ＝ 8,163千円$

　　退職給付引当金：*8,163*千円 － *5,000*千円 ＝ *3,163*千円

退職給付引当金の変動額（退職一時金の支払いや年金の掛け金の支払いを除く）が**退職給付費用**であり，**勤務費用**，**利息費用**，**期待運用収益**からなる。

$$\text{退職給付費用} = \text{勤務費用} + \text{利息費用} - \text{期待運用収益}$$

⑶ 勤務費用

退職給付見込額のうち従業員が1年間勤務することによって発生する額の現在価値を勤務費用という。

$$\text{勤務費用} = \text{退職給付見込額} \times \frac{1}{\text{全勤務期間}} \times \text{現価係数}$$

$$\underbrace{\qquad\qquad\qquad}_{\dfrac{1}{(1+\text{割引率})^{\text{残存勤務期間}}}}$$

⑷ 利息費用

期首の退職給付債務について，時の経過により発生する計算上の利息を利息費用という。

$$\text{利息費用} = \text{退職給付債務期首残高} \times \text{割引率}$$

⑸ 期待運用収益

年金資産の運用によって期待される計算上の収益を期待運用収益という。

$$\text{期待運用収益} = \text{年金資産期首残高} \times \text{期待運用収益率}$$

なお，退職一時金の支払いや年金の掛け金の支払いがある場合には，退職給付引当金の残高から控除する。

例 前ページの例において，翌年度の退職給付費用を求め，仕訳を示しなさい。なお，期待運用収益率は年6％とし，計算上生じる端数は，千円未満を四捨五入すること。

勤務費用：$10{,}000 \text{千円} \times \dfrac{1\text{年}}{20\text{年}} \times \dfrac{1}{(1+0.05)^1} = 476\text{千円}$

利息費用：$8{,}163\text{千円} \times 0.05 = 408\text{千円}$

期待運用収益：$5{,}000\text{千円} \times 0.06 = 300\text{千円}$

退職給付費用：$476\text{千円} + 408\text{千円} - 300\text{千円} = 584\text{千円}$

（借）退 職 給 付 費 用　　584,000　　（貸）退 職 給 付 引 当 金　　584,000

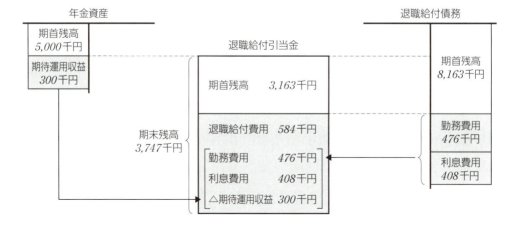

参考 ～数理計算上の差異と過去勤務費用～

　　退職給付の計算は，期首の数値をもとに行うため，期末の実績値と差異が生じることがある。この差異を**数理計算上の差異**といい，次のようなものがある。

　　　　・年金資産の期待運用収益と実際の運用成果との差異
　　　　・退職給付債務の計算に用いた見積数値と実績との差異
　　　　・退職給付債務の計算に用いた見積数値の変更等により発生した差異

　　また，**過去勤務費用**とは，退職給付水準の改訂等に起因して発生した退職給付債務の増加又は減少部分をいう。

　　これらの差異は，一定期間で償却（費用処理）する。

◆練習問題 ∙∙

5-17 退職時点における退職給付見込額が8,000千円，全勤務年数が20年，期末時点までの勤務年数が5年の従業員について，退職給付債務の金額を求めなさい。なお，割引率は年5％とする。計算過程で生じる端数は，千円未満を四捨五入すること。

千円

5-18 5-17において，年金資産を積み立てており，その時価が400千円である場合，退職給付引当金の金額を求めなさい。

千円

5-19 5-17および5-18の翌年度における，退職給付費用を求めなさい。なお，期待運用収益率は年6％であった。計算過程で生じる端数は，千円未満を四捨五入すること。

千円

5-20 次の文章の空欄にあてはまる語または金額を求めなさい。

① 退職給付債務は，企業の従業員のそれぞれについて，退職後に見込まれる将来の（　ア　）のうち，これまでの勤務によって発生した額を見積もり，これを現在時点まで割引計算することによって求められる。

② 退職時点における（　ア　）が16,000千円，全勤務期間が25年，期末時点までの勤務年数が20年の従業員について，割引率を4％とし，計算過程で生じる千円未満の端数を四捨五入することとし，退職給付債務の金額を見積もると，（　イ　）千円である。また，20年目に当たる当期の勤務費用は，（　ウ　）千円である。

③ 当期の退職給付費用は，勤務費用に（　エ　）費用を加え，年金資産に生じた（　オ　）収益を差し引くことによって求められる。

ア	イ	ウ
	千円	千円

エ	オ

5－21 従業員Aは入社から当期末まで30年間勤務し，5年後（全勤務年数35年）に定年により退職する予定である。次の資料から退職給付引当金の金額を求めなさい。なお，解答するにあたり右記の現価係数表を用いること。

資　料

(1) 退職時点における退職給付見込額　*28,000*千円

(2) 割引率　4.5%

(3) 年金資産の時価　*2,000*千円

退職給付引当金の金額	千円

5－22 次の資料から退職給付費用を求め，決算に必要な整理仕訳を示しなさい。なお，解答するにあたり右記の現価係数表を用いることとし，計算過程で生じた端数は千円未満を四捨五入すること。

資　料

(1) 退職時点における退職給付見込額　*28,500*千円

(2) 全勤務年数　38年

(3) 当期末までの勤務年数　34年

(4) 割引率　4%

(5) 年金資産期首残高　*2,000*千円

(6) 期待運用収益率　6%

（単位：千円）

借　　　　　方	貸　　　　　方

現価係数表

n＼r	3.5%	4%	4.5%	5%
1	0.9662	0.9615	0.9569	0.9524
2	0.9335	0.9246	0.9157	0.9070
3	0.9019	0.8890	0.8763	0.8638
4	0.8714	0.8548	0.8386	0.8227
5	0.8420	0.8219	0.8025	0.7835
6	0.8135	0.7903	0.7679	0.7462
7	0.7860	0.7599	0.7348	0.7107
8	0.7594	0.7307	0.7032	0.6768
9	0.7337	0.7026	0.6729	0.6446
10	0.7089	0.6756	0.6439	0.6139

5－23　次の取引の仕訳を示しなさい。

(1)　山口商事株式会社の当期首における退職給付債務は1,800,000円，当期の勤務費用は300,000円である。また，当期首の年金資産は500,000円であり期待運用収益率は年3％である。当期の退職給付費用を計上する。なお，退職給付債務を計算するさいの割引率は年2.5％とし，差異は一切生じていないものとする。決算は年1回，他の条件は考慮しないものとする。

(2)　福島建設株式会社は，期中に当座預金から20,000,000円を年金基金に拠出した。なお，同社は，退職給付の積立金不足額を退職給付引当金として計上している。

(3)　島根物産株式会社の当期首における退職給付債務は2,000,000円，当期の勤務費用は400,000円である。また，当期首の年金資産は800,000円であり長期期待運用収益率は年4％である。当期の退職給付費用を計上する。なお，退職給付債務を計算するさいの割引率は年2％とし，差異は一切生じていないものとする。決算は年1回，他の条件は考慮しないものとする。

(4)　当社は退職給付の積立不足額を退職給付引当金として計上している。次の資料から，当期の退職給付費用の計上の処理をおこなう（決算年1回）。
　　　資　料　当期首の退職給付債務：25,000,000円　　当期首の年金資産：15,000,000円
　　　　　　　当期の勤務費用：850,000円　　当期の利息費用：割引率を年3％として計算
　　　　　　　期待運用収益：長期期待運用収益率を年2％として計算

(5)　大阪物産株式会社の当期首における退職給付債務は8,000,000円，当期の勤務費用は350,000円である。また，当期首の年金資産は2,400,000円であり，長期期待運用収益率は年3.5％である。当期の退職給付費用を計上する。なお，退職給付債務を計算するさいの割引率は年2％とし，差異は一切生じていないものとする。決算は年1回，他の条件は考慮しないものとする。

(6)　群馬商事株式会社の当期首における退職給付債務は2,800,000円，当期の勤務費用は560,000円である。また，当期首の年金資産は1,450,000円であり期待運用収益率は年4％である。当期の退職給付費用を計上する。なお，退職給付債務を計算するさいの割引率は年2.5％とし，数理計算上の差異は一切生じていないものとする。決算は年1回，他の条件は考慮しないものとする。

	借　方　科　目	金　　額	貸　方　科　目	金　　額
(1)				
(2)				
(3)				
(4)				
(5)				
(6)				

5－24 次の資料に基づき，(1)から(4)に答えなさい。

<資　料>

（期首）	退職給付債務	6,000,000円	（期中）	勤　務　費　用	600,000円

（期首）　退職給付債務　6,000,000円　　（期中）　勤　務　費　用　600,000円
　　　　　年　金　資　産　2,000,000円　　　　　　退職一時金の支払額　400,000円
　　　　　退職給付引当金　3,700,000円　　　　　　年金掛金の支払額　200,000円
　　　　　　　　　　　　　　　　　　　　　　　　　割　　引　　率　3.0%
　　　　　　　　　　　　　　　　　　　　　　　　　長期期待運用収益率　4.0%

　ただし，当期首において退職給付規定が改訂され，給付水準が引き上げられた。これにより，過去勤務費用が発生しており，平均残存勤務期間である15年間の定額法により償却し，償却額を退職給付費用に計上する。

　なお，数理計算上の差異および会計基準変更時差異は生じないものとする。

決算整理後残高試算表（一部）

決算整理後残高試算表	（単位：円）
退職給付費用　（　ア　）	退職給付引当金　（　イ　）

(1) 利息費用の金額を計算しなさい。
(2) 期待運用収益の金額を計算しなさい。
(3) 決算整理後残高試算表の（　ア　）の金額を計算しなさい。
(4) 決算整理後残高試算表の（　イ　）の金額を計算しなさい。

| (1) | 利息費用の金額 | 　　　　　　円 | (3) | （　ア　）の金額 | 　　　　　　円 |
| (2) | 期待運用収益の金額 | 　　　　　　円 | (4) | （　イ　）の金額 | 　　　　　　円 |

5－25 次の資料に基づいて，従業員Aの退職給付に関する表を完成しなさい。なお，計算過程で端数が生じた場合は，円未満を四捨五入すること。

<資　料>
1．従業員Aは×1年度の期首に入社し，×4年度の期末に退職すると見込まれる。
2．退職時の退職給付見込額は705,600円である。
3．退職給付見込額を全勤務期間で除した額を各期の発生額とし，割引率は5％とする。

	勤務費用	利息費用	期末退職給付債務
×1年度	152,381 円	－	152,381 円
×2年度	（　　　　　）円	7,619 円	（　　　　　）円
×3年度	（　　　　　）円	（　　　　　）円	（　　　　　）円
×4年度	（　　　　　）円	（　　　　　）円	705,600 円

総論 1 編

各論 2 編〔1〕

各論 3 編〔2〕

各論 4 編〔3〕

財務諸表の活用 5 編

監査と職業会計人 6 編

●POINT

❹ 資産除去債務

有形固定資産を売却・廃棄等によって除去すべき義務（法律上の義務とそれに準ずるものを含む）を**資産除去債務**という。

資産除去債務は，除去に要する将来キャッシュ・フローを見積もり，これを一定の割引率によって割り引いた割引後の現在価値で評価し，有形固定資産の取得・使用により発生した時点で負債として計上し，同額を有形固定資産の帳簿価額に加算する。

例 20X1年4月1日に3年間の定期借地権契約を締結している土地に建物¥10,000,000を購入し，代金は小切手を振り出して支払った。なお，将来，定期借地権契約が満了になるときに，その建物を解体し，土地を更地にした上で，土地所有者に返還しなければならないという義務がある。この将来の建物の除去費用の金額を見積もったところ，¥2,185,454であった。（割引率3％）

| （借）建 物 | 12,000,000 | （貸）当 座 預 金 | 10,000,000 |
| | | 資 産 除 去 債 務 | 2,000,000 |

¥2,185,454 ÷ (1 + 0.03)³ = ¥2,000,000

有形固定資産の帳簿価額に加算された除去費用は，減価償却によって，各期間に配分される。また，資産除去債務（負債）は，時の経過に伴って増加し，この増加額は**利息費用**となり，減価償却費が計上される区分（通常は，販売費及び一般管理費）に記載される。利息費用は次のように求める。

利息費用 ＝ 資産除去債務の期首残高 × 割引率

資産を除去するときに，実際に支払われる額と，資産除去債務として計上した額との差額を**履行差額**といい，利息費用と同じ区分に記載される（通常は販売費及び一般管理費）。

例 上記（例）の建物について，
(1) 20X2年3月31日の決算整理仕訳（この建物は耐用年数3年，残存価額を零（0）として，定額法により減価償却費を計上する）
(2) 20X3年3月31日の決算整理仕訳
(3) 20X4年3月31日に建物を除去し，解体業者に除去費用として¥2,200,000を小切手を振り出して支払ったときの決算整理仕訳および除却の仕訳

(1) 20X2年3月31日

| (借) | 減 価 償 却 費 | 4,000,000 | (貸) | 建物減価償却累計額 | 4,000,000 |
| | 利 息 費 用 | 60,000 | | 資 産 除 去 債 務 | 60,000 |

¥12,000,000 ÷ 3年 = ¥4,000,000 ⋯⋯⋯⋯⋯ ¥2,000,000 × 3% = ¥60,000

(2) 20X3年3月31日

| (借) | 減 価 償 却 費 | 4,000,000 | (貸) | 建物減価償却累計額 | 4,000,000 |
| | 利 息 費 用 | 61,800 | | 資 産 除 去 債 務 | 61,800 |

(¥2,000,000 + ¥60,000) × 3% = ¥61,800

(3) 20X4年3月31日

| (借) | 減 価 償 却 費 | 4,000,000 | (貸) | 建物減価償却累計額 | 4,000,000 |
| | 利 息 費 用 | 63,654 | | 資 産 除 去 債 務 | 63,654 |

(¥2,000,000 + ¥60,000 + ¥61,800) × 3% = ¥63,654

(借)	建物減価償却累計額	12,000,000	(貸)	建　　　　　物	12,000,000
	資 産 除 去 債 務	2,185,454		当 座 預 金	2,200,000
	履 行 差 額	14,546			

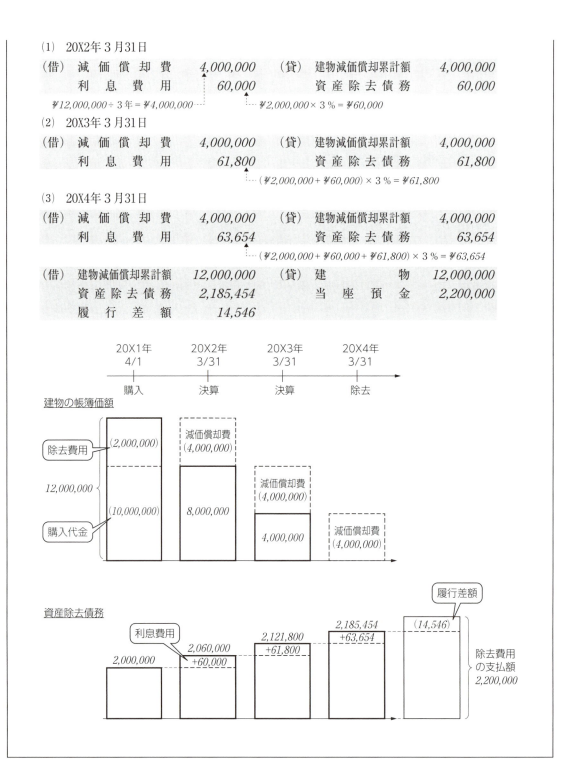

78

総論 1編

各論 2編 [1]

各論 3編 [2]

各論 4編 [3]

財務諸表の活用 5編

監査と職業会計人 6編

◆練習問題⋯⋯⋯⋯⋯⋯⋯⋯⋯⋯⋯⋯⋯⋯⋯⋯⋯⋯⋯⋯⋯⋯⋯⋯⋯⋯⋯⋯⋯⋯⋯⋯

5−26 次の一連の取引の仕訳を示しなさい。

(1) 当期首（20X1年4月1日）において，建物¥20,000,000を購入し，代金は普通預金から支払った。当該建物の耐用年数は3年と見積もった。また，耐用年数経過時点における資産除去に係る支出を¥4,244,832と見積もり，資産除去債務を計上する。資産除去債務の見積もりに際しては，割引率を年2％とする。計算過程で生じる端数は，円未満を四捨五入すること。

(2) 当期末（20X2年3月31日）の決算において，上記建物について，耐用年数3年，残存価額ゼロ，定額法による減価償却（間接法）を行う。また，資産除去債務について，時の経過に伴って生じる利息を計上する。計算過程で生じる端数は，円未満を四捨五入すること。

	借　　　　　方	貸　　　　　方
(1)		
(2)		

◆確認テスト⋯⋯⋯⋯⋯⋯⋯⋯⋯⋯⋯⋯⋯⋯⋯⋯⋯⋯⋯⋯⋯⋯⋯⋯⋯⋯⋯⋯⋯⋯⋯

5−27 20X1年度期首において，¥6,000,000で取得した建物について，耐用年数が10年，残存価額が零（0）と見積もった。また，資産除去に係る支出¥1,075,133が耐用年数の到来時に生じると見込まれたため，取得時において，資産除去債務¥800,000（割引率年3％）を計上した。当該建物について，定額法によって減価償却を行う場合，20X1年度および20X2年度における，(1)減価償却費，(2)利息費用，(3)建物の期末帳簿価額，および(4)資産除去債務の期末残高を求めなさい。

	(1) 減 価 償 却 費	(2) 利 息 費 用	(3) 建 物 の期末帳簿価額	(4) 資産除去債務の 期 末 残 高
20X1年度	¥	¥	¥	¥
20X2年度	¥	¥	¥	¥

5−28 次の一連の取引の仕訳を示しなさい。

(1) 当社は，20X1年4月1日に機械Yを現金で取得し，使用を開始した。機械Yの取得原価は¥1,000,000，耐用年数は5年である。当社には機械Yを使用後に除却する法的義務があり，除却するときの支出は¥100,000と見積もられている。なお，割引率は年1％とし，計算過程で端数が生じた場合は，そのつど円未満を四捨五入して解答すること。

(2) 20X2年3月31日（決算日）の決算整理の仕訳を示しなさい。なお，機械Yは残存価額を¥0とする定額法で減価償却（間接法）を行う。

(3) 20X3年3月31日（決算日）の決算整理の仕訳を示しなさい。なお，機械Yは残存価額を¥0とする定額法で減価償却（間接法）を行う。

(4) 20X6年3月31日の機械Yの除却の仕訳および資産除去債務の履行時の仕訳を示しなさい。なお，除去にかかわる支出¥115,000は現金で支払った。

	借　　　　　方	貸　　　　　方
(1)		
(2)		
(3)		
(4)		

◆発展問題···

5−29 資産除去債務について，以下の〈資　料〉に基づき，(1)〜(3)に答えなさい。なお，計算過程で端数が生じた場合は，そのつど円未満を四捨五入して解答すること。また，決算日は毎年3月31日とする。

〈資　料〉　当社は，×1年4月1日に機械Aを現金で取得し，使用を開始した。機械Aの取得原価は3,000,000円，耐用年数は3年である。当社には機械Aを使用後に除去する法的義務があり，除去するときの支出は126,000円と見積もられている。なお，割引率は年3％とする。

(1) ×1年4月1日（機械Aの取得時）の仕訳を示しなさい。

(2) ×2年3月31日（決算日）の決算整理仕訳を示しなさい。なお，機械Aは残存価額を0円とする定額法で減価償却（間接法）を行う。

(3) ×4年3月31日の資産除去債務の履行時に計上される差額（履行差額）の金額を計算しなさい。なお，除去に係る支出は128,000円であった。

	借　方　科　目	金　　　額	貸　方　科　目	金　　　額
(1)				
(2)				

(3) 履行差額の金額　[　　　　　] 円　　　（注）　差額が借方に生じる場合は，金額の前に△を付すること。

5－30 わが国の会計諸基準に照らして，次の文章のうち正しいものには○を，誤っているものには×を記入しなさい。

(1) 有形固定資産の取得時に発生した資産除去債務は，資産として計上し，その額を関連する有形固定資産の帳簿価額に加えて処理する。

(2) 資産除去債務とは，有形固定資産の取得，建設，開発又は通常の使用によって生じ，当該有形固定資産の除去（売却や廃棄など）に関して法令又は契約で要求される法律上の義務及びそれに準ずるものをいう。

(3) 有形固定資産の帳簿価額に加算された除去費用は，将来その有形固定資産を除去したときに費用として計上される。

(4) 資産を除去するときに，実際に支払われる額と，資産除去債務として計上した額との差額を履行差額といい，通常は販売費及び一般管理費に区分される。

(1)	(2)	(3)	(4)

5－31 次の取引の仕訳を示しなさい。

(1) 当社は当期首に設備（購入価額：5,000,000円，耐用年数：5年）を取得し，使用を開始した。当社は5年間の使用後に設備を除去する法的義務がある。設備を除去する際の支出は579,637円と見積もられている。割引率は年3％で，当期首の設備の取得および資産除去債務の計上は適正に処理されている。

当期末（決算年1回）の決算整理仕訳（利息費用の計上と減価償却）を行う。なお，設備の減価償却は残存価額を0円とする定額法（間接法）により行う。また，計算の過程で端数が生じた場合は，円未満を四捨五入すること。

(2) 当社（決算年1回）は当期首に設備（購入価額：6,000,000円）を取得し，使用を開始したが，3年使用後に除去する法的義務がある。設備を除去するさいの支出は347,288円と見積もられ，割引率は年5％で，当期首の設備の取得及び資産除去債務の計上は適正に処理されている。よって，当期末の決算整理仕訳（利息費用と減価償却費の計上）を行う。なお，この設備は，耐用年数3年残存価額0円とし，定額法により減価償却費を計算し，間接法で記帳する。

	借 方 科 目	金 額	貸 方 科 目	金 額
(1)				
(2)				

6章 純資産会計

▶教科書p.73〜81

●POINT

■1 純資産の意味と評価

　資産から負債を控除した差額を純資産といい，次のように構成される。また，純資産の当期増減額（株主からの出資や株主への配当などの資本取引を除く）は包括利益を構成し，株主資本の当期増減額（株主からの出資や株主への配当などの資本取引を除く）は純利益を構成する。

■2 自己株式 …… 財務会計Ⅰの範囲

　株式会社が，自己の発行した株式を取得し，保有する場合，その株式を自己株式という。自己株式の取得は，その分の株主資本が減少することを意味するので，純資産の部の株主資本の末尾に控除する形式で表示する。

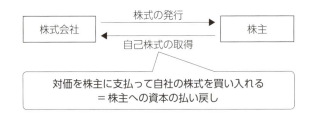

対価を株主に支払って自社の株式を買い入れる
＝株主への資本の払い戻し

（1）自己株式の取得

　自己株式を取得したときは，取得原価で自己株式勘定（純資産の評価勘定）の借方に計上する。なお，取得のための付随費用は，支払手数料などとして損益計算書の営業外費用に計上する。

例 九州商事株式会社は，自社の発行済株式のうち50株を1株につき¥60,000で取得し，代金は買入手数料¥50,000とともに小切手を振り出して支払った。

（借）自 己 株 式　　3,000,000　　（貸）当 座 預 金　　3,050,000
　　　支 払 手 数 料　　　50,000

(2) 自己株式の処分

　　自己株式の処分とは，自己株式を売却したり，吸収合併のさいに被合併会社の株主に自己株式を交付したりする取引をいう。なお，自己株式処分差額は，その他資本剰余金勘定に計上する。

例　九州商事株式会社は，自己株式（1株の帳簿価額　¥60,000）のうち40株を1株につき¥70,000で売却し，受け取った代金は当座預金とした。

（借）当 座 預 金　　2,800,000　（貸）自 己 株 式　　2,400,000
　　　　　　　　　　　　　　　　　　　　その他資本剰余金　　400,000

(3) 自己株式の消却

　　自己株式の消却とは，自己株式を消滅させることをいう。自己株式を消却した場合には，自己株式の帳簿価額をその他資本剰余金勘定から減額する。

例　九州商事株式会社は，自己株式（1株の帳簿価額　¥60,000）10株を消却した。

（借）その他資本剰余金　　600,000　（貸）自 己 株 式　　600,000

❸　剰余金の配当 …… 財務会計Iの範囲

　　株式会社は，株主に対して，剰余金の配当をすることができる。剰余金の配当をする場合は，剰余金の配当によって減少する剰余金の額の10分の1に相当する金額を，資本準備金または利益準備金として計上しなければならない。ただし，資本準備金と利益準備金の合計額が，資本金の額の4分の1に達すれば積み立てる必要はない。

例　埼玉商事株式会社は，株主総会において，剰余金¥10,000,000（その他資本剰余金¥3,000,000　繰越利益剰余金¥7,000,000）の配当を行うことを決議した。なお，配当にともない，その他資本剰余金の配当額の10分の1に相当する額を資本準備金として，繰越利益剰余金の配当額の10分の1に相当する額を利益準備金として計上した。

（借）その他資本剰余金　　3,300,000　（貸）未 払 配 当 金　10,000,000
　　　繰越利益剰余金　　7,700,000　　　　資 本 準 備 金　　300,000
　　　　　　　　　　　　　　　　　　　　利 益 準 備 金　　700,000

例　千葉商事株式会社は，株主総会において，繰越利益剰余金を次のとおり，配当および処分することを決議した。なお，当社の純資産は，資本金¥15,000,000，資本準備金¥2,200,000，利益準備金¥1,200,000，別途積立金¥400,000，繰越利益剰余金¥5,310,000（貸方）である。
　　　配当金　¥4,000,000　　利益準備金　会社法による額　　別途積立金　¥200,000

（借）繰越利益剰余金　　4,550,000　（貸）未 払 配 当 金　　4,000,000
　　　　　　　　　　　　　　　　　　　　利 益 準 備 金　　350,000 ◀
　　　　　　　　　　　　　　　　　　　　別 途 積 立 金　　200,000

　　① 配当により減少する剰余金の額の10分の1：$¥4,000,000 \times \frac{1}{10} = ¥400,000$

　　② 資本金の4分の1 − 準備金の額：$¥15,000,000 \times \frac{1}{4} - (¥2,200,000 + ¥1,200,000) = ¥350,000$

　　　①と②の小さい方の額：¥350,000

6-1　次の文章の空欄にあてはまる語を答えなさい。

　純資産とは，資産から（　ア　）を控除した差額である。純資産は，さらに（　イ　）とそれ以外の項目から構成される。純資産のうち（　イ　）以外の項目には，新株予約権および（　ウ　）が含まれる。
　（　イ　）は，資本金，（　エ　），利益剰余金および（　オ　）から構成される。（　エ　）は，（　カ　）とその他資本剰余金から構成されている。

ア	イ
ウ	エ
オ	カ

6-2　次の表の▢▢▢▢に，あてはまる語を記入しなさい。

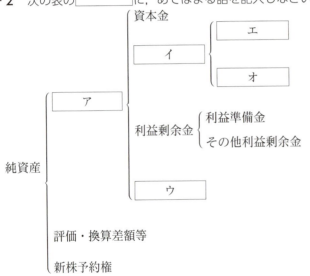

ア	イ	ウ
エ	オ	

6-3 次の取引の仕訳を示しなさい。

(1) 神奈川商事株式会社は，自社が発行した株式400株を1株につき￥50,000で取得し，手数料￥10,000とともに現金で支払った。

(2) 静岡商事株式会社は，保有する自己株式（1株の帳簿価額￥120,000）のうち，25株を1株につき￥125,000で売却し，受け取った代金は当座預金とした。

(3) 山梨商事株式会社は，保有する自己株式（1株の帳簿価額￥80,000）50株を消却した。

	借　方	貸　方
(1)		
(2)		
(3)		

6-4 次の取引の仕訳を示しなさい。

(1) 秋田工業株式会社（資本金￥15,000,000，資本準備金￥2,000,000，利益準備金￥750,000）は，株主総会において，その他資本剰余金から株主へ￥1,000,000を配当することを決議した。なお，会社法の規定にもとづいて準備金も積み立てること。

(2) 宮城商事株式会社は，株主総会において，繰越利益剰余金を次のとおり配当および処分を行うことを決議した。なお，当社の純資産は，資本金は￥10,000,000，資本準備金は￥1,500,000，利益準備金は￥780,000，繰越利益剰余金は￥4,260,000である。

　　　配当金　￥3,000,000　　　利益準備金　会社法による額　　　別途積立金　￥500,000

(3) 山形商事株式会社は，株主総会において，剰余金￥4,000,000（その他資本剰余金￥1,000,000，繰越利益剰余金￥3,000,000）を原資とした配当を行うことを決議した。なお，株主総会直前における株主資本の残高は，次のとおりであった。

　　　資　本　金　￥20,000,000　　　資本準備金　￥3,500,000　　　その他資本剰余金　￥1,800,000
　　　利益準備金　￥1,000,000　　　別途積立金　￥1,500,000　　　繰越利益剰余金　￥3,800,000

	借　方	貸　方
(1)		
(2)		
(3)		

6-5 わが国の会計諸基準に照らして，次の文章のうち正しいものには○を，誤っているものには×を解答欄に記入しなさい。

(1) 自己株式の売却により生じる自己株式の処分差益は，その他利益剰余金となる。

(2) 自己株式の取得原価は，買入価額に付随費用を加えた額である。

(3) 自己株式の処分や消却処理を行った結果，その他資本剰余金が負の値（借方残高）になったとき，資本と利益の混同は禁止されているので，期末に資本準備金を減額して補てんしなければならない。

(4) その他有価証券評価差額金のように，損益計算書を経由しないで，貸借対照表の純資産の部に直接計上される項目は個別貸借対照表では，「評価・換算差額等」として表示するが，連結貸借対照表では，「その他の包括利益累計額」として表示する。

(5) 剰余金の配当をする場合は，配当によって減少する剰余金の額の10分の1の金額を資本準備金または利益準備金として計上しなければならない。ただし，資本準備金と利益準備金の合計額が資本金の額の4分の1に達すれば積み立てなくてもよい。

(6) 新株予約権は，純資産の部の株主資本の末尾に控除する形式で表示する。

(1)	(2)	(3)	(4)	(5)	(6)

6-6 次の取引の仕訳を示しなさい。

(1) 大分商事株式会社は，自社の発行した株式600株を@80,000円で取得し，手数料120,000円とともに現金で支払った。

(2) 長崎商事株式会社は，自己株式（帳簿価額：880,000円）を募集株式発行の手続きにより処分した。なお，処分の対価800,000円は当座預金とした。

(3) 自社が以前に発行した株式の一部30株を，1株65,000円で取得し代金は現金で支払った。

(4) 鹿児島商事株式会社は，取締役会の決議により，保有する自己株式900,000円を消却した。

	借 方 科 目	金 額	貸 方 科 目	金 額
(1)				
(2)				
(3)				
(4)				

6－7　次の取引の仕訳を示しなさい。

(1)　富山工業株式会社（資本金10,000,000円，資本準備金1,200,000円，利益準備金340,000円）は，株主総会において，その他資本剰余金から株主へ900,000円を配当することを決議した。なお，会社法の規定に基づいて準備金も積み立てること。

(2)　東京商事株式会社は，株主総会において，剰余金5,000,000円（その他資本剰余金2,000,000円，繰越利益剰余金3,000,000円）を原資とした配当を行うことを決議した。なお，株主総会直前における株主資本の残高は，次のとおりであった。

　　　資　本　金　60,000,000円　　資本準備金　8,500,000円　　その他資本剰余金　2,800,000円
　　　利益準備金　2,300,000円　　別途積立金　1,500,000円　　繰越利益剰余金　3,400,000円

(3)　愛媛商事株式会社は新たに株式1,000株を1株50,000円で発行し，全額の払い込みを受け，当座預金とした。会社法に規定される最低限度額を資本金にする。また，株式募集のための広告費400,000円は現金で支払った。

	借　方　科　目	金　　　額	貸　方　科　目	金　　　額
(1)				
(2)				
(3)				

6−8　次の資料にもとづき，当期末における(1)から(5)の金額を答えなさい。なお，借方残高の場合には，数字の前に△を付すこと。（決算年1回　当期の会計期間は×2年4月1日～×3年3月31日）

<資　料>

1．当期首における純資産の残高は次のとおりである。

　　資　本　金　20,000,000円　　資本準備金　3,900,000円　　その他資本剰余金　1,320,000円
　　利益準備金　1,060,000円　　別途積立金　800,000円　　繰越利益剰余金　1,893,000円
　　自　己　株　式　4,000,000円　　その他有価証券評価差額金　180,000円（貸方）

2．×2年6月30日に開催された株主総会で，次のように繰越利益剰余金の配当および処分を行った。

　　配当金　700,000円　　利益準備金　会社法に規定する額　　別途積立金　540,000円

3．×2年10月1日，保有する自社の株式のうち70株を1株につき42,000円で売却し，払込金は当座預金とした。なお，前期末に自社の発行済株式のうち100株を1株につき40,000円で取得していた。

4．上野株式会社（取得原価640,000円）の株式をその他有価証券として保有している。なお，前期末の時価は820,000円，当期末の時価は950,000円である。

5．×3年1月15日，事業拡張のため株式200株を1株につき40,000円で発行し，全額の引き受け，払い込みを受け，払込金は当座預金とした。なお，資本金組入額は会社法の規定の原則によること。

6．当期純利益は897,000円であった。

(1)	資　本　金	円
(2)	その他資本剰余金	円
(3)	自　己　株　式	円
(4)	利　益　剰　余　金	円
(5)	その他有価証券評価差額金	円

●POINT

◢ 4 新株予約権

(1) 新株予約権

　会社が株主になろうとする者に対して交付した権利を**新株予約権**といい，あらかじめ定められた価格（権利行使価格）で株式を受け取ることができる。

　会社が新株予約権を発行した場合，受け取った対価の額を新株予約権（純資産）として計上し，その後，権利が行使され，株式を交付したときに，払込金とともに資本金および資本準備金に振り替える。また，権利が行使されずに，権利行使期間が満了したときは，**新株予約権戻入益**（特別利益）に振り替える。

例 ① 株主になろうとする者に対して，新株予約権200個（新株予約権1個当たりの交付株式数1株，権利行使価格¥9,000）を1個当たり¥1,000で交付し，払込金は当座預金とした。

（借）当 座 預 金　　200,000　　（貸）新 株 予 約 権　　200,000

¥1,000×200個＝¥200,000⋯

② 新株予約権180個が権利行使され，株式180株（株価は1株当たり¥12,000）を交付するとともに，払込金は当座預金とした。払込金と新株予約権の簿価の合計額の2分の1は資本金に計上しないこととした。　¥9,000×180株＝¥1,620,000

（借）当 座 預 金　1,620,000　　（貸）資 　　本 　　金　　900,000
　　　新 株 予 約 権　 180,000　　　　　資 本 準 備 金　　900,000◀

¥1,000×180個＝¥180,000⋯　　　　　（¥1,620,000＋¥180,000）÷2＝¥900,000

③ 権利行使期限が到来し，残りの新株予約権20個は失効した。

（借）新 株 予 約 権　　20,000　　（貸）新株予約権戻入益　　20,000

¥1,000×20個＝¥20,000⋯

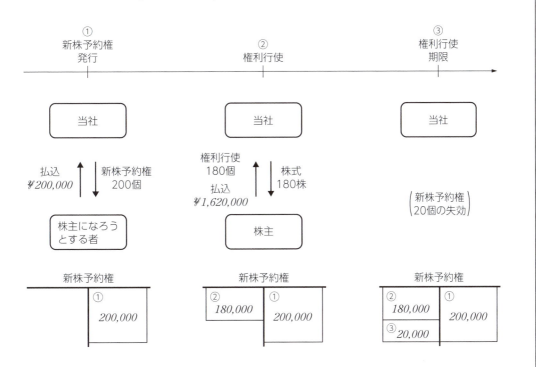

(2) ストック・オプション

　　従業員や役員に対し，一定の期間，勤務することを条件として，報酬の一部として付与する新株予約権を**ストック・オプション**という。

　　ストック・オプションでは，従業員等が勤務に励み株価を上昇させることにより，株価と権利行使価格との差額を受け取ることができる。

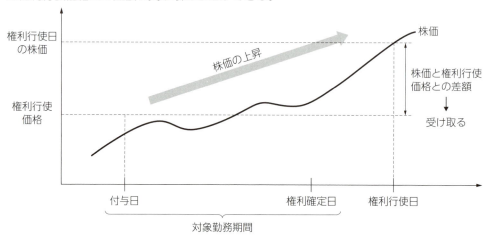

　　ストック・オプションとして新株予約権を付与した場合，報酬総額を，対象勤務期間にわたり，**株式報酬費用**として計上する。なお，権利確定数の見積もりの修正による影響は，修正を行った期の株式報酬費用に含める。

$$\text{報酬の総額} = \begin{array}{c}\text{付与日における}\\\text{新株予約権の価格}\end{array} \times \begin{array}{c}\text{権利確定が見込まれる}\\\text{新 株 予 約 権 の 数}\end{array}$$

例　当社は，20X1年度期首において，従業員に対してストック・オプションとして新株予約権500個を付与した。新株予約権1個当たりの交付株式数は1株，権利行使価格は¥12,000，付与日の1個当たりの価格は¥4,000，権利確定までの期間は3年であった。

① 20X1年度の決算において，株式報酬費用を計上する。なお，新株予約権の権利確定数は480個と見積もられた。

（借）株 式 報 酬 費 用　　640,000　　（貸）新 株 予 約 権　　640,000

$$¥4,000 \times 480\text{個} \times \frac{1\text{年}}{3\text{年}} = ¥640,000$$

② 20X2年度の決算において，株式報酬費用を計上する。

（借）株 式 報 酬 費 用　　640,000　　（貸）新 株 予 約 権　　640,000

$$¥4,000 \times 480\text{個} \times \frac{2\text{年}}{3\text{年}} - ¥640,000 = ¥640,000$$

③ 20X3年度の決算において，株式報酬費用を計上する。なお，対象勤務期間が終了し，新株予約権の最終的な権利確定数は450個であった。

（借）株 式 報 酬 費 用　　520,000　　（貸）新 株 予 約 権　　520,000

$$¥4,000 \times 450\text{個} - (¥640,000 + ¥640,000) = ¥520,000$$
権利確定数の変更　　　　すでに株式報酬費用
による報酬の総額　　　　として計上した額

④ 20X4年度において200個の新株予約権が行使され，払込金は当座預金とした。払込金と
新株予約権の簿価の合計額の２分の１は資本金としない。

¥12,000×200株＝¥2,400,000

| （借）当 座 預 金 | 2,400,000 | （貸）資 本 金 | 1,600,000 |
| 新 株 予 約 権 | 800,000 | 資 本 準 備 金 | 1,600,000◄ |

¥4,000×200個＝¥800,000

（¥2,400,000＋¥800,000）÷２＝¥1,600,000

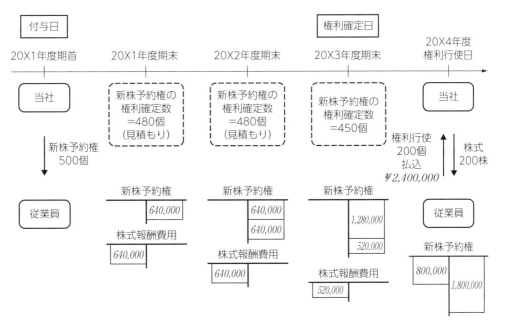

(3) 新株予約権付社債

一定の条件で発行した企業の株式に転換できる権利が付いた社債を**新株予約権付社債**と
いい，新株予約権と社債が別々に存在しないことが募集事項に定められている「転換社債
型新株予約権付社債」とそれ以外の「その他の新株予約権付社債」に分類される。

新株予約権付社債は，新株予約権付社債の発行にともなう払込金額または取得原価を社
債の対価部分と新株予約権の対価部分とに区分して処理する**区分法**と，社債の対価部分と
新株予約権の対価部分とを区分せずに，普通社債の発行に準じて処理する**一括法**がある。

例 当社は20X1年度期首において，社債額面金額¥10,000,000，新株予約権10個の新株予約
権付社債を発行し，払込金額は当座預金とした。なお，社債の払込金額は額面¥100につき
¥94であり，新株予約権付社債は１個につき¥100,000である。ただし，会計処理は区分法
によること。

$¥10,000,000 × \dfrac{¥94}{¥100} = ¥9,400,000$

| （借）当 座 預 金 | 10,400,000 | （貸）社 債 | 9,400,000 |
| | | 新 株 予 約 権 | 1,000,000◄ |

¥100,000×10個＝¥1,000,000

6－9 次の一連の取引の仕訳を示しなさい。

(1) 株主になろうとする者に対して，新株予約権100個（新株予約権1個当たりの交付株式数1株，権利行使価格¥12,000）を1個当たり¥600で交付し，払込金は当座預金とした。

(2) 新株予約権70個が権利行使され，株式70株（株価は1株当たり¥12,500）を交付するとともに，払込金は当座預金とした。払込金と新株予約権の簿価の合計額の2分の1は資本金に計上しないこととした。

(3) 権利行使期限が到来し，残りの新株予約権30個は失効した。

	借　　方	貸　　方
(1)		
(2)		
(3)		

6－10 当社は，20X1年度期首において，従業員に対してストック・オプションとして新株予約権600個を付与した。新株予約権1個当たりの交付株式数は1株，権利行使価格は¥14,000，付与日の1個当たりの価格は¥3,000，権利確定までの期間は3年であった。次の取引の仕訳を示しなさい。

(1) 20X1年度の決算において，株式報酬費用を計上する。なお，新株予約権の権利確定数は480個と見積もられた。

(2) 20X2年度の決算において，株式報酬費用を計上する。

(3) 20X3年度の決算において，株式報酬費用を計上する。なお，権利確定期間が終了し，新株予約権の最終的な権利確定数は440個であった。

(4) 20X4年度において200個の新株予約権が行使され，払込金は当座預金とした。払込金と新株予約権の簿価の合計額の2分の1は資本金としない。

	借　　方	貸　　方
(1)		
(2)		
(3)		
(4)		

6－11　次の一連の取引の仕訳を示しなさい。
(1)　次の新株予約権40個を1個当たり¥30,000で交付し，払込金は当座預金とした。
　　　　新株予約権1個当たりの交付株式数　1株　　権利行使価格　¥50,000
(2)　新株予約権36個が行使され，株式36株を交付するとともに，払込金は当座預金とした。ただし，払込金と新株予約権の簿価の合計額の2分の1は資本金に計上しない。
(3)　権利行使期限が到来し，残りの新株予約権4個は失効した。

	借　　　　　方	貸　　　　　方
(1)		
(2)		
(3)		

◆発展問題……………………………………………………………………………………………

6－12　わが国の会計諸基準に照らして，次の文章のうち正しいものには○を，誤っているものには×を解答欄に記入しなさい。
(1)　新株予約権は，純資産の部に特別の区分を設けて表示される。
(2)　従業員に対して報酬の一部として付与される新株予約権をオプション取引という。
(3)　新株予約権が行使されて株式を交付したときには，払込金とともにその他資本剰余金に振り替える。
(4)　一定の条件で発行した企業の株式に転換できる権利が付いた社債を新株予約権付社債といい，区分法と一括法の2つの処理方法がある。

(1)	(2)	(3)	(4)

6－13　次の取引の仕訳を示しなさい。
(1)　前期の期首に新株予約権100個を1個あたり5,000円で発行していたが，当期において，そのうち50個が権利行使され，全額が当座預金に入金された。なお，この新株予約権の権利を行使するにあたって払い込むべき金額は1個あたり105,000円である。また，資本金とする金額は会社法規定の最低限度額とする。
(2)　×4年4月1日に，額面総額1,000,000円の転換社債型新株予約権付社債を額面@100円につき@98円，新株予約権は，1個につき500円で200個発行し，全額の払い込みを受け当座預金とした。ただし，会計処理は区分法による。

	借　方　科　目	金　　　額	貸　方　科　目	金　　　額
(1)				
(2)				

6-14 次の資料に基づき，(1)から(4)に答えなさい。（決算年1回　3月31日）

<資　料>

×1年4月1日　　株主になろうとする者に対して，次の条件で新株予約権500個を1個あたり10,000円で交付し，払込金額は当座預金とした。

条件　1．新株予約権1個につき発行する株式は1株である。
　　　2．権利行使期間は×2年4月から×2年9月までである。
　　　3．権利行使価額は1株あたり50,000円である。

×1年7月1日　　従業員に対してストック・オプションとして新株予約権150個を次の条件で付与した。

条件　1．付与日から2年経過後（×3年7月）に権利行使ができる。
　　　2．新株予約権1個につき発行する株式は2株である。
　　　3．権利行使価額は1株あたり50,000円である。
　　　4．付与日の1個あたりの公正な評価額は20,000円である。

×2年3月31日　　×1年度の決算において，株式報酬費用を計上した。なお，新株予約権の権利確定数は144個と見積もられた。

×2年4月1日　　新株予約権480個が権利行使され，株式480株（株価は1株あたり65,000円）を交付するとともに，払込金は当座預金とした。資本金に計上する金額は原則的な方法によること。

×2年10月1日　　×1年4月1日に交付した新株予約権の権利行使期限が終了し，新株予約権20個が失効した。

×3年3月31日　　×2年度の決算において，株式報酬費用を計上した。なお，新株予約権の権利確定数は138個と見積もられた。

(1) ×1年度末（×2年3月31日）の貸借対照表における新株予約権の金額を求めなさい。
(2) ×2年4月1日の取引で増加する資本金の金額を求めなさい。
(3) ×2年10月1日の取引の仕訳を示しなさい。
(4) ×3年3月31日の取引で計上される株式報酬費用の金額を求めなさい。

(1) 新株予約権の金額 _____ 円

(2) 資本金の金額 _____ 円

(3)

借　方　科　目	金　　　額	貸　方　科　目	金　　　額

(4) 株式報酬費用の金額 _____ 円

6-15 次の資料に基づき，(1)から(5)に答えなさい。(決算年1回　3月31日)

<資　料>

① 第1期（会社設立時）に関する事項

　　当社は，会社設立時に，株式1,500株を1株につき60,000円で発行し，全額の引受け・払い込みを受け，払込金を当座預金とした。原則的な方法によること。

② 第2期に関する事項

　1．事業拡張のため設立後初めて増資を行うこととし，株式500株を1株につき60,000円で発行し，全額の引受け・払い込みを受け当座預金とした。ただし，払込金額のうち，資本金に計上しない金額は，会社法に規定する最高限度額とした。

　2．株主になろうとする者に対して，新株予約権400個（新株予約権1個あたりの交付株式数1株，権利行使価格60,000円）を1個あたり5,000円で交付し，払込金額は当座預金とした。

③ 第3期に関する事項

　1．株主総会において，繰越利益剰余金を次のとおり配当および処分することを決議した。なお，当社の純資産は，資本金（　ア　）円　資本準備金（各自推定）　利益準備金3,000,000円　別途積立金500,000円　繰越利益剰余金1,980,000円（貸方）である。

　　　　配　当　金　1,500,000円　　　　利益準備金　会社法に規定する額
　　　　別途積立金　　100,000円

　2．前期に発行した新株予約権のうち380個が権利行使され，株式380株（株価は1株あたり73,000円）を交付するとともに，払込金は当座預金とした。ただし，払込金額のうち，資本金に計上しない金額は，会社法に規定する最高限度額とした。

(1)　第2期に関する事項　2．の新株予約権交付時の新株予約権の金額を計算しなさい。

(2)　第3期に関する事項　1．の資本金（　ア　）の金額を計算しなさい。

(3)　第3期に関する事項　2．の権利行使を受けたことによる資本金の増加額を計算しなさい。

(4)　第3期末の貸借対照表に記載される利益準備金の金額を計算しなさい。

(5)　第4期において，権利行使期間が満了し，残りの新株予約権20個が失効したときの新株予約権戻入益の金額を計算しなさい。

(1)　新株予約権の金額		円
(2)　資本金（ア）の金額		円
(3)　資本金の増加額		円
(4)　利益準備金の金額		円
(5)　新株予約権戻入益の金額		円

6−16 当社（決算年1回　3月末日）は従業員に対して労働の報酬として，新株予約権を付与するストック・オプション制度を導入している。次の<資料>に基づき（　ア　）～（　オ　）にあてはまる金額（単位：円）または勘定科目を答えなさい。

<資　料>

① ×1年10月1日，従業員200人に対してストック・オプションとして1人当たり5個の新株予約権を付与した。
② 付与日における公正な評価単価：新株予約権1個当たり3,000円
③ 権利行使により与えられる株式数：新株予約権1個につき1株（合計1,000株）
④ 権利行使価格：1株当たり12,000円
⑤ 権利確定日：×3年9月30日
⑥ 権利行使期間：×3年10月1日～×5年9月30日

×2年3月31日，決算において，新株予約権の権利確定数は980個と見積もられた。

（借）	株 式 報 酬 費 用	735,000	（貸）	新 株 予 約 権	735,000

×3年3月31日，決算において，新株予約権の権利確定数は940個と見積もられた。

（借）	株 式 報 酬 費 用	（　ア　）	（貸）	新 株 予 約 権	（　ア　）

×3年9月30日，対象勤務期間が終了した。新株予約権の最終的な権利確定数は920個であった。

（借）	株 式 報 酬 費 用	645,000	（貸）	新 株 予 約 権	645,000

×5年8月31日，800個の新株予約権が行使され，払込金は当座預金とした。なお，資本金への組入れは会社法が規定する最低限度額とする。

（借）	当 座 預 金 新 株 予 約 権	（　イ　） （　ウ　）	（貸）	資　本　金 資 本 準 備 金	？ ？

×5年9月30日，権利行使期限が到来し，残りの新株予約権が失効した。

（借）	新 株 予 約 権	（　エ　）	（貸）	（　オ　）	（　エ　）

(ア)		円	(イ)		円
(ウ)		円	(エ)		円
(オ)					

●POINT

5　分配可能額

　会社法では，株主と債権者との利害調整を目的として，会社が配当や自己株式の取得を行うことができる限度額を定めている。この限度額を**分配可能額**という。

　分配可能額は，基本的には，会社の剰余金の額とされ，自己株式があればこれを減額し，さらに会社法はその他分配可能額から控除すべき額を定めている。

$$
分配可能額 ＝ ①剰余金の額 － \left(\begin{array}{c} 自己株式の \\ 帳簿価額 \end{array} ＋ ② \begin{array}{c} 会社法で定める \\ その他減ずるべき額 \end{array} \right)
$$

① 　剰余金の額＝その他資本剰余金＋その他利益剰余金
② 　会社法で定めるその他減ずるべき額
　 ⅰ 　その他有価証券評価差額金の借方残高
　 ⅱ 　のれん等調整額の超過額＝(のれん÷2＋繰延資産)－(資本金＋資本準備金＋利益準備金)
　　　　　　　　　　　　　　　　　のれん等調整額

例　次の資料から分配可能額を求める。

＜資　料＞

```
資      産    300,000千円 (のれん150,000千円と繰延資産45,000千円を含む)
負      債    120,000千円
純  資  産    180,000千円
    内  訳：資    本    金  81,000千円    資 本 準 備 金  12,000千円
            その他資本剰余金  15,000千円    利 益 準 備 金   6,000千円
            任 意 積 立 金  27,000千円    繰越利益剰余金  45,000千円
            自  己  株  式  △5,500千円  その他有価証券評価差額金  △500千円 (借方残高)
```

① 　剰余金の額：15,000千円＋27,000千円＋45,000千円＝87,000千円
② 　自己株式：5,500千円
③ 　有価証券評価差額金の借方残高：500千円
④ 　のれん等調整額の超過額：(150,000千円÷2＋45,000千円)
　　　　　　　　　　　　　　　－(81,000千円＋12,000千円＋6,000千円)＝21,000千円

分配可能額：87,000千円①－(5,500千円②＋500千円③＋21,000千円④)＝<u>60,000千円</u>

➡　分配時点前の自己株式の処分差損益

　分配時点前の自己株式の処分による損益は，分配時点の剰余金の算定においては反映させるが，分配可能額の計算においては，剰余金の額から自己株式の処分価額を差し引くことにより，自己株式の処分差損益を反映させない。

総論 1編

各論 2編 [1]

各論 3編 [2]

各論 4編 [3]

財務諸表の活用 5編

監査と職業会計人 6編

例 次の資料から，(1)分配時点の剰余金，(2)分配可能額を求める。

＜資　料＞

1．決算日における純資産　120,000千円

　　純資産内訳：　資　　本　　金　54,000千円　　　資本準備金　　9,000千円

　　　　　　　　　その他資本剰余金　10,000千円　　　利益準備金　　4,000千円

　　　　　　　　　その他利益剰余金　48,000千円　　　自　己　株　式　△5,000千円

2．分配時点前の取引

　　　自己株式（1株の帳簿価額50千円）のうち，40株を1株につき60千円で処分し，

　受け取った代金は当座預金とした。

　取引仕訳

　　　（借）当　座　預　金　2,400千円（貸）自　己　株　式　2,000千円

　　　　　　　　　　　　　　　　　　　　　その他資本剰余金　　400千円

　　　　　　　　　　　その他資本剰余金：10,000千円＋400千円

(1)　分配時点の剰余金：10,400千円＋48,000千円＝58,400千円

(2)　分配可能額：58,400千円(1)－3,000千円－2,400千円＝53,000千円

　　　　　　　　　　　　　　　　自己株式処分価額：2,400千円

　　　　　　　　　　　　　　　　自己株式：5,000千円－2,000千円

◆練習問題‥‥

6－17 次の資料にもとづいて，(1)剰余金の額，(2)分配可能額，(3)資産の額にのれん80,000千円および繰延資産24,000千円が含まれる場合の分配可能額を，それぞれ求めなさい。

＜資　料＞

　　資　産　160,000千円　　　負　債　64,000千円　　　純資産　96,000千円

　　　純資産内訳：資　　本　　金　43,200千円　　　資本準備金　　6,400千円

　　　　　　　　　その他資本剰余金　8,000千円　　　利益準備金　　3,200千円

　　　　　　　　　任意積立金　　14,400千円　　　繰越利益剰余金　24,000千円

　　　　　　　　　自　己　株　式　△3,200千円

(1)	千円	(2)	千円	(3)	千円

◆確認テスト‥‥‥

6－18 次のA社とB社に関する資料から，それぞれの会社の分配可能額を求めなさい。

資　料

(1)　A社：資　産　150,000千円　　　負　債　60,000千円　　　純資産　　90,000千円

　　　　　純資産内訳：資　　本　　金　　40,000千円　　　資本準備金　　6,500千円

　　　　　　　　　　　その他資本剰余金　　7,500千円　　　利益準備金　　3,000千円

　　　　　　　　　　　その他利益剰余金　36,500千円　　　自　己　株　式　△3,500千円

(2)　B社：資　産　500,000千円（のれん60,000千円と繰延資産140,000千円が含まれている）

　　　　　　　　　　　　　　　　　負　債　200,000千円　　　純資産　300,000千円

　　　　　純資産内訳：資　　本　　金　136,000千円　　　資本準備金　　20,000千円

　　　　　　　　　　　その他資本剰余金　30,000千円　　　利益準備金　　10,000千円

　　　　　　　　　　　その他利益剰余金　120,000千円　　　自　己　株　式　△16,000千円

A社	千円	B社	千円

◆発展問題‥‥‥‥‥‥‥‥‥‥‥‥‥‥‥‥‥‥‥‥‥‥‥‥‥‥‥‥‥‥‥‥‥‥‥‥‥

6-19 次の資料から，分配可能額を求めなさい。

<資　料>

　　　資　　　　　産　440,000千円（のれん140,000千円と繰延資産80,000千円が含まれている）

　　　負　　　　　債　205,500千円

　　　純　資　産　234,500千円

　　　内訳：資　　本　　金　80,000千円　　資　本　準　備　金　30,000千円

　　　　　　その他資本剰余金　5,000千円　　利　益　準　備　金　30,000千円

　　　　　　任　意　積　立　金　10,000千円　　繰越利益剰余金　93,000千円

　　　　　　自　己　株　式　△10,500千円　　その他有価証券評価差額金　△3,000千円

　　　分配可能額 | | 千円 |

6-20 次の資料にもとづいて，(1)×1年3月31日の剰余金の額，(2)×1年5月31日の剰余金の額，(3)×1年5月31日における分配可能額を，それぞれ求めなさい。なお，当社の決算日は3月末日である。

<資　料>

　　1．×1年3月31日の貸借対照表（一部）

貸　借　対　照　表

×1年3月31日　　　　　　　　　（単位：千円）

⋮		⋮	
の　れ　ん	300,000	資　本　金	140,000
繰　延　資　産	12,000	資　本　準　備　金	12,000
⋮		その他資本剰余金	4,300
		利　益　準　備　金	8,000
		繰越利益剰余金	63,800
		自　己　株　式　△	12,000
		その他有価証券評価差額金　△	3,000

　　2．×1年5月31日までの純資産に関する取引

　　　　4月30日　自己株式（1株の帳簿価額50千円）のうち，100株を1株につき65千円で売却し，受け取った代金は当座預金とした。

　(1)　×1年3月31日の剰余金の額 | | 千円 |

　(2)　×1年5月31日の剰余金の額 | | 千円 |

　(3)　×1年5月31日の分配可能額 | | 千円 |

6　株主資本等変動計算書の作成

　株主資本等の純資産を構成する各項目について，当期中の増減を表示する計算書を**株主資本等変動計算書**といい，株主資本等変動計算書に記載する各項目を増減させる取引には，次のようなものがある。

① 株式の発行による資本金および資本剰余金の増加
② 当期純利益
③ 配当金の支払い
④ 自己株式の取得および処分
⑤ 資本金，準備金および剰余金間の計数の変動
⑥ 評価・換算差額等の当期変動額（純額）
⑦ 新株予約権の当期変動額（純額）

◆練習問題⋯⋯⋯⋯⋯⋯⋯⋯⋯⋯⋯⋯⋯⋯⋯⋯⋯⋯⋯⋯⋯⋯⋯⋯⋯⋯⋯⋯⋯⋯⋯⋯

6－21　次の取引の仕訳を示し，株主資本等変動計算書を完成しなさい。

(1)　株主総会において，繰越利益剰余金1,000千円の配当を行うことを決議した。なお，配当にともない利益準備金100千円を計上した。

(2)　自己株式（1株の帳簿価額50千円）のうち，30株を1株につき60千円で売却し，受け取った代金は当座預金とした。

(3)　自己株式（1株の帳簿価額50千円）10株を消却した。

(4)　新株予約権100個（新株予約権1個当たりの交付株式数1株，権利行使価格50千円）を1個につき5千円で発行し，受け取った払込金額500千円は当座預金とした。

(5)　(4)で発行した新株予約権のうち80個の権利行使があったので新株式を交付し，払い込みを受けた権利行使価額4,000千円を当座預金とした。なお，新株の発行による資本金組入額は，会社法規定の最低限度額とする。

(6)　決算において，その他有価証券として保有する次の株式を時価によって評価した。

銘　柄	株　数	取得原価（1株当たり）	時　価（1株当たり）
福岡工業株式会社	30株	60千円	70千円
佐賀商事株式会社	10株	20千円	25千円

(7)　当期純利益は1,500千円であった。

（単位：千円）

	借　　　方	貸　　　方
(1)		
(2)		
(3)		
(4)		
(5)		
(6)		
(7)		

<u>株主資本等変動計算書</u>

自20X1年4月1日　至20X2年3月31日　　　　　（単位：千円）

	株主資本								評価・換算差額等	新株予約権	純資産合計
	資本金	資本剰余金		利益剰余金			自己株式	株主資本合計	その他有価証券評価差額金		
		資本準備金	その他資本剰余金	利益準備金	その他利益剰余金						
					別途積立金	繰越利益剰余金					
当期首残高	50,000	2,000	1,300	5,000	900	24,800	△2,500	81,500	—	—	81,500
当期変動額											
新株の発行											
剰余金の配当											
当期純利益											
自己株式の処分											
自己株式の消却											
株主資本以外の項目の当期変動額（純額）											
当期変動額合計											
当期末残高											

6－22 わが国の会計諸基準に照らして，次の文章のうち正しいものには○を，誤っているものには×を解答欄に記入しなさい。

(1) 株主資本等変動計算書において，株主資本以外の項目である評価・換算差額等および新株予約権の変動は，純額で一括表示する。

(2) 株主資本等変動計算書は株主資本を構成する項目についてのみ，当期中の増減を表示する計算書である。

(3) 新株予約権は株主資本ではないので，株主資本等変動計算書にはその変動額は表示されない。

(4) 株主資本等変動計算書とは，株主資本等の資産を構成する各項目について当期中の増減を表示する計算書である。

(1)	(2)	(3)	(4)

7章 損益会計

▶教科書p.82〜103

●POINT

1 収益と費用

企業会計では，企業の経営成績を明らかにするために損益計算が行われる。

収益は，一会計期間における企業の経済活動の成果である。

費用は，成果（収益）を得るために生じた犠牲である。

損益計算では，収益と費用を，発生主義や実現主義，費用収益対応の原則に従って認識・測定を行い，最終的に純利益が計算される。

2 損益計算の基準－「収益認識に関する会計基準」

(1) 「収益認識に関する会計基準」の経緯

収益認識の考え方

【従　来】実現主義の原則のもとで行われてきた。（販売による財またはサービスの提供と，対価の受取りという2つの要件が満たされることで収益の認識を行う。）

【新基準】権利や義務といった客観的に確認できる資産（経済的資源）・負債（経済的資源を引き渡す義務）の変動に着目して収益の認識を行う。

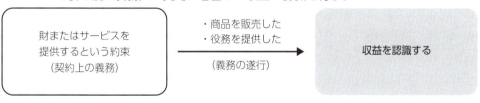

(2) 「収益認識に関する会計基準」の基本的な考え方

顧客との契約ごとに，財またはサービスを提供する義務である**履行義務**を識別し，その履行義務の充足をもって収益の認識を行う。

(3) 収益認識の5つのステップ
　　　収益の認識は，次の5つのステップを踏むことによって行われる。

> ステップ1：顧客との契約を識別する。
> ステップ2：契約における履行義務を識別する。
> ステップ3：取引価格を算定する。
> ステップ4：履行義務に取引価格を配分する。
> ステップ5：履行義務の充足により収益を認識する。

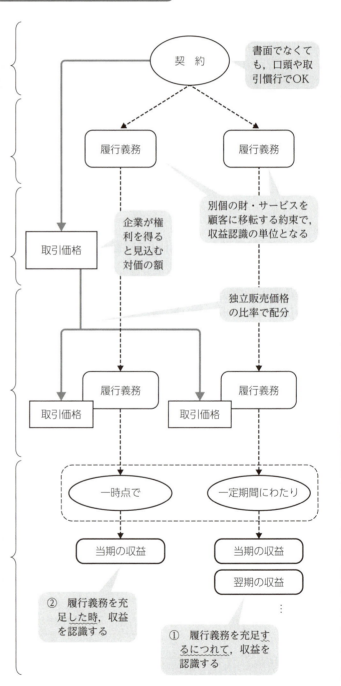

| ステップ1 | 契約の識別 |

・権利や支払条件を確認する。
・取引の実態を見て，バラバラの
　契約を1つにまとめる。

| ステップ2 | 履行義務の識別 |

・顧客に財・サービスを移転する
　約束について，履行義務（収益
　認識の単位）を特定する。

| ステップ3 | 取引価格の算定 |

・契約上の金額どおりになるとは
　限らない。あらかじめ返金，値
　引きなどを見積もる。
　（顧客から受け取れそうな金額）

| ステップ4 | 取引価格の配分 |

・契約の中に，2つ以上の履行義
　務がある場合は，「独立販売価
　格」の比率で配分する。
・独立販売価格は，財・サービス
　を別々に販売する場合の，それ
　ぞれの価格のこと。
※契約に履行義務が1つしかない
　場合は，このステップ4は不要。

| ステップ5 | 履行義務の充足 |

・収益を認識するタイミングは，
　次の2パターンがある。
①一定期間にわたって徐々に収益
　を認識していく。
　例）ビル清掃サービスのような
　　　日常・反復的に行うサービス
②一時点で収益を認識する。
　例）商品（本体）の引き渡し

3 商品販売の形態と会計処理

(1) 一般的な商品販売

売り主から顧客に財またはサービスが移転され，顧客が財またはサービスの支配を獲得した時点で売上収益を認識する。

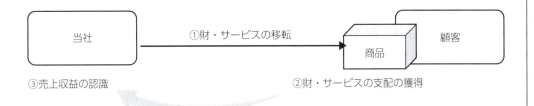

例 当社は，顧客に商品を現金販売価格¥300,000で売り渡し，顧客から商品の検収が終了したとの連絡を受けた。

（借）売　掛　金　　300,000　　（貸）売　　　　　上　　　300,000

(2) 返品権付きの商品販売

返品権が付いている商品を販売した場合，顧客から受け取る予定の代金等については，金額が変わる可能性がある。

つまり，返品権付き商品販売における対価は，**変動対価**となる。

そのため，返品されるであろう部分を考慮しつつ，売上金額を見積もる必要がある。

つまり，返品が見込まれる部分を控除して，売上収益を認識する。

なお，返品が見込まれる部分については，**返金負債**を認識する。

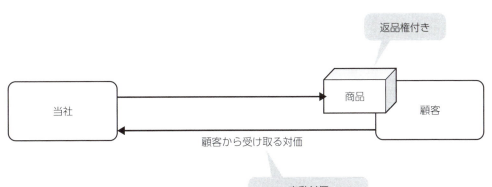

例 (1) 当社は，顧客に返品権を付けて商品200個（原価@¥1,050）を現金販売価格@¥1,400で売り上げ，代金は掛けとした。過去の取引データにもとづいて，返品権の行使率を12%と見積もった。

(2) 返品期限内に返品権が行使され，上記商品のうち20個が返品され，代金は売掛金から控除された。

（収益の計上）

(1) （借）売　掛　金　　　280,000　（貸）売　　　　　　上　　246,400
　　　　　　　　　　　　　　　　　　　　　　返　金　負　債　　33,600

　　　　200個×@¥1,400＝¥280,000⋯　　　　　（200個×@¥1,400）×12%＝¥33,600⋯

(2) （借）返　金　負　債　　33,600　（貸）売　掛　金　　28,000◀
　　　　　　　　　　　　　　　　　　　　　　売　　　　　　上　　5,600

　　　　　　　　　　　　　　　　　　　　20個×@¥1,400＝¥280,000⋯

（原価の計上）

(1) （借）売　上　原　価　　184,800　（貸）仕　　　　　　入　　210,000
　　　　返　品　資　産　　25,200

　　　（200個×@¥1,050）×12%＝¥25,200⋯　　　200個×@¥1,050＝¥210,000⋯

(2) （借）仕　　　　　　入　　21,000　（貸）返　品　資　産　　25,200
　　　　売　上　原　価　　4,200

　　　　　　　⋯20個×@¥1,050＝¥21,000

(3) 重要な金融要素を含む商品販売

　顧客に財またはサービスを提供したあと，顧客から入金してもらうまでの期間が長い場合など，受け取る対価の額の中には，金利に相当する部分（金融要素）が含まれていると考えられる。

　このように，顧客との契約に重要な金融要素が含まれる場合，取引価格の算定（ステップ3）では，約束した対価の額に含まれる金利相当の部分を調整する必要がある。

　つまり，

① 売上収益は，提供した財またはサービスを現金で販売したときの価格で計上し，

② 金利相当分は，金融収益（受取利息）として計上する。

例 (1) 当社は，契約により顧客に現金販売価格¥100,000の商品を販売した。契約において約束された対価は¥103,000であり，対価の受取りは契約締結日から1年後であった。現金販売価格と受け取る対価との差額¥3,000は，重要な金融要素と認められた。

(2) 契約締結日から1年後，代金を現金で回収した。

(1) （借）売　掛　金　　　100,000　（貸）売　　　　　　上　　100,000

(2) （借）現　　　　　　金　　103,000　（貸）売　掛　金　　100,000
　　　　　　　　　　　　　　　　　　　　　　受　取　利　息　　3,000

106

続 1 編 論

各 2 編 論 [1]

各 3 編 論 [2]

各 4 編 論 [3]

財 5 編 務諸表の活用

6 編 装置と原価会計入

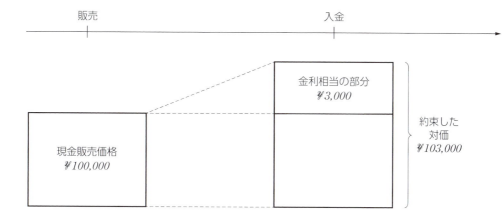

(4) 保証サービス付きの商品販売

　　商品を販売するときに，保証サービスを付けることがある。

　　このとき，「商品を引渡す」という履行義務と，「保証サービスを提供する」という履行義務とに分けて考える必要がある。

　　すでに顧客から代金を受け取っていたとしても，まだサービスを提供していない（履行義務を充足していない）部分については，**契約負債**を計上する。

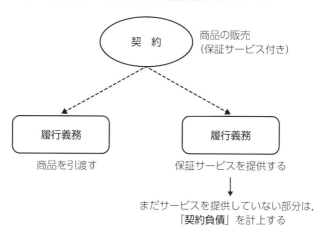

例　(1)　当社は，顧客に，製品に追加の有料保証サービスを付けて¥100,000で販売した。この保証サービスは２年間にわたって提供する。製品を単独で販売した場合の独立販売価格は¥98,000であり，２年間の保証サービスの独立販売価格は¥4,000である。計算過程で生じた端数は，円未満を四捨五入すること。

　　(2)　契約締結日から１年が経過し，１年分の保証サービスの提供に関する売上収益を計上した。

$$¥100,000 \times \frac{¥98,000}{¥98,000 + ¥4,000} = ¥96,078$$

　　(1)　(借) 売　　掛　　金　　　100,000　(貸) 売　　　　　　上　　　　96,078
　　　　　　　　　　　　　　　　　　　　　　　　契　約　負　債　　　　3,922

$$¥100,000 \times \frac{¥4,000}{¥98,000 + ¥4,000} = ¥3,922$$

　　(2)　(借) 契　約　負　債　　　　1,961　(貸) 売　　　　　　上　　　　 1,961
　　　　　　　　　　　　　　　　　　　　　　　　(役　務　収　益)

$$¥3,922 \times \frac{1年}{2年} = ¥1,961$$

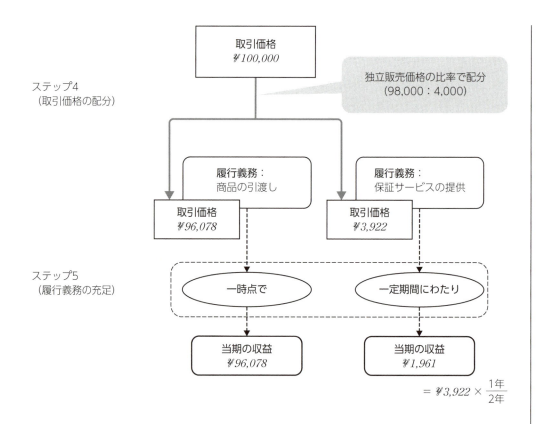

ステップ4
(取引価格の配分)

取引価格
¥100,000

独立販売価格の比率で配分
(98,000：4,000)

履行義務：
商品の引渡し

取引価格
¥96,078

履行義務：
保証サービスの提供

取引価格
¥3,922

ステップ5
(履行義務の充足)

一時点で

一定期間にわたり

当期の収益
¥96,078

当期の収益
¥1,961

$$= ¥3,922 \times \dfrac{1年}{2年}$$

(5) **委託販売契約**

委託販売契約とは，商品・製品を最終顧客に販売するために，販売業者などに商品・製品を引き渡す販売契約をいう。

委託販売では，販売業者など（委託先）に商品・製品を引き渡した時点ではなく，最終顧客への販売時に売上収益を認識する。

<u>委託先への商品の引渡し</u>

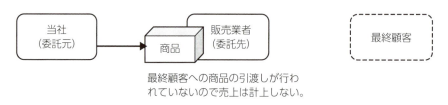

当社
(委託元)

商品

販売業者
(委託先)

最終顧客

最終顧客への商品の引渡しが行われていないので売上は計上しない。

<u>最終顧客への商品の引渡し</u>

当社
(委託元)

販売業者
(委託先)

商品

最終顧客

最終顧客への商品の引渡しが行われたので売上を計上する。

総論 1 編

各論 2 編 [1]

各論 3 編 (2)

各論 4 編 (3)

財務諸表の活用 5 編

監査と職業会計人 6 編

例 (1) 製造業者のA社は，最終顧客への販売のために，販売業者のB社と委託販売契約を締結した。委託した商品は1,000個であり，その小売価格は¥900，販売手数料は小売価格の12％である。

　　なお，B社の店舗にある商品はA社が支配している。

(2) B社は，最終顧客に商品850個（現金販売価格¥900）を販売し，代金を現金で回収した。

（A社）

(1) 仕訳なし

(2) （借）売　掛　金　　673,200　（貸）売　　　上　　　765,000
　　　　支 払 手 数 料　　 91,800

　　　　　　　　　　　　　　　　850個×@¥900＝¥765,000

　　　　　　　　850個×@¥900×12％＝¥91,800

（B社）

(1) 仕訳なし

(2) （借）現　　　金　　　765,000　（貸）買　掛　金　　　673,200
　　　　　　　　　　　　　　　　　　　受 取 手 数 料　　 91,800

<u>最終顧客への商品の引渡し</u>

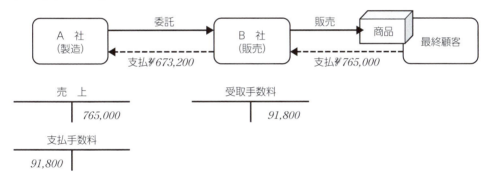

(6) **１つの契約で２つの商品を販売するとき（支払条件付き）** …… 日商２級の範囲

　　たとえば，１つの契約のなかに，２つの商品を販売する約束（２つの履行義務）があり，２つ（両方）の商品を引き渡す（２つの履行義務を充定する）ことを条件に，顧客から商品代金が支払われるとする。

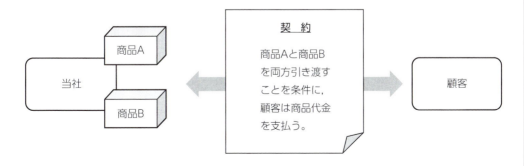

1つ（片方）の商品を販売して引き渡しただけでは，まだ代金の請求ができないので，売掛金（債権）ではなく，前段階として「契約資産」を計上する。

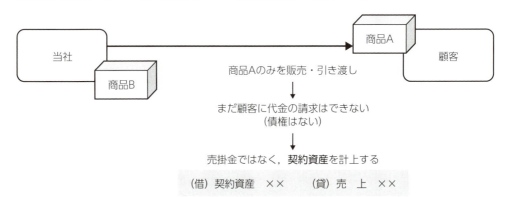

　すべての商品を引き渡したら，商品代金を請求できるので，売掛金（債権）を計上する。

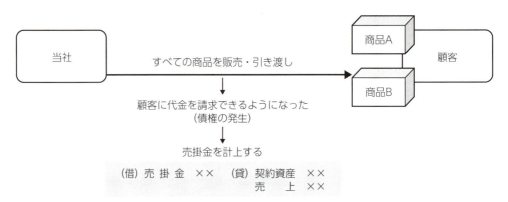

例　当社は，顧客に対して，商品A¥1,000および商品B¥500を合わせて販売する契約を締結した。この契約では，商品Aと商品Bの両方を顧客に対して引き渡すことを条件に代金が支払われることになっている。なお，商品Aと商品Bの引渡しは独立した履行義務であり，それぞれ顧客に引き渡した時点で履行義務は充足されるものとする。
(1)　商品A¥1,000を顧客に引き渡した。
(2)　商品B¥500を顧客に引き渡した。
(3)　顧客より商品Aと商品Bの代金¥1,500を現金で受け取った。

(1)	(借)	契 約 資 産	1,000	(貸)	売			上		1,000
(2)	(借)	売 掛 金	1,500	(貸)	契 約 資 産					1,000
					売			上		500
(3)	(借)	現 金	1,500	(貸)	売	掛		金		1,500

(7)　売上割戻し（リベート）の条件付きの販売 …… 日商2級の範囲
　売上割戻し（リベート）は変動対価となるため，その見積額の分は売上（収益）には計上せず，「返金負債」として計上する。

例 当社は，顧客に対して，商品を1個当たり¥50で販売する契約を締結した。この契約では，購入数量にもとづく売上割戻し（リベート）が定められている。

売上割戻しの契約内容

　　条件：一定の期間内に商品を100個以上購入

　　返金：1個当たり¥10を返金する

(1) 商品80個を販売し，代金は掛けとした。なお，売上割戻しの条件が達成される可能性は高い。

(2) 商品40個を販売し，代金は掛けとした。また，条件が達成されたので，売上割戻し（リベート）として現金¥1,200を支払った。

(1)	(借)	売　掛　金	4,000	(貸)	売　　上	3,200
					返　金　負　債	800
(2)	(借)	売　掛　金	2,000	(貸)	売　　上	1,600
					返　金　負　債	400
		返　金　負　債	1,200		現　　金	1,200

(8) **自社で付与するポイント（カスタマー・ロイヤルティ・プログラム）** …… 日商1級の範囲

　　販売促進活動の一環として，商品を販売するさいに，顧客に対して自社ポイントを付与することがある。このとき，商品の販売と自社ポイントの付与は別個の履行義務として識別され，自社ポイントの付与分は「契約負債」として計上する。

例 当社は顧客に対して商品を販売するさいに，商品代金の10%のポイントを付与している。顧客は付与されたポイントを将来の商品購入時に1ポイント＝1円として使用できる。

(1) 当社は顧客に10,000円の商品を売り渡し，代金を現金で受け取った。（付与する1,000ポイントすべてが将来使用されると見込んでいる。）

(2) 当社は顧客に500円の商品を売り渡し，顧客は代金の全額に相当する500ポイントを使用した。（(1)の使用されると見込むポイント総数に変更はない。）

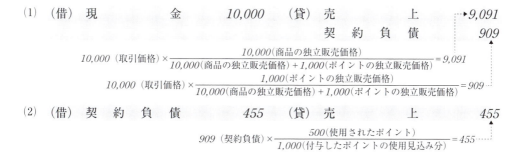

第7章　損益会計　111

４　工事契約

(1) 工事契約の会計処理
工事契約の会計処理においては，次の①〜③を合理的に見積もる。

① 工事収益総額
② 工事原価総額
③ 決算日における工事の進捗度

> 一定期間にわたって
> 収益を認識

各会計期間末における工事の進捗度に応じて工事原価と工事収益を計上する。

$$当期の工事収益 = 工事収益総額 \times 工事の進捗度 - \begin{matrix}前期までに計上した\\工\ 事\ 収\ 益\ 総\ 額\end{matrix}$$

$$工事の進捗度（\%）= \frac{当期までに発生した実際工事原価}{工事原価総額} \times 100$$

（工事契約の5つのステップの例）

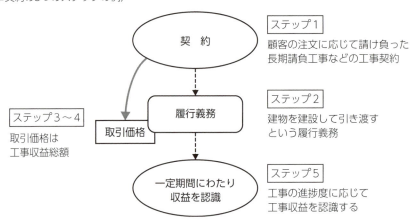

進捗度を合理的に見積もることができない場合は，履行義務が完了するか，進捗度を合理的に見積もることができるようになってはじめて工事収益を計上する。
なお，工事契約の対価を受け取る権利をあらわす勘定科目には契約資産が用いられる。

　契約資産 … 代金回収の権利で，支払期日以外の条件がある場合に用いる。売掛金とは区別される。

(2) 工事契約における見積りの変更と会計処理
工事契約の内容に変更が生じて，工事原価や工事収益などの見積りに変更が生じた場合，見積りの変更が行われた会計期間にその影響額を損益として処理する。

◆練習問題・・・

7－1 「収益認識に関する会計基準」に照らして，次の文章が表す語句を答えなさい。

(1) 顧客との契約において，財又はサービスを顧客に移転する約束。

(2) 企業が顧客に移転した財又はサービスと交換に受け取る対価に対する企業の権利。

(3) 財又はサービスを顧客に移転する前に，企業が顧客から受け取った内金等で，まだ履行されていない義務。

(4) 顧客と約束した対価のうち金額が変わる可能性のある部分。

(5) 顧客から受け取った対価のうち，リベートのような返金が見込まれる部分。

(1)	(2)	(3)

(4)	(5)	

7－2 次の取引の仕訳を示しなさい。

高知商事株式会社は，香川商店に商品を現金販売価格¥800,000で売り渡し，香川商店から，発送した商品の検収が終了したとの連絡を受けた。

借　　　　方	貸　　　　方

7－3 次の一連の取引の仕訳を示しなさい。

(1) 熊本商事株式会社は，長崎商店に返品権を付けて商品150個（原価@¥800）を現金販売価格@¥1,200で売り上げ，代金は掛けとした。過去の取引データにもとづいて，返品権の行使率を12%と見積もった。

(2) 返品期限内に返品権が行使され，上記商品のうち12個が返品され，代金は売掛金から控除された。

	借　　　　方	貸　　　　方
(1)		
(2)		

7－4 次の一連の取引の仕訳を示しなさい。

(1) 石川商事株式会社は，富山商店に現金販売価格¥700,000の商品を販売する契約を締結し，契約締結と同時に富山商店に商品を引き渡した。契約において約束された対価は¥713,200であり，石川商事株式会社による対価の受取りは契約締結日から1年後であることが合意された。現金販売価格と受け取る対価との差額は，重要な金融要素と認められた。

(2) 契約締結日から1年後，石川商事株式会社は，代金を現金で回収した。

	借　　　　方	貸　　　　方
(1)		
(2)		

7−5 次の一連の取引の仕訳を示しなさい。

(1) 三重製作株式会社は，和歌山商事株式会社に対して，製品とその製品に対する保証サービスを￥3,840,000で販売し，代金を現金で受け取った。この保証サービスは，契約上で合意された通常の品質保証とは別個のものであり，3年間にわたって提供するものである。製品を単独で販売した場合の独立販売価格は￥3,822,000であり，3年間の保証サービスの独立販売価格は￥78,000である。

(2) 契約締結日から1年が経過し，三重製作株式会社は，1年分の保証サービスの提供に関する売上収益を計上した。

	借　　　　方	貸　　　　方
(1)		
(2)		

7−6 次の一連の取引について，愛知製作株式会社の仕訳を示しなさい。なお，仕訳が不要な場合は，借方欄に「仕訳なし」と記入すること。

(1) 製造業者である愛知製作株式会社は，最終顧客への販売のために小売りチェーンである山梨販売株式会社と委託販売契約を締結した。委託した商品は300個であり，その小売価格は@￥500，販売手数料は小売価格の20％である。山梨販売株式会社の販売店舗にある当該商品の法的所有権は愛知製作株式会社が有しており，保管管理責任や保管リスクも愛知製作株式会社が負っている。

(2) 小売りチェーンの山梨販売株式会社は，個人顧客に商品260個（現金販売価格@￥500）を販売し，代金を現金で回収した。

	借　　　　方	貸　　　　方
(1)		
(2)		

7−7 次の一連の取引の仕訳を示しなさい。なお，工事原価勘定へは，"材料費・労務費・経費"勘定から振り替える。

(1) 秋田建設株式会社は，青森商事株式会社と建物の建設に関する工事契約を締結した。工事は，20X1年10月に着工し，20X3年度末（20X4年3月31日）までに完成する見込みである。取引価格である工事収益総額は￥120,000,000である。また，契約における工事原価総額は￥64,000,000と見積もった。なお，決算日は3月31日，会計期間は1年である。20X1年度末（20X2年3月31日）までに実際に発生した工事原価は￥9,600,000である。

(2) 20X2年度（20X2年4月1日〜20X3年3月31日）に実際に発生した工事原価は￥34,560,000である。

(3) 20X3年度（20X3年4月1日〜20X4年3月31日）に実際に発生した工事原価は￥19,840,000である。20X3年度末までに工事が完了し，完成した建物が青森商事株式会社に引き渡された。

	借　　　　方	貸　　　　方
(1)		
(2)		
(3)		

7-8 次の一連の取引の仕訳を示しなさい。なお，工事原価勘定へは，"材料費・労務費・経費" 勘定から振り替える。

(1) 山形建設株式会社は，岩手商事株式会社と建物の建設に関する工事契約を締結した。工事は，20X4年10月に着工し，20X6年度末（20X7年3月31日）までに完成する見込みである。取引価格である工事収益総額は¥240,000,000である。また，契約における工事原価総額は¥134,000,000と見積もった。なお，決算日は3月31日，会計期間は1年である。20X4年度末（20X5年3月31日）までに実際に発生した工事原価は¥18,760,000である。

(2) 20X5年度において工事契約の内容を変更することになった。この変更により，山形建設株式会社は工事原価が¥3,000,000増加すると見積もった。また，工事収益総額が¥248,000,000に変更された。20X5年度（20X5年4月1日〜20X6年3月31日）に実際に発生した工事原価は¥83,990,000である。

(3) 20X6年度（20X6年4月1日〜20X7年3月31日）に実際に発生した工事原価は¥34,250,000である。20X6年度末までに工事が完了し，完成した建物が岩手商事株式会社に引き渡された。

	借　　　　　方	貸　　　　　方
(1)		
(2)		
(3)		

◆確認テスト・・

7-9 次の文章の空欄にあてはまる語を答えなさい。

企業が主たる営業活動から生じる収益を認識するとき，まず（　ア　）との（　イ　）を識別のうえ，そこに含まれる（　ウ　）を，約束した財またはサービスごとに識別する。（　ア　）から受け取る対価にもとづいて契約の（　エ　）を算定し，財またはサービスごとに識別した（　ウ　）に（　エ　）を配分する。約束した財またはサービスの移転による（　ウ　）の（　オ　）をもって（　カ　）を行う。

ア	イ
ウ	エ
オ	カ

7−10 次の一連の取引について，売上収益の計上に関する仕訳を示しなさい。
(1) 広島商事株式会社は，岡山商店に返品権付きで商品800個（原価@¥700）を現金販売価格@¥1,200で売り上げ，代金は掛けとした。過去の取引データにもとづいて，返品権の行使率を8％と見積もった。この8％の行使率は，過去の取引データに照らして妥当であると判断した。
(2) 返品期限内に返品権が行使され，上記商品のうち50個が返品され，代金は売掛金から控除された。

	借　　　　方	貸　　　　方
(1)		
(2)		

7−11 次の一連の取引について，売上収益の計上に関する仕訳を示しなさい。
(1) 岐阜冷蔵株式会社は，業務用冷蔵庫を3年間の保守サービスを付け¥630,000で顧客に販売し，代金を現金で受け取った。冷蔵庫の独立販売価格は¥627,000であり，保守サービスの独立販売価格は¥33,000である。
(2) 契約締結日から1年が経過し，岐阜冷蔵株式会社は，1年分の保守サービスの提供に関する売上収益を計上した。

	借　　　　方	貸　　　　方
(1)		
(2)		

◆発展問題⋯⋯⋯⋯⋯⋯⋯⋯⋯⋯⋯⋯⋯⋯⋯⋯⋯⋯⋯⋯⋯⋯⋯⋯⋯⋯⋯⋯⋯⋯⋯⋯⋯⋯⋯⋯⋯⋯⋯

7−12 次の(1)～(3)の取引の仕訳を示しなさい。
　　山口産業株式会社は，顧客である島根商事株式会社に対して，商品X80,000円および商品Y70,000円を合わせて販売する契約を締結した。この契約では，商品Xと商品Yの両方を顧客に対して引き渡すことを条件に代金が支払われることになっている。なお，商品Xと商品Yの引渡しは独立した履行義務であり，それぞれ顧客に引渡した時点で履行義務は充足されるものとする。

(1) 山口産業株式会社は，島根商事株式会社に商品X80,000円を引き渡した。
(2) 山口産業株式会社は，島根商事株式会社に商品Y70,000円を引き渡した。
(3) 山口産業株式会社は，島根商事株式会社より商品Xと商品Yの代金150,000円を現金で受け取った。

	借　方　科　目	金　　　額	貸　方　科　目	金　　　額
(1)				
(2)				
(3)				

7－13 次の(1)(2)の取引の仕訳を示しなさい。

　滋賀商事株式会社は，顧客である三重商事株式会社に対して，商品を1個当たり250円で販売する契約を締結した。この契約では，購入数量に基づく売上割戻し（リベート）が定められており，その内容は，三重商事株式会社が当月（3月）中に商品を1,000個以上購入すれば，月末に1個当たり20円の金額をリベートとして売掛金と相殺することになっている。

(1)　3月12日，滋賀商事株式会社は，三重商事株式会社に商品700個を販売し，代金は掛けとした。なお，商品は3月中に1,000個以上購入されると見込まれた。

(2)　3月24日，滋賀商事株式会社は，三重商事株式会社に商品500個を販売し，代金は掛けとした。

(3)　3月31日，滋賀商事株式会社は，リベートとして1個当たり20円の金額を三重商事株式会社に対する売掛金と相殺した。

	借　方　科　目	金　　額	貸　方　科　目	金　　額
(1)				
(2)				
(3)				

7－14 次の(1)(2)の取引の仕訳を示しなさい。計算過程で生じる端数は，円未満を四捨五入すること。

　熊本電気株式会社は販売促進活動の一環として，顧客に対して商品を販売するさいに，商品代金の10％のポイントを付与している。顧客は付与されたポイントを将来の商品購入時に1ポイント＝1円として使用できる。

(1)　熊本電気株式会社は顧客に300,000円の商品を売り渡し，代金を現金で受け取った。また，顧客に対して30,000ポイントを付与した。なお，付与したポイントのうち90％の27,000ポイントが将来使用されると見込んでいる。

(2)　熊本電気株式会社は顧客に10,000円の商品を売り渡し，顧客は代金の全額に相当する10,000ポイントを使用した。なお，使用されると見込むポイント総数は25,000ポイントに変更された。

	借　方　科　目	金　　額	貸　方　科　目	金　　額
(1)				
(2)				

第2編
各論
[1]

第3編
各論
[2]

第4編
各論
[3]

第5編
財務諸表の活用

第6編
監査と職業会計人

リース会計

8章

▶教科書p.104〜110

●POINT

■ リース取引の意味と分類

リース物件の貸手が借手に対して，一定期間にわたり，一定のリース料の支払いを条件に当該リース物件の使用を約束する一連の取引を**リース取引**といい，ファイナンス・リース取引とオペレーティング・リース取引に分類される。

(1) ファイナンス・リース取引

リース物件に係る便益とコストのほとんどすべてを貸手が借手に対して移転する取引であり，次の2つの要件を満たす必要がある。

① **解約不能（ノン・キャンセラブル）**
② **フルペイアウト**

具体的な判断基準には，リース期間が経済的耐用年数の大部分を占め，支払うべきリース料の割引現在価値がリース物件の現金購入価額とほぼ同じであることなどがある。

また，貸手から借手にリース物件の所有権が移転する**所有権移転ファイナンス・リース取引**と所有権が移転しない**所有権移転外ファイナンス・リース取引**とがある。

(2) オペレーティング・リース取引

ファイナンス・リース取引以外のリース取引をいう。

■ ファイナンス・リース取引の借手の会計処理

ファイナンス・リース取引では，原則として，借手がリース物件を分割払いで購入したのと同様の結果が得られるように処理する（通常の売買取引に準じる）。

なお，リース資産の取得原価は次表のように求める。また，所有権移転外ファイナンス・リース取引で取得したリース資産の減価償却費は，耐用年数をリース期間，残存価額をゼロとして計算する。

	貸手の購入価額⇒判明	貸手の購入価額⇒不明
所有権移転ファイナンス・リース	貸手の購入価額	リース料総額の現在価値と見積現金購入価額のいずれか低い額
所有権移転外ファイナンス・リース	リース料総額の現在価値と貸手の購入価額のいずれか低い額	

例 20X1年4月1日に，次のリース取引を開始して，リース物件を調達した。なお，リース料の支払いは小切手によるものとし，計算過程で生じた端数は，千円未満を四捨五入すること。

＜リース取引＞

リースの分類：所有権移転外ファイナンス・リース取引
取得原価：リース料総額の現在価値（追加借入利子率　年3％）
リース期間：4年
リース料：年間2,000千円を毎年3月末に後払い

① 20X1年 4 月 1 日の仕訳（単位：千円）

（借）リ ー ス 資 産　　　　7,434　　（貸）リ ー ス 債 務　　　　7,434

リース料総額の現在価値　$\dfrac{2,000千円}{(1+0.03)} + \dfrac{2,000千円}{(1+0.03)^2} + \dfrac{2,000千円}{(1+0.03)^3} + \dfrac{2,000千円}{(1+0.03)^4} = 7,434千円$

② 20X2年 3 月31日の仕訳（単位：千円）

　　※ただし，減価償却費の計算は，耐用年数 4 年，残存価額零（0）とする定額法による。

（借）リ ー ス 債 務　　　　1,777　　（貸）当 座 預 金　　　　2,000
　　　支 払 利 息　　　　　 223

　　　　　　7,434千円×0.03 = 223千円　　　　2,000千円 − 223千円 = 1,777千円

（借）減 価 償 却 費　　　　1,859　　（貸）リース資産減価償却累計額　　　1,859

　　　　　　7,434千円÷ 4 年 = 1,859千円

③ 20X3年 3 月31日の仕訳（単位：千円）

（借）リ ー ス 債 務　　　　1,830　　（貸）当 座 預 金　　　　2,000
　　　支 払 利 息　　　　　 170

　　　　　（7,434千円 − 1,777千円）×0.03 = 170千円

（借）減 価 償 却 費　　　　1,859　　（貸）リース資産減価償却累計額　　　1,859

❸ オペレーティング・リース取引の借手の会計処理

　　オペレーティング・リース取引では，通常の賃貸借取引と同様の会計処理が行われる。

例　20X1年 5 月 1 日に，次のリース取引を開始して，リース物件を調達した。なお，決算は年 1 回 3 月31日であり，リース料の支払いは小切手によるものとする。

　　＜リース取引＞
　　　　リースの分類：オペレーティング・リース取引
　　　　リ ー ス 期 間： 4 年
　　　　リ ー ス 料：年間2,400千円を毎年 5 月初めに前払い

① 20X1年 5 月 1 日の仕訳（単位：千円）

（借）支 払 リ ー ス 料　　　2,400　　（貸）当 座 預 金　　　　2,400

② 20X2年 3 月31日の仕訳（単位：千円）

（借）前 払 リ ー ス 料　　　　200　　（貸）支 払 リ ー ス 料　　　　200

　　　　　2,400千円×$\dfrac{1 か月（20X2年 4 月）}{12か月（20X1年 5 月 ～20X2年 4 月）}$ = 200千円

◆練習問題・・・

8 − 1　次の文章の空欄にあてはまる語を答えなさい。

　　リース取引は，ファイナンス・リース取引と（　ア　）取引の 2 つに分類される。

　　ファイナンス・リース取引は，リース物件に係る便益とコストのほとんどすべてを貸手が借手に対して移転する取引である。通常，（　イ　）が経済的耐用年数の大部分を占め，支払うべきリース料の割引現在価値がリース物件の（　ウ　）とほぼ同じであることなどが，リース取引をファイナンス・リース取引として分類する要件とされている。

ア	イ	ウ

8－2　次の取引の仕訳を示しなさい。

　20X1年4月1日（期首）において，借手であるA社は，貸手であるB社から，リース物件（経済的利用可能期間6年の車両運搬具）をリース取引によって調達した。当該リース物件については，契約により，リース期間6年，毎年3月31日に1年分のリース料¥2,500,000を6回にわたって後払いによって支払う予定である。なお，当該リース取引は，ファイナンス・リース取引と判定された。A社は，B社の購入価額は知りえず，A社の追加借入利子率は，年4％である。

　よって，①20X1年4月1日，②20X2年3月31日，③20X3年3月31日において必要な仕訳を示しなさい。支払いにあたり使う勘定科目は"現金預金"とすること。また，計算においては下記の年金現価係数表を用いることとし，計算の過程で生じる端数は円未満を四捨五入すること。

年金現価係数表

n ＼ r	3％	4％	5％
6年	5.4172	5.2421	5.0757
7年	6.2303	6.0021	5.7864
8年	7.0197	6.7327	6.4632

	借　　　　　方	貸　　　　　方
①		
②		
③		

8－3　借手は，貸手からリース物件（経済的利用可能期間5年の備品）を期間2年のリース取引によって調達し，リース開始時点（20X1年10月1日）において1年分のリース料¥4,000,000を当座預金から支払った。なお，当該リース取引は，オペレーティング・リース取引と判定された。また，当社の決算日は，20X2年3月31日である。よって，①20X1年10月1日および②20X2年3月31日において必要な仕訳を示しなさい。

	借　　　　　方	貸　　　　　方
①		
②		

◆確認テスト‥‥‥‥‥‥‥‥‥‥‥‥‥‥‥‥‥‥‥‥‥‥‥‥‥‥‥‥‥‥‥‥‥‥‥‥‥

8－4 20X1年4月1日（期首）に，リース物件（経済的利用期間8年の機械設備）をリース取引によって調達した。当該リース物件については，リース期間8年，毎年3月31日に1年分のリース料*2,000*千円を当座預金から8回にわたって後払いによって支払う契約である。なお，当該リース取引は，ファイナンス・リース取引と判定された。また，リース物件の購入価額は知り得ず，当社の追加借入利子率は，年3％である。

　よって，①20X1年4月1日，②20X2年3月31日，③20X3年3月31日において必要な仕訳を示しなさい。ただし，計算上生ずる端数は，千円未満を四捨五入すること。

年金現価係数表 r

n＼r	0.5%	1%	1.5%	2%	2.5%	3%	3.5%	4%	4.5%	5%
1	0.9950	0.9901	0.9852	0.9804	0.9756	0.9709	0.9662	0.9615	0.9569	0.9524
2	1.9851	1.9704	1.9559	1.9416	1.9274	1.9135	1.8997	1.8861	1.8727	1.8594
3	2.9702	2.9410	2.9122	2.8839	2.8560	2.8286	2.8016	2.7751	2.7490	2.7232
4	3.9505	3.9020	3.8544	3.8077	3.7620	3.7171	3.6731	3.6299	3.5875	3.5460
5	4.9259	4.8534	4.7826	4.7135	4.6458	4.5797	4.5151	4.4518	4.3900	4.3295
6	5.8964	5.7955	5.6972	5.6014	5.5081	5.4172	5.3286	5.2421	5.1579	5.0757
7	6.8621	6.7282	6.5982	6.4720	6.3494	6.2303	6.1145	6.0021	5.8927	5.7864
8	7.8230	7.6517	7.4859	7.3255	7.1701	7.0197	6.8740	6.7327	6.5959	6.4632
9	8.7791	8.5660	8.3605	8.1622	7.9709	7.7861	7.6077	7.4353	7.2688	7.1078
10	9.7304	9.4713	9.2222	8.9826	8.7521	8.5302	8.3166	8.1109	7.8127	7.7217

（単位：千円）

	借　　　方	貸　　　方
①		
②		
③		

8－5 20X1年8月1日に，リース物件（経済的利用期間5年の備品）をリース取引によって調達した。当該リース物件については，リース期間2年，リース開始時点（20X1年8月1日）に1年分のリース料*3,600*千円を当座預金から支払った。なお，当該リース取引は，オペレーティング・リース取引と判定された。また，当社の決算日は3月31日である。

　よって，①20X1年8月1日と②20X2年3月31日において必要な仕訳を示しなさい。

（単位：千円）

	借　　　方	貸　　　方
①		
②		

◆発展問題・・

8－6 わが国の会計諸基準に照らして，次の文章のうち正しいものには○を，誤っているものには×を解答欄に記入しなさい。

(1) ファイナンス・リース取引の借手の会計処理において，リース開始日におけるリース資産およびリース債務の計上額は，原則として，リース契約締結時に合意されたリース料総額とする。

(2) リース資産およびリース債務の計上額を算定するにあたっては，リース契約締結時に合意されたリース料総額からこれに含まれている利息相当額の合理的な見積額を控除する方法によるのが原則である。

(3) 所有権移転外ファイナンス・リース取引によって取得した資産の取得原価は，貸手の購入価額が判明している場合，貸手の購入価額とリース料総額の現在価値とのいずれか低い方の価額となる。

(4) オペレーティング・リース取引では，通常の売買取引と同様の会計処理が行われる。

(1)	(2)	(3)	(4)

8－7 次の取引の仕訳を示しなさい。なお，計算上端数が生じる場合には，円未満を四捨五入すること。

(1) ×2年4月1日，池袋リース株式会社と車両のリース契約を結んだ。このリースはファイナンス・リース取引である。リース期間は6年，毎年3月31日に1年分のリース料1,500,000円を小切手を振り出して支払うことになっている。この車両の見積現金購入価額は7,800,000円である。割引率は当社の追加借入利子率年5％を使い，この時の年金現価係数表は次のとおりである。

5年：4.33　　6年：5.08　　7年：5.79

(2) ×1年4月1日，京都リース株式会社と機械装置のリース契約を結んだ。このリース取引はファイナンス・リース取引に該当する。リース期間は5年間，毎年3月31日に経過した1年分のリース料5,000,000円を小切手を振り出して支払い，リース期間終了後，この機械措置は貸手に返却する契約になっている。×3年3月31日（決算日）において必要な仕訳を示しなさい。なお，解答するにあたり下記の年金現価係数表を用いること。

見積現金購入価額：23,000,000円
減価償却：残存価額　零（0）　経済的耐用年数5年　　定額法（間接法）
追加借入利子率：年3％（年金現価係数　5年：4.580　　6年：5.417）

	借　方　科　目	金　　　額	貸　方　科　目	金　　　額
(1)				
(2)				

122

8－8 次の資料に基づき，⑴と⑵に答えなさい。（決算年1回　3月31日）また，計算過程で生じた端数は，円未満を四捨五入すること。

<資　料>
1．×1年4月1日に，製造機械をリース取引により調達し，使用を開始した。また，このリース取引は，契約条件から所有権移転ファイナンス・リースと判断された。
2．リース期間は，×1年4月1日から×6年3月31日までの5年間である。
3．リース料は，毎年3月31日に500,000円を支払う。
4．リース料総額の現在価値は，年4％の追加借入利子率で割り引いた金額とする。
5．製造機械の見積現金購入価額は2,225,911円であり，リース料総額の割引現在価値と同額である。
6．製造機械の減価償却は，耐用年数は6年，残存価額は零（0）とする定額法による。

⑴ ×2年度末（×3年3月31日）の貸借対照表におけるリース債務の金額を求めなさい。
⑵ ×2年度（×2年4月1日から×3年3月31日）の損益計算書における支払利息と減価償却費の金額を求めなさい。

⑴ リース債務の金額 ［　　　　　　　　］円

⑵ 支払利息の金額 ［　　　　　　　　］円

　減価償却費の金額 ［　　　　　　　　］円

問1

リース債務返済予定表 (単位：円)

	支払リース料	支払利息	リース債務返済額	リース債務帳簿価額
×1年4月1日	—	—	—	416,400
×2年3月31日	120,000	24,000	96,000	320,400
×3年3月31日	120,000	19,200	100,800	219,600
×4年3月31日	120,000	13,200	106,800	112,800
×5年3月31日	120,000	7,200	112,800	0

問2

	借方科目	金額	貸方科目	金額
リース料支払	リース債務 支払利息	96,000 24,000	当座預金	120,000
減価償却	減価償却費	104,100	減価償却累計額	104,100

8−10　次の＜資料＞に基づき，⑴から⑷に答えなさい。(決算年1回　当期の会計期間は×2年4月1日～×3年3月31日)

＜資　料＞

　前期首（×1年4月1日）において，当社はリース会社とＰＣ（10台）について，4年間のリース契約を結んだ。当該リース取引はファイナンス・リース取引に該当し，リース期間終了後にこのＰＣ（10台）の所有権は当社に移転することになっている。

　リース料は年額2,000,000円（総額8,000,000円）を毎年3月31日に小切手を振り出して支払う。このＰＣ（10台）の見積現金購入価額は7,500,000円であり，リース料総額の割引現在価値と比較して，低い方の金額を取得原価とする。なお，このＰＣ（10台）の経済的利用可能期間は5年，残存価額は零（0）であり，減価償却は定額法により行う。

　リース料総額の割引現在価値の算定にあたり，割引率は当社の追加借入利子率3％を使い，このときの年金現価係数は次のとおりである。

　　　　　4年：3.71　　5年：4.58

⑴　当期末（×3年3月31日）までのリース債務の返済予定表を完成しなさい。

⑵　当期（×2年4月1日～×3年3月31日）における減価償却費の金額を計算しなさい。

⑶　リース期間満了時にこのＰＣの所有権が移転しない場合の当期（×2年4月1日～×3年3月31日）における減価償却費の金額を計算しなさい。

　　なお，所有権が移転しない場合の減価償却費は，このＰＣの見積現金購入価額とリース料総額の割引現在価値とを比較し，低い方の金額を取得原価とし，耐用年数はリース期間，残存価額は零（0）として計算する。

⑷　このリース取引が，オペレーティング・リース取引であった場合の×2年3月31日の仕訳を示しなさい。なお，仕訳にあたっては次の勘定科目を用いることとする。

　現金　当座預金　受取手形　リース資産　リース債務　支払リース料

⑴　　　　　　　　　　　　　　リース債務返済予定表　　　　　　　　　　　（単位：円）

	リース資産帳簿価額	支払リース料	支払利息	リース債務返済額	リース債務帳簿価額
×1年4月1日		—	—	—	
×2年3月31日					
×3年3月31日					

⑵　当期における減価償却費　　　　　　　　　　　　　　円

⑶　所有権が移転しない場合の当期の減価償却費　　　　　　　　　　　　円

⑷

借　方　科　目	金　額	借　方　科　目	金　額

４ ファイナンス・リース取引の貸手の会計処理

ファイナンス・リース取引において，貸手側はリース資産の売却として会計処理をする。また，具体的な会計処理として，次の３つの方法がある。

    (1) リース取引開始日に売上高と売上原価を計上する方法
    (2) リース料受取時に売上高と売上原価を計上する方法
    (3) 売上高を計上せずに利息相当額を各期へ配分する方法

例 20X1年４月１日に，次のリース取引を開始して，リース物件を引き渡した。よって，上記の３つの方法で①20X1年４月１日（リース取引開始日）と②20X2年３月31日（リース料受取日）の仕訳を示しなさい。なお，リース料の受け取りは小切手によるものとし，計算過程で生じた端数は，千円未満を四捨五入すること。

＜リース取引＞

    リースの分類：所有権移転外ファイナンス・リース取引
    購 入 価 額：7,434千円　　計 算 利 子 率：年３％
    リ ー ス 期 間：４年　　　　リ ー ス 料：年間2,000千円を毎年３月末に受け取る

(1) リース取引開始日に売上高と売上原価を計上する方法

  ① 20X1年４月１日（単位：千円）　　　　　リース料総額：2,000千円×４年＝8,000千円┄┄

    （借）リース投資資産　　8,000　　（貸）売　　　　　　上　　8,000◀
    　　　売 上 原 価　　　7,434　　　　　買　　掛　　金　　7,434

  ② 20X2年３月31日（単位：千円）

    （借）現　　　　　金　　2,000　　（貸）リース投資資産　　2,000
    　　　繰延リース利益繰入　343　　　　　繰延リース利益　　　343◀

    利息相当額のうち次期以降の額：(8,000千円−7,434千円)−7,434千円×３％＝343千円┄┄

(2) リース料受取時に売上高と売上原価を計上する方法

  ① 20X1年４月１日（単位：千円）

    （借）リース投資資産　　7,434　　（貸）買　　掛　　金　　7,434

  ② 20X2年３月31日（単位：千円）

    （借）現　　　　　金　　2,000　　（貸）売　　　　　　上　　2,000
    　　　売 上 原 価　　　1,777　　　　　リース投資資産　　1,777◀

    利息相当額を差し引いた額：2,000千円−7,434千円×３％＝1,777千円┄┄

(3) 売上高を計上せずに利息相当額を各期へ配分する方法

  ① 20X1年４月１日（単位：千円）

    （借）リース投資資産　　7,434　　（貸）買　　掛　　金　　7,434

  ② 20X2年３月31日（単位：千円）　　　利息相当額：7,434千円×３％＝223千円┄┄

    （借）現　　　　　金　　2,000　　（貸）リース投資資産　　1,777
    　　　　　　　　　　　　　　　　　　　受 取 利 息　　　　223◀

◆練習問題・・・

8-11　20X1年４月１日（期首）において，借手であるＡ社は，貸手であるＢ社から，リース物件（経済的利用可能期間　４年の機械設備）をリース取引によって調達した。当該リース物件については，契約により，リース期間４年，毎年３月31日に１年分のリース料6,000千円を４回にわたって現金で後払いする予定である。なお，当該リース取引は，所有権移転外ファイナンス・リース取引と判定された。Ａ社は，Ｂ社の購入価額は知りえず，Ａ社の追加借入利子率は，年５％である。

　よって，①20X1年４月１日，②20X2年３月31日における貸手の仕訳を，(1)リース取引開始日に売上高と売上原価を計上する方法，(2)リース料受取時に売上高と売上原価を計上する方法，(3)売上高を計上せずに利息相当額を各期へ配分する方法のそれぞれにより示しなさい。なお，貸手のリース物件の購入価額は，21,276千円であり，計算利子率は，年５％である。計算の過程で生じる端数は，千円未満を四捨五入すること。

（単位：千円）

		借　　　　　方	貸　　　　　方
(1)	①		
	②		
(2)	①		
	②		
(3)	①		
	②		

9 章

税効果会計

▶教科書p.111～118

●POINT

¹ 利益と課税所得

　法人税法の規定にもとづいて益金から損金を控除して計算されたものを**課税所得**といい，課税所得に対し一定の税率を乗じた税金が会社に課されている。所得に対して課される税金には，法人税（地方法人税を含む），住民税および事業税がある（これらをまとめて法人税等という）。

　　　　課税所得 ＝ 益金 － 損金　　　　　　**法人税等 ＝ 課税所得 × 税率**

　また，企業会計上の収益から費用を差し引くことにより計算されたものを利益といい，法人税法上の益金と損金は，企業会計上の収益と費用に類似しているので，課税所得は企業会計上の利益に次の**税務調整項目**を加減して求める。

> 益金算入項目 … 当期において企業会計上の収益ではないが，益金とされる項目
> 益金不算入項目 … 当期において企業会計上の収益であるが，益金とされない項目
> 損金算入項目 … 当期において企業会計上の費用ではないが，損金とされる項目
> 損金不算入項目 … 当期において企業会計上の費用であるが，損金とされない項目

$$課税所得 ＝ 企業会計上の利益 ± 税務調整項目$$
$$＝ 企業会計上の利益 ＋ \begin{bmatrix} 益金算入項目 \\ 損金不算入項目 \end{bmatrix} － \begin{bmatrix} 益金不算入項目 \\ 損金算入項目 \end{bmatrix}$$

² 税効果会計の意味

　企業会計上の利益計算と税法上の所得計算との差異による，税引前利益と税額との対応関係のゆがみを調整する会計処理を**税効果会計**という。

例 次の資料から，(1)法人税等の金額を計算し，(2)税効果会計を適用した場合の損益計算書と適用しない場合の損益計算書を完成しなさい。また，(3)税効果会計を適用した場合の仕訳も示しなさい。

＜資　料＞

① 収益総額　*3,000*千円　　② 費用総額　*2,200*千円
③ 費用総額のなかの貸倒損失*200*千円が損金として認められなかった。
④ 税率　30％

1編 税効果

各論 2編 1

3編 各論 2

4編 各論 3

5編 財務諸表の活用

6編 監査と職業会計人

(1) 法人税等の金額

  会計上の利益：*3,000千円 − 2,200千円 = 800千円*

  課 税 所 得： *800千円 + ③200千円 = 1,000千円*

  法人税等の額：*1,000千円 × 30% = 300千円*

(2) ＜税効果会計を適用した場合＞   ＜税効果会計を適用しない場合＞

損益計算書		（単位：千円）
Ⅰ　収　益　総　額		（　3,000　）
Ⅱ　費　用　総　額		（　2,200　）
税引前当期純利益		（　800　）
法　人　税　等	（　300　）	
法人税等調整額	（　△60　）	（　240　）
当　期　純　利　益		（　560　）

損益計算書		（単位：千円）
Ⅰ　収　益　総　額		（　3,000　）
Ⅱ　費　用　総　額		（　2,200　）
税引前当期純利益		（　800　）
法　人　税　等		（　300　）
当　期　純　利　益		（　500　）

(3) （単位：千円）   *③200千円 × 30% = 60千円*

 （借）繰 延 税 金 資 産   *60*   （貸）法 人 税 等 調 整 額   *60*

③ 一時差異と繰延税金資産・負債

 会計上の利益と税法上の所得との差異のうち，時間の経過に伴って解消される差異を**一時差異**といい，このような差異が生じる資産または負債について，会計上の簿価と税務上の金額の差異としてとらえられ，税効果会計の対象となる。また，永久に解消されない差異を**永久差異**といい，税効果会計の対象にならない。

＜一時差異の分類＞

分　類	内　容	適　用　例	計上される科目
将来減算一時差異	将来の課税所得に対して減算要因となる	・繰入限度額を超えて計上した貸倒引当金繰入 ・損金とされない資産の評価損 ・償却限度額を超えて計上した減価償却費 ・支出時に損金とされる事業税の未払額 ・その他有価証券評価差額金（借方） ・繰延ヘッジ損益（借方）	繰延税金資産 （税金の前払）
将来加算一時差異	将来の課税所得に対して加算要因となる	・積立金方式による固定資産の圧縮記帳 ・その他有価証券評価差額金（貸方） ・繰延ヘッジ損益（貸方）	繰延税金負債 （税金の未払）

 繰延税金資産および繰延税金負債は，貸借対照表において，投資その他の資産の区分または固定負債の区分に，相殺したあとの純額で表示する。

 ＜永久差異の例＞ 益金とされない受取配当金，損金とされない交際費や寄付金

例 20X1年度末に，国庫補助金*5,000千円*を受け取り，自己資金*15,000千円*と合わせて機械装置を購入した。また，決算において，圧縮積立金を計上する。なお，税率は30%であり，受け取り・支払いは普通預金とする。

 20X1年度末（単位：千円）

（借）普 通 預 金	*5,000*	（貸）国庫補助金受贈益	*5,000*
機 械 装 置	*20,000*	普 通 預 金	*20,000*

（借）繰 越 利 益 剰 余 金	*3,500*	（貸）圧 縮 積 立 金	*3,500*
法 人 税 等 調 整 額	*1,500*	繰 延 税 金 負 債	*1,500*

補助金*5,000千円 × 30% = 1,500千円*

補助金*5,000千円 − 繰延税金負債1,500千円 = 3,500千円*

20X2年度の決算において，上記の機械装置の減価償却を定額法（耐用年数5年　残存価額ゼロ）により行うとともに，圧縮積立金の取り崩しを行った。

20X2年度末（単位：千円）

(借)	減 価 償 却 費	4,000	(貸)	機械装置減価償却累計額	4,000
(借)	圧 縮 積 立 金	▶700	(貸)	繰越利益剰余金	700
	繰 延 税 金 負 債	300		法人税等調整額	300

20X1年度末の繰延税金負債*1,500千円*÷5年＝*300千円*

20X1年度末の圧縮積立金*3,500千円*÷5年＝*700千円*

◆練習問題 ··

9－1　次の文章の空欄にあてはまる語を答えなさい。

　税効果会計は，（　ア　）上の利益計算と（　イ　）上の所得計算との差異のうち，（　ウ　）差異について税金の額を調整する会計処理である。たとえば，その他有価証券について評価差額金を貸方に計上すると，その額だけ税務上の額が会計上の額よりも（　エ　）なる。この額に税率を掛けた金額が，繰延税金（　オ　）として貸借対照表に計上される。

ア	イ

ウ	エ

オ	

9－2　次の一時差異について，将来加算一時差異になるものと将来減算一時差異になるものに区別して（　　）内に「加算」か「減算」を記入し，その金額を計算しなさい。また，それぞれの一時差異について計上される科目が繰延税金資産か繰延税金負債かを［　　］内に「資産」か「負債」を記入し，その金額を計算しなさい。さらに，貸借対照表に表示される科目と金額を求めなさい。なお，税率は30%とする。

(1)　損金に算入されない棚卸資産の評価損　　　　　¥20,000
(2)　税法上の限度額を超えた貸倒引当金の繰入額　　10,000
(3)　益金に算入されないその他有価証券の評価益　　5,000

(1)	将来（　　　）一時差異　¥	(2)	将来（　　　）一時差異　¥
	繰 延 税 金［　　　　］　¥		繰 延 税 金［　　　　］　¥

(3)	将来（　　　）一時差異　¥
	繰 延 税 金［　　　　］　¥

貸借対照表の表示	繰 延 税 金［　　　　］　¥

9－3　20X1年度と20X2年度における会計上の税引前当期純利益は，それぞれ*1,000万円*，*2,000万円*であった。20X1年度には，棚卸資産の評価損200万円を計上したが，税法上は所得の計算に含めることが認められなかった（損金不算入）。なお，この評価損は，20X2年度において，税法上の所得の計算に含めることが認められた（損金算入）。

　この場合，20X1年度と20X2年度における課税所得と法人税等は次のように計算された（税率30％）。

（単位：万円）

	20X1年度	20X2年度
課税所得	*1,000 + 200 = 1,200*	*2,000 − 200 = 1,800*
法人税等	*1,200 × 0.3 = 360*	*1,800 × 0.3 = 540*

　よって，20X1年度と20X2年度における税効果会計の仕訳と損益計算書（一部）を完成させ，税引後の当期純利益を示しなさい（単位：万円）。

	借　　　　方	貸　　　　方
20X1年度		
20X2年度		

	20X1年度の損益計算書（一部）	20X2年度の損益計算書（一部）
税引前当期純利益	（　　　　）	（　　　　）
法　人　税　等	（　　　　）	（　　　　）
法人税等調整額	（　　　　）（　　　　）	（　　　　）（　　　　）
当　期　純　利　益	（　　　　）	（　　　　）

◆確認テスト・・

9－4　次の各文の□□□□□に，下記の語群のなかから，最も適当なものを選び，その番号を記入しなさい。

① 税効果会計とは，企業会計上の□ア□計算と税法上の□イ□計算との差異による税引前当期純利益と□ウ□との対応関係のゆがみを調整する会計処理である。

② 繰延税金負債は，将来の法人税等の支払額を□エ□効果があり，将来の法人税等の□オ□に相当するので，繰延税金負債勘定は□カ□に属する勘定である。

③ 税効果会計の適用対象となり，時間の経過にともなってやがて解消される差異を□キ□という。□キ□には，将来の課税所得に対して加算要因となる□ク□と，減算要因となる□ケ□とがある。たとえば，後者には，金融資産について，会計上の費用が税法上の損金として認められなかったが，将来貸し倒れたときに□コ□として認められるような場合があり，繰入□サ□を超えた貸倒引当金□シ□がある。

語　群

1．損　金　　2．益　金　　3．一時差異　　4．永久差異　　5．減らす　　6．増やす
7．将来加算一時差異　　8．限度額　　9．所　得　　10．未払い　　11．前払い
12．将来減算一時差異　　13．税　額　　14．戻　入　　15．繰　入　　16．利　益
17．資　産　　18．負　債

ア	イ	ウ	エ	オ	カ

キ	ク	ケ	コ	サ	シ

9−5　A株式会社の次の資料により，下記の問いに答えなさい。

資　料
① 20X3年度および20X4年度の税引前当期純利益はともに¥2,000,000であった。
② 20X3年度に計上した貸倒引当金繰入のうち，¥1,200,000は税法上，損金として認められなかった。（損金不算入）
③ 20X4年度に，上記の貸倒れが発生し，法的な手続きがなされ，課税所得の計算で損金の額に含められた。（損金算入）
④ 法人税等の税率は両年度とも30％である。

問1　20X3年度および20X4年度の納税額を計算しなさい。
問2　20X3年度および20X4年度のそれぞれの税効果会計を含む決算時の仕訳を示しなさい。なお，仮払法人税等はないものとする。
問3　20X3年度および20X4年度のそれぞれの損益計算書（税引前当期純利益から税引後の当期純利益までを示す）を完成させなさい。なお，金額がマイナスの場合には，数字の前に△を付すこと。

問1

20X3年度の納税額	¥	20X4年度の納税額	¥

問2

20X3年度の決算時の仕訳			
借　　　　　方		貸　　　　　方	

20X4年度の決算時の仕訳			
借　　　　　方		貸　　　　　方	

問3　　　　　　　　　　　　　　　　　　　　　　　　　　　　　　　（単位：千円）

	20X3年度の損益計算書（一部）		20X4年度の損益計算書（一部）	
税引前当期純利益		2,000		2,000
法 人 税 等	（　　　　　）		（　　　　　）	
法人税等調整額	（　　　　　）	（　　　　　）	（　　　　　）	（　　　　　）
当 期 純 利 益		（　　　　　）		（　　　　　）

9−6　20X2年度末において，その他有価証券として保有するA社社債（取得原価¥700,000）について，その時価が¥620,000であることが判明した。また，ヘッジ目的で保有する金利スワップについて，貸借対照表において計上されていなかったが，その時価（資産）が¥50,000であることが判明した。
　　よって，20X2年度の決算における，時価評価と税効果に関する仕訳を示しなさい。なお，ヘッジ会計（繰延ヘッジ）を適用し，税率は30％とする。

借　　　　　方		貸　　　　　方	

◆発展問題···

9-7 わが国の会計諸基準に照らして，次の文章のうち正しいものには○を，誤っているものには×を解答欄に記入しなさい。

(1) 繰延税金資産および繰延税金負債は，相殺したあとの純額で貸借対照表に表示する。

(2) 税効果会計の適用対象となるのは永久差異のみであり，一時差異には税効果会計は適用されない。

(3) 税効果会計の適用において，将来加算一時差異が発生した場合，発生した年度に繰延税金負債を計上する。

(4) その他有価証券は，会計期末に会計上は時価評価するが，税務上は時価評価しない。そのため，評価益の場合には，将来減算一時差異が生じる。

(5) 法人税法上，交際費の損金算入限度額を超過する金額は，一時差異として税効果会計の対象となる。

(6) 税効果会計において，一時差異には，将来の課税所得に対して減算要因となる将来減算一時差異と将来の課税所得に対して加算要因となる将来加算一時差異とがある。

(1)	(2)	(3)	(4)	(5)	(6)

9-8 次の取引の仕訳を示しなさい。

(1) 当期首に取得した備品250,000円について，決算につき減価償却を行った。減価償却費は，耐用年数5年，残存価額0円，定額法（間接法により記帳）で行うこととする。ただし，当該備品の法定耐用年数は8年であるため，税効果会計（実効税率30％）を適用することにした（決算年1回）。

(2) 当社の期末商品棚卸高は次のとおりである。棚卸減耗は生じていない。商品売買の記帳は三分法を採用している。商品評価損の計上と税効果会計（実効税率30％）を適用した処理を行う。

　　　帳簿棚卸高　2,000個　　取得原価　@10,000円　　正味売却価額　@9,500円

　　　商品評価損は，税法上，損金として認められなかった。

(3) 当期首に購入し，その他有価証券として保有している千葉工業株式会社の株式40株（取得原価@50,000円）の決算日における時価は@54,000円であった。なお，全部純資産直入法により処理することとし，実効税率30％として税効果会計を適用する。

(4) 決算にあたり，棚卸資産（商品）の評価損700,000円を計上する。また，この評価損は税務上，損金の算入が認められなかったため，税効果会計の処理を行う（実効税率30％）。

	借　方　科　目	金　　　額	貸　方　科　目	金　　　額
(1)				
(2)				
(3)				
(4)				

9－9　下記の＜資料＞によって，(1)～(4)の金額を求めなさい。

ただし，　i　繰延税金資産の回収可能性および繰延税金負債の支払可能性に問題はない。

ii　×1年度および×2年度ともに税率は30％とし，繰延税金資産と繰延税金負債は相殺して純額で解答すること。

iii　法人税等調整額が貸方残高の場合には金額の前に△を付すこと。

iv　×1年度期首において繰延税金資産および繰延税金負債の残高は零（0）円である。

＜資　料＞

i　×1年度に関する資料

①　税引前当期純利益　2,500,000円

②　商品評価損100,000円を計上したが，全額損金として認められなかった。

③　減価償却費250,000円を計上したが，全額損金として認められなかった。

④　B社の売掛金に対して貸倒引当金150,000円を計上したが，全額損金として認められなかった。

ii　×2年度に関する資料

①　税引前当期純利益　5,000,000円

②　×1年度に計上した商品評価損100,000円が全額損金として認められた。

③　×1年度に計上したB社に対する貸倒引当金150,000円が全額損金として認められた。

④　減価償却費350,000円を計上していたが，全額損金として認められなかった。

⑤　×2年度にその他有価証券を700,000円で取得した。期末における時価は1,000,000円であったため，税効果会計を適用して適切に処理する。（全部純資産直入法）

⑥　C社から配当金100,000円を受け取った。

(1)	×1年度の損益計算書に計上される法人税等		円
(2)	×1年度の損益計算書に計上される法人税等調整額		円
(3)	×2年度の貸借対照表に計上される繰延税金資産		円
(4)	×2年度の損益計算書に計上される法人税等調整額		円

10 章

外貨換算会計

▶教科書p.120〜133

●POINT

■ 外貨建取引の意義

　　外国企業との売買取引や資金の貸借取引などが，円ではなく，ドルやユーロなどの外国通貨で表示されているとき，このような取引を**外貨建取引**という。

＜外貨建取引の例＞
　　a．取引価額が外国通貨で表示されている物品の売買またはサービスの授受
　　b．決済金額が外国通貨で表示されている資金の借入れまたは貸付け
　　c．券面額が外国通貨で表示されている社債の発行
　　d．外国通貨による前渡金・仮払金の支払い，または前受金・仮受金の受入れ

　　外貨建取引や外貨建てで表示されている資産・負債は，取引日や期末などに最終的には円で表現しなおして，帳簿に記入し，財務諸表に含めなければならない。
　　外国通貨で表示されている金額を自国通貨による金額に変換することを**為替換算**という。

■ 為替換算と為替差損益

(1) 為替換算
　　為替換算における換算率を，為替相場（為替レート）という。
　　為替相場は日々変動している。

　　　　　外貨建てによる金額 × 為替相場 ＝ 円建てによる金額

例　為替相場が1ドルあたり¥102の場合，700ドルの円換算額はいくらか。
　　¥71,400（＝700ドル×¥102）

(2) 為替差損益
　　外国通貨などを円に換算する場合，取得時から為替相場が変動している場合，為替差損益が発生する。

例 2月28日にアメリカの通貨100ドルを，1ドルあたり¥100で取得していた。1か月後の3月31日の為替相場が1ドルあたり¥3の円安で，1ドルあたり¥103になった。このときに発生する為替差損益はいくらか。

    為替差益　　　¥300
    2／28の円換算額　　100ドル×¥100 = ¥10,000
    3／31の円換算額　　100ドル×¥103 = ¥10,300
    よって，為替差損益は，¥10,300 − ¥10,000 = ¥300（為替差益）

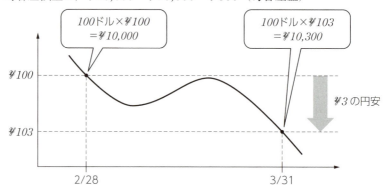

例 2月28日にアメリカの通貨100ドルを，1ドルあたり¥100で取得していた。1か月後の3月31日の為替相場が1ドルあたり¥4の円高で，1ドルあたり¥96になった。このときに発生する為替差損益はいくらか。

    為替差損　　　¥400
    2／28の円換算額　　100ドル×¥100 = ¥10,000
    3／31の円換算額　　100ドル×¥96 = ¥9,600
    よって，為替差損益は，¥9,600 − ¥10,000 = △¥400（為替差損）

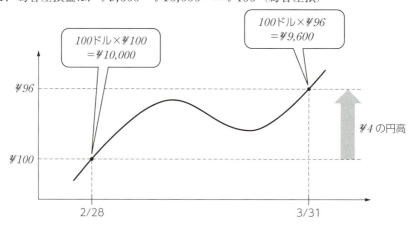

3　外貨建取引の基本的な会計処理

(1) 取引発生日・決済日の会計処理

　　外貨建取引は，原則として，取引発生時の為替相場（HR）による円換算額で記録する。

　　外国通貨の円転換や外貨建金銭債権・債務などの決済にともなう金額も，原則として，取引発生日の為替相場（HR）による円換算額をもって記録する。

　　このとき生じる差額（為替決済差額）は為替差損益として処理する。

　　為替差損益は，為替差益と為替差損を相殺したあとの純額を，営業外損益の区分に表示する。

(2) 決算日の会計処理

外貨建金銭債権・債務は，決算日の為替相場（CR）で換算しなおす。

このとき生じる差額（為替換算差額）は為替差損益として処理する。

例 20X1年2月10日

アメリカのA社に商品1,000ドルを輸出し，代金は掛けとした。（当日の為替相場：1ドルあたり¥120）

20X1年3月31日

本日，決算日である。（決算日の為替相場：1ドルあたり¥125）

20X1年4月10日

A社に対する売掛金1,000ドルを現金で回収し，ただちに円転換した。（決済日の為替相場：1ドルあたり¥127）

20X1年2月10日

（借）売 掛 金	120,000	（貸）売 上	120,000

20X1年3月31日

（借）売 掛 金	5,000	（貸）為 替 差 損 益	5,000

20X1年4月10日

（借）現 金	127,000	（貸）売 掛 金	125,000
		為 替 差 損 益	2,000

4 外貨建項目の決算時の会計処理

(1) 外国通貨および外貨建金銭債権・債務

外国通貨や外貨建金銭債権・債務は，決算時の為替相場（CR）によって換算する。

＜決算時に決算日レート（CR）で換算するもの＞

項 目	勘定科目の例	換算レート
外国通貨	・現金	決算日の為替レート（CR）
外貨預金	・当座預金 ・普通預金 ・定期預金	
外貨建金銭債権・債務	・売掛金　　・買掛金 ・貸付金　　・借入金 ・未収入金　・未払金 　　　　　　・社債	
その他（外貨建金銭債権・債務に準ずるもの）	・未収収益　・未払費用	

※棚卸資産，固定資産は，取引日のレートで換算し，決算日の換算替えは行わない。

※前払金，前受金は，すでに金銭の受け取り・支払いのあった取引日のレートで換算されているので，決算日での換算替えは行わない。

※前受収益，前払費用もすでに金銭の受け取り・支払い自体は終わっているので，換算替えは行わない。

(2) 外貨建有価証券

外貨建有価証券は、「金融商品に関する会計基準」に従った区分にもとづいて、次のように取り扱われる。

外貨建有価証券	評価基準	為替相場	換算差額の取り扱い
売買目的有価証券	時価	CR	有価証券評価損益に含める
満期保有目的の債券	取得原価 または 償却原価	CR^(注1)	為替差損益として表示する^(注2)
子社会および関連会社株式	取得原価	HR	—
その他有価証券	時価	CR	その他有価証券評価差額金に含める

(注1) 償却原価法の償却額は、期中平均相場（AR）によって換算する。

(注2) 償却原価法の償却額は、有価証券利息として表示する。

① 売買目的有価証券

売買目的有価証券は、決算時の為替相場（CR）によって換算する。

その際に発生する換算差額は、為替差損益とはしないで、当期の評価損益に含めて損益計算書に計上される。

例 W株式（売買目的有価証券）について、決算時の換算を行う。（決算時の為替相場：1ドルあたり¥120）

円貨による取得原価	外貨による取得原価	外貨による時価
¥55,000	500ドル	520ドル

（借）売買目的有価証券　7,400　　（貸）有価証券評価益　7,400

時価（520ドル×¥120）− 簿価¥55,000 = ¥7,400

② 満期保有目的の債券

満期保有目的の債券は、決算時の為替相場（CR）により換算する。

なお、償却原価法の適用によって簿価に加減すべき利息は、期中平均相場（AR）によって換算する。

例 X社債（満期保有目的の債券）について、決算時の換算を行う。

なお、X社債は、当期首に取得したものであり、額面1口100ドル、5口、期間5年である。

（決算時の為替相場：1ドルあたり¥120）

円貨による取得原価	外貨による取得原価	外貨による時価
¥57,500	500ドル	510ドル

（借）満期保有目的債券　2,500　　（貸）為替差損益　2,500

時価（500ドル×¥120）− 簿価¥57,500 = ¥2,500

例 Y社債（満期保有目的の債券）について，決算時の換算を行う。

なお，Y社債は，当期首に取得したものであり，額面1口100ドル，5口，期間5年である。償却原価法を適用する。

（決算時の為替相場：1ドルあたり¥120，期中平均相場：1ドルあたり¥118）

円貨による取得原価	外貨による取得原価	外貨による時価
¥55,200	480ドル	510ドル

（借）	満期保有目的債券	472	（貸）	有価証券利息	472
	満期保有目的債券	2,408		為替差損益	2,408

償却原価法の償却額（ドル）$= (100ドル \times 5口 - 480ドル) \times \dfrac{1}{5} = 4ドル$

償却原価法の償却額（円）$= 4ドル \times ¥118（AR）= ¥472$

為替差損益 $= (480ドル + 4ドル) \times ¥120 - (¥55,200 + ¥472) = ¥2,408$

③ 子会社株式および関連会社株式

個別財務諸表における外貨建ての子会社株式または関連会社株式は，取得原価によって評価されるべきものであるので，取得時の為替相場（HR）によって換算する。

④ その他有価証券

その他有価証券は，決算時の為替相場（CR）によって換算する。

換算差額は，その他有価証券評価差額金として，貸借対照表の純資産の部に計上される。

例 Z株式（その他有価証券）について，決算時の換算を行う。（決算時の為替相場：1ドルあたり¥120）

円貨による取得原価	外貨による取得原価	外貨による時価
¥216,600	1,900ドル	1,960ドル

（借）	その他有価証券	18,600	（貸）	その他有価証券評価差額金	18,600

時価$(1,960ドル \times ¥120) -$ 簿価$¥216,600 = ¥18,600$

```
CR¥120  ┌─────────────────────────────┐
        │ その他有価証券評価差額金  ¥18,600 │
HR¥114  ├──────────────────┐          │
        │  帳簿価額         │          │
        │  ¥216,600        │          │
        └──────────────────┴──────────┘
          原価1,900ドル        時価1,960ドル
```

5 為替予約

(1) 為替予約の意味

外貨建取引は，為替相場の大きな変動によって，多額の損失（為替差損）をこうむる危険性（リスク）がある。

そこで，この為替差損が生じるリスクを回避（ヘッジ）する手段として，**為替予約**が一般に利用されている。

> **為替予約** … 外貨建金銭債権・債務が決済される将来の一定時点での為替相場を，あらかじめ銀行などとの間で契約すること

たとえば，為替相場が1ドル¥105のとき，商品10,000ドルを輸出した場合，取引発生日と同じ相場で為替予約を締結しておけば，確実に，代金決済日に円貨額¥1,050,000を受け取ることができる。

為替予約を付さない場合

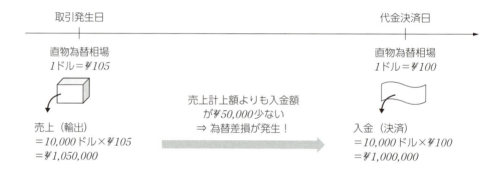

為替予約を付した場合

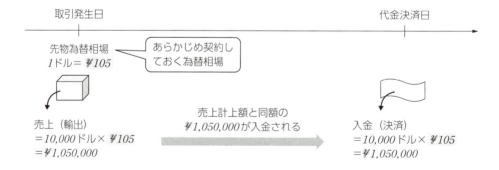

このように，為替予約を結んでおけば，代金決済日までに現物の為替相場（直物為替相場）が変動しても，円での換算額は影響を受けないので，為替差損の発生を回避することができる。

(2) 為替予約の会計処理

為替予約が付された外貨建取引の会計処理には，**振当処理**を適用することができる。

振当処理とは，外貨建取引を為替予約で確定した円貨額で換算し，その額と直物為替相場による換算額との差額を期間配分する方法であり，実務で多く採用されている。

例 （取引発生日に為替予約を付したケース）

次のとおり，ドル建ての輸入を行った。

為替予約の会計処理は，振当処理を適用する。

20X1年3月1日

アメリカから商品200ドルを輸入し，代金は掛けとした。同時に3か月後に決済する買掛金に対して為替予約（ドル買いの予約）を結んだ。

$$\begin{bmatrix} 直物為替相場：1ドルあたり ¥120 \\ 先物為替相場：1ドルあたり ¥122 \end{bmatrix}$$

20X1年3月31日

本日，決算日である。

$$\begin{bmatrix} 直物為替相場：1ドルあたり ¥126 \\ 先物為替相場：1ドルあたり ¥128 \end{bmatrix}$$

20X1年5月31日

上記の買掛金を当座預金から支払った。

〔直物為替相場：1ドルあたり ¥130〕

20X1年3月1日

（借）仕　　　　入　　24,400　　（貸）買　　掛　　金　　24,400

20X1年3月31日

仕訳なし

20X1年5月31日

（借）買　　掛　　金　　24,400　　（貸）当　座　預　金　　24,400

例 （外貨建取引が行われた後に為替予約を付したケース）

次のとおり，ドル建ての輸入を行った。

為替予約の会計処理は，振当処理を適用する。

20X2年2月1日

アメリカから商品300ドルを輸入し，代金は掛けとした。

〔直物為替相場：1ドルあたり¥120〕

20X2年3月1日

2月中に円安が進行したので，3か月後に決済予定の買掛金に対して，本日，為替予約（ドル買いの予約）を結んだ。

〔直物為替相場：1ドルあたり¥125〕
〔先物為替相場：1ドルあたり¥127〕

20X2年3月31日

本日，決算日である。

〔直物為替相場：1ドルあたり¥126〕
〔先物為替相場：1ドルあたり¥128〕

20X2年5月31日

上記の買掛金を当座預金から支払った。

〔直物為替相場：1ドルあたり¥130〕

20X2年2月1日

| （借）仕 入 | 36,000 | （貸）買 掛 金 | 36,000 |

20X2年3月1日

| （借）為 替 差 損 益 | 1,500 | （貸）買 掛 金 | 2,100 |
| 前 払 費 用 | 600 | | |

20X2年3月31日

| （借）為 替 差 損 益 | 200 | （貸）前 払 費 用 | 200 |

20X2年5月31日

| （借）買 掛 金 | 38,100 | （貸）当 座 預 金 | 38,100 |
| （借）為 替 差 損 益 | 400 | （貸）前 払 費 用 | 400 |

参考 ～「金融商品に関する会計基準」の原則処理（振当処理を適用しない場合）～

　為替予約が付された外貨建取引においては，原則として，外貨建取引と為替予約はそれぞれ独立に処理される。

　原則処理では，外貨建取引と為替予約を別個の取引とみなして，それぞれについて独立の会計処理を行い，そのうえで両者の損益の期間帰属を調整する。

例 （取引発生日に為替予約を付したケース：原則処理）

　次のとおり，ドル建ての輸入を行った。

20X1年3月1日

　アメリカから商品200ドルを輸入し，代金は掛けとした。同時に3か月後に決済する買掛金に対して為替予約（ドル買いの予約）を結んだ。

　　直物為替相場：1ドルあたり¥120
　　先物為替相場：1ドルあたり¥122

20X1年3月31日

　本日，決算日である。

　　直物為替相場：1ドルあたり¥126
　　先物為替相場：1ドルあたり¥128

20X1年5月31日

　上記の買掛金を当座預金から支払った。

　　直物為替相場：1ドルあたり¥130

20X1年3月1日

買掛金の処理　（借）仕　　　入　24,000　（貸）買　掛　金　24,000
為替予約の処理　仕訳なし

20X1年3月31日

買掛金の処理　（借）為替差損益　1,200　（貸）買　掛　金　1,200
為替予約の処理　（借）為替予約　1,200　（貸）為替差損益　1,200

20X1年5月31日

買掛金の処理　（借）買　掛　金　25,200　（貸）当座預金　26,000
　　　　　　　　　為替差損益　　800
為替予約の処理　（借）当座預金　1,600　（貸）為替予約　1,200
　　　　　　　　　　　　　　　　　　　　　為替差損益　　400

◆練習問題···

10－1 次の文章の空欄にあてはまる語または金額を答えなさい。

① 外国企業との売買取引や資金の（ ア ）取引などを，円ではなくドルやユーロなどの外国通貨で行う場合，このような取引を（ イ ）取引という。

② 外国通貨で表示されている項目を自国通貨による金額に換算することを（ ウ ）という。

③ 2か月前に*1ドルあたり¥110*で取得していた米国通貨*100ドル*を，本日の為替相場*1ドルあたり¥100*で換算した場合は¥（ エ ）の為替（ オ ）が生じる。

ア	イ	ウ

エ	オ

10－2 次のドル建ての輸出取引と売掛金の決済取引の仕訳を示しなさい。

20X1年2月15日：アメリカのA社に商品*1,000ドル*を輸出し，代金は掛けとした。取引日の為替相場は，*1ドルあたり¥100*であった。

20X1年3月10日：上記のA社に対する売掛金*1,000ドル*を現金で回収し，ただちに円換算した。決済日の為替相場は，*1ドルあたり¥110*であった。

	借　　　　方	貸　　　　方
20X1年2月15日		
20X1年3月10日		

10－3 次の一連の取引の仕訳を示しなさい。

20X2年2月15日：アメリカのA社に商品*1,000ドル*を輸出し，代金は掛けとした。当日の為替相場は，*1ドルあたり¥100*であった。

20X2年3月31日：本日，決算日である。為替相場は，*1ドルあたり¥115*であった。

20X2年4月20日：A社に対する売掛金*1,000ドル*を現金で回収し，ただちに円換算した。決済日の為替相場は，*1ドルあたり¥108*であった。

	借　　　　方	貸　　　　方
20X2年2月15日		
20X2年3月31日		
20X2年4月20日		

10－4 次の外貨建資産・負債（すべてドル建て）について，各項目ごとに貸借対照表価額および為替差損益を求めなさい。なお，為替差損益欄の（　）には為替差益か為替差損のいずれかを記入しなさい。決算時の為替相場は1ドルあたり￥125である。

	外貨建資産・負債	換算前の帳簿価額	外貨建ての金額
(1)	現　　金（外国通貨）	￥　　49,200	400ドル
(2)	定 期 預 金（2年後満期）	￥　　165,100	1,300ドル
(3)	売　掛　金（4か月後決済）	￥　　248,000	2,000ドル
(4)	短 期 貸 付 金	￥　　300,000	2,500ドル
(5)	買　　掛　　金	￥　　177,000	1,500ドル
(6)	長 期 借 入 金	￥　　230,000	2,000ドル

	項　　目	貸借対照表価額	為替差損益
(1)	現　　　　　金	￥	（　　　　）￥
(2)	定　期　預　金	￥	（　　　　）￥
(3)	売　　掛　　金	￥	（　　　　）￥
(4)	短 期 貸 付 金	￥	（　　　　）￥
(5)	買　　掛　　金	￥	（　　　　）￥
(6)	長 期 借 入 金	￥	（　　　　）￥

10－5 次の外貨建有価証券について，決算時の換算による必要な仕訳を示しなさい。なお，いずれの有価証券にも市場価格があり，決算時の為替相場は，1ドルあたり￥125，期中平均相場は，1ドルあたり￥120である。ただし，仕訳を行う必要がない場合は借方欄に「仕訳なし」と記入すること。

銘　　柄	保有目的区分	円貨による取得原価（簿価）	外貨による取得原価（簿価）	外貨による時価
A 株 式	売　買　目　的	￥35,400	300ドル	400ドル
B 社 債	満 期 保 有 目 的	￥53,110	470ドル	480ドル
C 株 式	子 会 社 株 式	￥42,000	420ドル	400ドル
D 株 式	関 連 会 社 株 式	￥39,000	300ドル	250ドル
E 株 式	その他有価証券	￥29,750	250ドル	350ドル

なお，B社債は，当期首に取得したものであり，額面1口100ドル，5口，期間3年である。
償却原価法（定額法）を適用する。

	借　　　　　方	貸　　　　　方
A株式		
B社債		
C株式		
D株式		
E株式		

10－6 次のドル建ての輸入取引と買掛金の決済取引について，振当処理にもとづいて仕訳しなさい。なお，仕訳が不要な場合は，借方欄に「仕訳なし」と記入すること。

20X3年3月1日
　　アメリカから商品2,000ドルを輸入し，代金は掛けとした。同時に3か月後に決済する買掛金に対して為替予約を結んだ。当日の直物為替相場は1ドルあたり¥122であり，先物為替相場は1ドルあたり¥125である。なお，当社の決算日は3月末日である。

20X3年3月31日
　　本日，決算日である。決算日の直物為替相場は，1ドルあたり¥127である。

20X3年5月31日
　　上記の買掛金を普通預金から支払った。当日の直物為替相場は，1ドルあたり¥120である。

	借　　　方	貸　　　方
3／1		
3／31		
5／31		

10－7 次のドル建ての輸入取引と買掛金の決済取引について，振当処理にもとづいて仕訳しなさい。

20X4年2月1日
　　アメリカから商品3,000ドルを輸入し，代金は掛けとした。当日の直物為替相場は，1ドルあたり¥130であった。

20X4年3月1日
　　2月中に円安が進行したので，3か月後に決済予定の買掛金に対して，本日，為替予約を結んだ。本日の直物為替相場は1ドルあたり¥136であり，先物為替相場は1ドルあたり¥139である。

20X4年3月31日
　　本日，決算日である。

20X4年5月31日
　　上記の買掛金3,000ドルを普通預金から支払った。決済日の直物為替相場は，1ドルあたり¥141である。

	借　　　方	貸　　　方
2／1		
3／1		
3／31		
5／31		

10－8 次の取引の仕訳を示しなさい。

(1) a．商品3,000ドルを購入し，代金は掛けとした。為替相場は*1ドルあたり¥130*である。

  b．上記の購入代金を現金で支払った。為替相場は*1ドルあたり¥124*であった。

(2) a．商品1,000ドルを輸出し，代金は掛けとした。輸出日の為替相場は*1ドルあたり¥120*である。

  b．本日，決算日にあたり，上記1,000ドルについて換算替えを行った。決算日の為替相場は*1ドルあたり¥130*であった。

  c．上記の輸出代金の決済が行われ，現金で受け取った。為替相場は*1ドルあたり¥125*であった。

		借　　　方	貸　　　方
(1)	a		
	b		
(2)	a		
	b		
	c		

10－9 次の外貨建ての資産・負債について，各項目ごとに貸借対照表価額および為替差損益を求めなさい。決算時の為替相場は，*1ドルあたり¥110*である。

	外貨建資産・負債	帳簿価額	外貨額
(1)	現金（外国通貨）	¥　114,000	1,000ドル
(2)	売　　掛　　金	¥　318,000	3,000ドル
(3)	買　　掛　　金	¥　226,000	2,000ドル

	項　　　　　目	貸借対照表価額	為替差損益	（　　）に，為替差損か為替差益のいずれかを記入しなさい。
(1)	現金（外国通貨）	¥	（　　　　）	¥
(2)	売　　掛　　金	¥	（　　　　）	¥
(3)	買　　掛　　金	¥	（　　　　）	¥

10－10 次の外貨建有価証券について，決算時の換算に必要な仕訳を示しなさい。決算時の為替相場は，*1ドルあたり¥120*　期中平均相場は*1ドルあたり¥115*である。なお，B社債（額面総額*1,000ドル*，期間5年）は，当期首に取得したものであり，償却原価法（定額法）を適用する。

銘　　柄	保有目的	取得原価（円貨）	取得原価（外貨）	期末時価（外貨）
A 株 式	売　買　目　的	¥58,000	500ドル	600ドル
B 社 債	満期保有目的	¥107,350	950ドル	965ドル
C 株 式	その他有価証券	¥47,200	400ドル	500ドル

銘　　柄	借　　　方	貸　　　方
A 株 式		
B 社 債		
C 株 式		

10-11 次の一連の取引の仕訳を示しなさい。仕訳が不要な場合は借方欄に「仕訳なし」と記入すること。なお，為替予約の会計処理は，振当処理によること。

(1) 20X8年10月15日に，商品40,000ドルを輸入し，代金は掛けとした。同時に為替予約を付した。取引発生日の直物為替相場は，1ドルあたり￥126であり，先物為替相場は1ドルあたり￥127である。

(2) 20X9年3月31日，決算日である。決算日の直物為替相場は，1ドルあたり￥130である。

(3) 20X9年5月15日に，上記の掛代金40,000ドルを現金で支払った。決済日の直物為替相場は，1ドルあたり￥134である。

	借　　　方	貸　　　方
(1)		
(2)		
(3)		

10-12 次のドル建ての輸出取引と売掛金の決済取引について，振当処理にもとづいて仕訳しなさい。

(1) 20X6年2月1日，アメリカへ商品10,000ドルを輸出し，代金は掛けとした。当日の直物為替相場は，1ドルあたり￥134であった。

(2) 20X6年3月1日，2月中に円高が進行したので，3か月後に決済予定の売掛金に対して，本日，為替予約を結んだ。本日の直物為替相場は1ドルあたり￥129であり，先物為替相場は1ドルあたり￥126である。

(3) 20X6年3月31日，決算日である。

(4) 20X6年5月31日，上記の売掛金10,000ドルの回収として，普通預金に入金された。決済日の直物為替相場は1ドルあたり￥124である。

	借　　　方	貸　　　方
(1)		
(2)		
(3)		
(4)		

10－13 次の各取引の仕訳を示しなさい。

⑴ ＡＢＣ社から×2年1月1日（為替相場は1ドル＝93円）に商品800ドルを掛けで仕入れていたが，決済日が到来した本日（為替相場は1ドル＝95円），この買掛金を現金で支払った。

⑵ ×1年5月1日に商品を1,000ドルで輸出し，代金は掛けとして処理していたが，×1年8月1日に，この売掛金に対して1ドル＝105円の為替予約を行った。なお，為替予約については振当処理によることとし，直直差額は為替差損益勘定，直先差額は前払費用勘定または前受収益勘定で処理すること。また，輸出時および為替予約時の直物為替レートは次のとおりであった。

　　　　　　輸出時：1ドル＝100円　　　　　為替予約時：1ドル＝102円

⑶ さきに商品を2,000ドルで輸入し，代金は掛けとして処理していたが，本日，この買掛金に対して1ドル＝114円の為替予約を行った。なお，為替予約については振当処理によることとし，直直差額は為替差損益勘定，直先差額は前払費用勘定または前受収益勘定で処理すること。また，輸入時および為替予約時の直物為替レートは次のとおりであった。

　　　　　　輸入時：1ドル＝109円　　　　　為替予約時：1ドル＝111円

借　方　科　目	金　　額	貸　方　科　目	金　　額
⑴			
⑵			
⑶			

10－14 次の資料にもとづいて，解答欄に示した各項目の当期末における金額をそれぞれ求めなさい。なお，有価証券評価損益については，（　）に（損）または（益）を記入すること。

　　当期の期中平均為替相場は1ドルあたり101円，当期末の為替相場は1ドルあたり102円である。税効果会計は適用しない（当社の決算は年1回）。

〈当期末に保有する外貨建有価証券〉

銘　　柄	保有目的区分	取得原価（円貨）	取得原価（外貨）	期末時価（外貨）
Ａ社株式	売買目的有価証券	582,000円	6,000ドル	5,900ドル
Ｂ社社債	満期保有目的債券	1,900,000円	19,000ドル	19,300ドル

　　Ｂ社社債は，当期首に額面20,000ドルの社債を19,000ドルで取得したものである。期間5年により償却原価法（定額法）を適用する。

　　なお，Ｂ社社債のクーポン利息は考慮しないものとする。

売 買 目 的 有 価 証 券	円	有価証券評価（　　）	円
満 期 保 有 目 的 債 券	円	有 価 証 券 利 息	円

10-15 わが国の会計諸基準に照らして，次の文章のうち正しいものには○を，誤っているものには×を解答欄に記入しなさい。

(1) 決算において，外貨建資産・外貨建負債のうち為替予約をしていない貨幣項目には，決算時の為替相場で換算した額を付する。

(2) 外貨建金銭債権債務等に係る換算と決済から生じた差損益は，ともに為替差損益として処理し，損益計算書上は，為替差益と為替差損を相殺せずに総額で営業外収益または営業外費用として表示する。

(3) 外貨建有価証券のうち売買目的有価証券とその他有価証券については，外国通貨による時価を決算時の為替相場により円換算した額をもって貸借対照表価額とする。

(1)	(2)	(3)

10-16 次の取引の仕訳を示しなさい。

(1) さきに商品を3,000ドルで輸出し，代金は掛けとして処理していたが，本日，決算を迎えた。決算日に必要な仕訳を行いなさい。なお，為替レートは次のとおりであった。

　　　　　　　輸出日：1ドル=115円　　　　決算日：1ドル=118円

(2) ×1年5月1日に商品を4,000ドルで輸出し，代金は掛けとして処理していたが，×1年8月1日に，この売掛金に対して1ドル=128円の為替予約を行った。なお，為替予約については振当処理によることとし，直直差額は為替差損益勘定，直先差額は前払費用勘定または前受収益勘定で処理すること。また，輸出時および為替予約時の直物為替レートは次のとおりであった。

　　　　　　　輸出時：1ドル=123円　　　　為替予約時：1ドル=125円

(3) さきに商品を1,000ドルで輸入し，代金は掛けとして処理していたが，本日，この買掛金に対して1ドル=134円の為替予約を行った。なお，為替予約については振当処理によることとし，直直差額は為替差損益勘定，直先差額は前払費用勘定または前受収益勘定で処理すること。また，輸入時および為替予約時の直物為替レートは次のとおりであった。

　　　　　　　輸入時：1ドル=129円　　　　為替予約時：1ドル=131円

(4) ×6年6月1日に商品2,500ドルを輸入し，代金は掛けとして処理していたが，×6年9月1日に，この買掛金について1ドル=105円の為替予約を行った。なお，為替予約については振当処理によることとし，直直差額は為替差損益勘定，直先差額は前払費用勘定または前受収益勘定で処理すること。また，輸入時および為替予約時の直物為替レートは次のとおりであった。

　　　　　　　輸入時：1ドル=110円　　　　為替予約時：1ドル=107円

	借　方　科　目	金　　額	貸　方　科　目	金　　額
(1)				
(2)				
(3)				
(4)				

10-17 次の取引の仕訳を示しなさい。

(1) 当期首に購入し，長期保有目的で保有しているボストン株式会社の株式100株（取得原価@80ドル）の決算日における時価は@85ドルであった。全部純資産直入法により処理することとし，実効税率30%として税効果会計を適用すること。なお，為替レートは次のとおりであった。

　　取得時：1ドル=123円　　　期中平均：1ドル=126円　　　決算時：1ドル=129円

(2) 満期保有目的として保有しているA社社債（額面170,000ドル，取得原価150,000ドル，償還期間5年，償却原価法：定額法）は当期首に取得したものである。当期における為替相場は下記の通りであった。決算にあたり必要な仕訳を示しなさい。

　　取得時：1ドル=116円　　　期中平均：1ドル=119円　　　当期末：1ドル=123円

	借　方　科　目	金　　　額	貸　方　科　目	金　　　額
(1)				
(2)				

10-18 次の資料にもとづいて，解答欄に示した各項目の当期末における金額をそれぞれ求めなさい。なお，有価証券評価損益については，（　）に（損）または（益）を記入すること。

　当期の期中平均為替相場は1ドルあたり122円，当期末の為替相場は1ドルあたり124円である。税効果会計は適用しない（当社の決算は年1回）。

〈当期末に保有する外貨建有価証券〉

銘　　柄	保有目的区分	取得原価（円貨）	取得原価（外貨）	期末時価（外貨）
A 社 株 式	売買目的有価証券	600,000円	5,000ドル	4,930ドル
B 社 社 債	満期保有目的債券	1,149,500円	9,500ドル	9,560ドル

　B社社債は，当期首に額面10,000ドルの社債を9,500ドルで取得したものである。期間5年により償却原価法（定額法）を適用する。

　なお，B社社債のクーポン利息は考慮しないものとする。

　売 買 目 的 有 価 証 券　［　　　　　　　　　　］円

　満 期 保 有 目 的 債 券　［　　　　　　　　　　］円

　有 価 証 券 評 価(　　)　［　　　　　　　　　　］円

　有 価 証 券 利 息　　　　［　　　　　　　　　　］円

10−19 当期末（決算日は×1年12月31日）に保有する外貨建有価証券の内訳は次の〈資　料〉のとおりである。下記の当期末における(1)から(6)の金額を答えなさい。ただし，C社株式を除く有価証券には市場価格があり，決算時の為替相場は*1ドルあたり125円*，期中平均為替相場は*1ドルあたり121円*である。なお，解答にあたり，その他有価証券評価差額金，為替差損益が借方となる場合には，金額の前に△を付すこと。

〈資　料〉

銘　柄	保有目的	円貨による取得原価（簿価）	外貨による取得原価（簿価）	外貨による時　価	備考
A 社 株 式	売 買 目 的	61,500円	500ドル	600ドル	—
B 社 社 債	満期保有目的	231,280円	1,960ドル	1,961ドル	参照①
C 社 株 式	支 配 目 的	224,000円	2,000ドル	—	参照②
D 社 株 式	そ　の　他	23,200円	200ドル	450ドル	参照③

参照①　取　得　日：×1年1月1日　　　満　期　日：×4年12月31日
　　　　額面金額：*2,000ドル*
　　　　なお，取得価額と額面金額との差額はすべて金利の調整によるものであり，償却原価法（定額法）を適用する。
参照②　C社は財政状態が著しく悪化し，C社株式の実質価額は著しく下落しており回復の見込みはない。なお，当社はC社株式を200株所有しており，決算日におけるC社の外貨による純資産額は，1株あたり*4ドル*である。
参照③　その他有価証券の評価については，全部純資産直入法を採用している。

(1)有価証券　　　　　　(4)為替差損益
(2)有価証券利息　　　　(5)その他有価証券評価差額金
(3)子会社株式評価損　　(6)投資有価証券

(1) 有　価　証　券 ［　　　　　　　　　　　］円

(2) 有 価 証 券 利 息 ［　　　　　　　　　　　］円

(3) 子会社株式評価損 ［　　　　　　　　　　　］円

(4) 為　替　差　損　益 ［　　　　　　　　　　　］円

(5) その他有価証券評価差額金 ［　　　　　　　　　　　］円

(6) 投 資 有 価 証 券 ［　　　　　　　　　　　］円

11章

キャッシュ・フロー計算書

▶教科書p.134～158

総論 1編

各論 2編 ①

各論 3編 ②

各論 4編 ③

財務諸表の活用 5編

監査と職業会計人 6編

●POINT

❶ キャッシュ・フロー計算書の意義と必要性

(1) キャッシュ・フロー計算書の意義

キャッシュ・フロー計算書とは，企業の一定期間における資金の流れ（キャッシュ・フローの状況）を，活動区分別に表示する計算書である。

(2) キャッシュ・フロー計算書の必要性

会社は利益が計上されていても，資金繰りの悪化によって倒産してしまうことがある。いわゆる「黒字倒産」である。

損益計算書・貸借対照表のみでは，特に企業におけるキャッシュ・フローの状況を十分に把握することはできないので，キャッシュ・フロー計算書を作成して，実際の資金の流れを把握する必要がある。

(3) キャッシュ・フロー計算書の資金の範囲

キャッシュ・フロー計算書が対象とする資金の範囲は，「現金及び現金同等物」である。

$$
資金の範囲 \begin{cases} 現\quad 金 \begin{cases} 手もと現金 \\ 要求払預金（普通預金，当座預金） \end{cases} \\ \\ 現金同等物（短期の定期預金など） \end{cases}
$$

❷ キャッシュ・フロー計算書の表示区分

キャッシュ・フロー計算書は，①営業活動によるキャッシュ・フロー，②投資活動によるキャッシュ・フロー，および③財務活動によるキャッシュ・フローの３つに区分表示される。

キャッシュ・フロー計算書	
営業活動によるキャッシュ・フロー	××
投資活動によるキャッシュ・フロー	××
財務活動によるキャッシュ・フロー	××
現金及び現金同等物の増減額	××
現金及び現金同等物の期首残高	××
現金及び現金同等物の期末残高	××

(1) 営業活動によるキャッシュ・フロー

企業の主たる営業活動から生じるキャッシュ・フローを記載する区分である。

企業が外部からの資金調達に頼ることなく、どれだけの資金を主たる営業活動から獲得したかを示す、重要な情報である。

(例)・営業損益計算の対象となった取引に係るキャッシュ・フロー
(売上などの営業収入、商品仕入などの支出、販売費及び一般管理費としての支出など)
・営業活動に係る債権・債務から生じるキャッシュ・フロー
(受取手形や売掛金の回収、支払手形や買掛金の支払い)
・利息および配当金によるキャッシュ・フロー
(利息・配当金の受取り、利息の支払い)
・法人税等の支払額(または還付額)

(2) 投資活動によるキャッシュ・フロー

営業活動などで獲得したり、外部から調達した資金を、将来、利益を獲得する目的で、各種の資産に投資する投資活動に係るキャッシュ・フローを表示する区分である。

投資活動は、証券投資、設備投資、融資などから構成される。

(例)・有価証券および投資有価証券の取得支出および売却収入
・固定資産の取得支出および売却収入
・資金の貸付けおよび回収

(3) 財務活動によるキャッシュ・フロー

営業活動や投資活動を維持するために行われた、資金の調達および返済に係るキャッシュ・フローを表示する区分である。

(例)・借入金および株式または社債の発行による資金の調達
・借入金の返済および社債の償還
・配当金の支払い

❸ キャッシュ・フローの表示方法

キャッシュ・フロー計算書の表示方法には、直接法と間接法とがある。

ただし、直接法と間接法とで表示方法が異なるのは、「営業活動によるキャッシュ・フロー」のみである。(「投資活動によるキャッシュ・フロー」と「財務活動によるキャッシュ・フロー」は同じ。)

(1) 直接法

主要な取引ごとに収入総額と支出総額を表示する方法である。

(2) 間接法

税引前当期純利益に、減価償却などの現金収支をともなわない損益項目、営業活動による資産および負債の増減など、必要な調整項目を加減して表示する方法である。

❹ キャッシュ・フロー計算書の作成手続き

キャッシュ・フロー計算書は、一般に、貸借対照表や損益計算書と異なり、日常の取引記録から作成するのではなくて、決算手続きにおいてできあがった貸借対照表と損益計算書を組み替えることによって作成する。

◆練習問題···

11−1　次の文章の空欄にあてはまる語を答えなさい。

① キャッシュ・フロー計算書とは，企業の一定期間における（　ア　）の状況を一定の（　イ　）別に表示する計算書である。

② キャッシュ・フロー計算書が対象とする資金の範囲は，現金及び（　ウ　）である。現金とは，（　エ　）および（　オ　）預金，当座預金などの（　カ　）預金をいう。（　ウ　）とは，容易に（　キ　）可能であり，かつ，価値の（　ク　）について僅少の（　ケ　）しか負わない短期の投資をいう。

③ キャッシュ・フロー計算書は，営業活動によるキャッシュ・フロー，（　コ　）によるキャッシュ・フロー，および（　サ　）によるキャッシュ・フローの3つに区分表示される。

④ 営業活動によるキャッシュ・フローの表示方法には，税引前当期純利益に必要な調整項目を加減して表示する方法である（　シ　）と，主要な取引ごとに収入総額と支出総額を表示する方法である（　ス　）とがある。

ア	イ
ウ	エ
オ	カ
キ	ク
ケ	コ
サ	シ
ス	

11－2 次の比較貸借対照表と損益計算書にもとづいて，（　　）内に適切な用語または金額を入れ，直接法によるキャッシュ・フロー計算書と間接法によるキャッシュ・フロー計算書を完成しなさい。なお，間接法によるキャッシュ・フロー計算書は，営業活動によるキャッシュ・フローのみを示している。また，金額がマイナスの場合は数字の前に△を付すこと。

比 較 貸 借 対 照 表

20X2年3月31日および20X3年3月31日　　（単位：千円）

	20X1年度	20X2年度	増減額
現 金 預 金	5,640	11,920	6,280
売 掛 金	16,000	12,000	△4,000
有 価 証 券	6,000	6,000	0
商 品	13,000	10,000	△3,000
備 品	20,000	23,000	3,000
減 価 償 却 累 計 額	(6,000)	(13,000)	△7,000
土 地	2,000	1,600	△400
資 産 合 計	56,640	51,520	△5,120
買 掛 金	13,000	11,000	△2,000
短 期 借 入 金	2,600	3,000	400
未 払 利 息	40	60	20
社 債	14,000	10,000	△4,000
負 債 合 計	29,640	24,060	△5,580
資 本 金	20,000	20,000	0
利 益 剰 余 金	7,000	7,460	460
純 資 産 合 計	27,000	27,460	460
負債・純資産合計	56,640	51,520	△5,120

損 益 計 算 書

自20X2年4月1日　至20X3年3月31日　　（単位：千円）

Ⅰ 売 上 高			60,000
Ⅱ 売 上 原 価			
1　期首商品棚卸高		13,000	
2　当期商品仕入高		28,000	
合　　　計		41,000	
3　期末商品棚卸高		10,000	31,000
売 上 総 利 益			29,000
Ⅲ 販売費及び一般管理費			
人 件 費		12,000	
減 価 償 却 費		7,000	
そ の 他		4,000	23,000
営 業 利 益			6,000
Ⅳ 営 業 外 収 益			
受 取 利 息			60
Ⅴ 営 業 外 費 用			
支 払 利 息			100
経 常 利 益			5,960
Ⅵ 特 別 利 益			
土 地 売 却 益			300
税引前当期純利益			6,260
法 人 税 等			3,200
当 期 純 利 益			3,060

注1　剰余金2,600千円の配当を行った。
　2　20X2年度における社債の償還は，4,000千円である。
　3　売却以外の土地に関する取引はない。

総論1編

各論2編〔1〕

各論3編〔2〕

各論4編〔3〕

財務諸表の活用5編

監査と職業会計人6編

キャッシュ・フロー計算書（直接法）　　（単位：千円）

Ⅰ　営業活動によるキャッシュ・フロー
　　　　営業収入　　　　　　　　　　　　　　　　（　　　　　　　）
　　　　商品の仕入支出　　　　　　　　　　　　　（　　　　　　　）
　　　　人件費支出　　　　　　　　　　　　　　　（　　　　　　　）
　　　　その他の営業支出　　　　　　　　　　　　（　　　　　　　）
　　　　　小　　　計　　　　　　　　　　　　　　（　　　　　　　）
　　　　（　　　　　　）の受取額　　　　　　　　（　　　　　　　）
　　　　利息の支払額　　　　　　　　　　　　　　（　　　　　　　）
　　　　（　　　　　　）の支払額　　　　　　　　（　　　　　　　）
　　　営業活動によるキャッシュ・フロー　　　　　（　　　　　　　）
Ⅱ　投資活動によるキャッシュ・フロー
　　　　土地の売却による収入　　　　　　　　　　（　　　　　　　）
　　　　有形固定資産の取得による支出　　　　　　（　　　　　　　）
　　　投資活動によるキャッシュ・フロー　　　　　（　　　　　　　）
Ⅲ　財務活動によるキャッシュ・フロー
　　　　短期借入れによる収入　　　　　　　　　　（　　　　　　　）
　　　　社債の償還による支出　　　　　　　　　　（　　　　　　　）
　　　　配当金の支払額　　　　　　　　　　　　　（　　　　　　　）
　　　財務活動によるキャッシュ・フロー　　　　　（　　　　　　　）
Ⅳ　現金及び現金同等物の増加額　　　　　　　　　（　　　　　　　）
Ⅴ　現金及び現金同等物の期首残高　　　　　　　　（　　　　　　　）
Ⅵ　現金及び現金同等物の期末残高　　　　　　　　（　　　　　　　）

キャッシュ・フロー計算書（間接法）　　（単位：千円）

Ⅰ　営業活動によるキャッシュ・フロー
　　　　税引前当期純利益　　　　　　　　　　　　（　　　　　　　）
　　　　減価償却費　　　　　　　　　　　　　　　（　　　　　　　）
　　　　有形固定資産売却益　　　　　　　　　　　（　　　　　　　）
　　　　受取利息　　　　　　　　　　　　　　　　（　　　　　　　）
　　　　支払利息　　　　　　　　　　　　　　　　（　　　　　　　）
　　　　売上債権の減少額　　　　　　　　　　　　（　　　　　　　）
　　　　棚卸資産の減少額　　　　　　　　　　　　（　　　　　　　）
　　　　仕入債務の減少額　　　　　　　　　　　　（　　　　　　　）
　　　　　小　　　計　　　　　　　　　　　　　　（　　　　　　　）
　　　　（　　　　　　）の受取額　　　　　　　　（　　　　　　　）
　　　　利息の支払額　　　　　　　　　　　　　　（　　　　　　　）
　　　　（　　　　　　）の支払額　　　　　　　　（　　　　　　　）
　　　営業活動によるキャッシュ・フロー　　　　　（　　　　　　　）

11－3　次の各文の　　　　　　　に入る最も適当なものを語群から選び，番号で答えなさい。

① キャッシュ・フロー計算書とは，企業の一定　　ア　　における　　　イ　　　の状況を一定の　　ウ　　区分別に分けて表示する計算書である。

② キャッシュ・フロー計算書が対象とする資金の範囲は，　　　エ　　　および現金同等物である。　　エ　　とは，手もと現金および当座預金，　オ　　預金などの　　カ　　預金をいう。現金同等物とは，容易に　　キ　　可能であり，かつ，価値の変動について僅少の　　ク　　しか負わない　　ケ　　の投資をいう。

③ キャッシュ・フロー計算書の表示方法には，2つあるが，　　　コ　　　に，減価償却費などの現金収支をともなわない損益項目，　　サ　　活動による資産・負債の増額など，必要な調整項目を加減して表示する方法を　　　シ　　　という。

語　群
1．活　動　　2．直接法　　3．換　算　　4．短　期　　5．営　業　　6．普　通
7．換　金　　8．製　造　　9．リスク　　10．消耗品費　　11．現　金　　12．営業循環
13．期　間　　14．期　日　　15．税引前当期純利益　　16．要求払　　17．長　期
18．間接法　　19．キャッシュ・フロー　　20．定　期

ア	イ	ウ	エ	オ	カ

キ	ク	ケ	コ	サ	シ

11－4　次の資料にもとづいて，解答欄のキャッシュ・フロー計算書の(　　　)のなかに，適切な用語または金額を入れ，直接法によるキャッシュ・フロー計算書と間接法によるキャッシュ・フロー計算書を完成させなさい。なお，直接法によるキャッシュ・フロー計算書は，営業活動によるキャッシュ・フローのみを示している。

〔資料1〕比較貸借対照表　　　　　　（単位：千円）

	前　期	当　期	増減額
現　　　　　　金	100	150	50
売　　掛　　金	200	50	△150
貸 倒 引 当 金	△50	△100	△50
有 価 証 券	500	500	0
商　　　　　品	350	400	50
建　　　　　物	300	400	100
減価償却累計額	△100	△200	△100
資　産　計	1,300	1,200	△100
買　　掛　　金	250	150	△100
資　　本　　金	1,000	1,000	0
利 益 剰 余 金	50	50	0
負債・純資産計	1,300	1,200	△100

〔資料2〕損益計算書　　　　　　（単位：千円）

売　　上　　高	2,500
売　上　原　価	1,600
売 上 総 利 益	900
給　与・賞　与	300
貸倒引当金繰入	50
減 価 償 却 費	100
消　耗　品　費	50
営　業　利　益	400
受 取 配 当 金	200
経　常　利　益	600
税引前当期純利益	600
法　人　税　等	250
当 期 純 利 益	350

〔資料3〕株主資本等変動計算書（当期変動額）（単位：千円）

利益剰余金	
剰余金の配当	350

[資料４]
　① 建物（取得原価）の増加額は，すべて現金による購入である。
　② 消耗品費は，すべてキャッシュ・フローをともなうものである。
　③ 受取配当金は，「営業活動によるキャッシュ・フロー」の区分に記載する方法による。
　（注）　金額がマイナスの場合は数字の前に△をつけること。

キャッシュ・フロー計算書（直接法）　　　　（単位：千円）

Ⅰ．営業活動によるキャッシュ・フロー
　　　　営業収入　　　　　　　　　　　　　　（　　　　　　　　　　）
　　　　商品の仕入支出　　　　　　　　　　　（　　　　　　　　　　）
　　　　人件費支出　　　　　　　　　　　　　（　　　　　　　　　　）
　　　　その他の営業支出　　　　　　　　　　（　　　　　　　　　　）
　　　　　小　　計　　　　　　　　　　　　　（　　　　　　　　　　）
　　　　配当金の受取額　　　　　　　　　　　（　　　　　　　　　　）
　　　　法人税等の支払額　　　　　　　　　　（　　　　　　　　　　）
　　　営業活動によるキャッシュ・フロー　　　（　　　　　　　　　　）

キャッシュ・フロー計算書（間接法）　　　　（単位：千円）

Ⅰ．営業活動によるキャッシュ・フロー
　　　　税引前当期純利益　　　　　　　　　　（　　　　　　　　　　）
　　　（　　　　　　　　　　　　　）　　　　（　　　　　　　　　　）
　　　　貸倒引当金の増加額　　　　　　　　　（　　　　　　　　　　）
　　　　受取配当金　　　　　　　　　　　　　（　　　　　　　　　　）
　　　　売掛金の減少額　　　　　　　　　　　（　　　　　　　　　　）
　　　　棚卸資産の増加額　　　　　　　　　　（　　　　　　　　　　）
　　　　買掛金の減少額　　　　　　　　　　　（　　　　　　　　　　）
　　　　　小　　計　　　　　　　　　　　　　（　　　　　　　　　　）
　　　　配当金の受取額　　　　　　　　　　　（　　　　　　　　　　）
　　　　法人税等の支払額　　　　　　　　　　（　　　　　　　　　　）
　　　営業活動によるキャッシュ・フロー　　　（　　　　　　　　　　）
Ⅱ．投資活動によるキャッシュ・フロー
　　　　建物の取得による支出　　　　　　　　（　　　　　　　　　　）
　　　投資活動によるキャッシュ・フロー　　　（　　　　　　　　　　）
Ⅲ．財務活動によるキャッシュ・フロー
　　　　配当金の支払額　　　　　　　　　　　（　　　　　　　　　　）
　　　財務活動によるキャッシュ・フロー　　　（　　　　　　　　　　）
Ⅳ．現金及び現金同等物の増加額　　　　　　　（　　　　　　　　　　）
Ⅴ．現金及び現金同等物の期首残高　　　　　　（　　　　　　　　　　）
Ⅵ．現金及び現金同等物の期末残高　　　　　　（　　　　　　　　　　）

11－5 以下の貸借対照表，損益計算書，および〔その他の資料〕に基づき，解答欄に示した直接法によるキャッシュ・フロー計算書を完成しなさい。なお，金額がマイナスの場合には，数字の前に△を付すこと。

貸 借 対 照 表 (単位：千円)

資　　産	前期末	当期末	負債・純資産	前期末	当期末
現 金 預 金	2,577	2,778	買 　 掛 　 金	7,530	8,235
売 　 掛 　 金	10,350	10,500	短 期 借 入 金	1,140	1,305
貸 倒 引 当 金	△207	△210	未 払 法 人 税 等	735	1,155
商 　 　 　 品	6,135	7,410	長 期 借 入 金	6,750	3,750
建 　 　 　 物	4,650	4,650	資 　 本 　 金	3,600	3,600
減価償却累計額	△2,250	△2,400	資 本 準 備 金	780	780
土 　 　 　 地	1,260	1,260	利 益 準 備 金	54	84
投 資 有 価 証 券	2,610	7,695	繰越利益剰余金	4,536	12,774
合 　 　 　 計	25,125	31,683	合 　 　 　 計	25,125	31,683

損 益 計 算 書

(単位：千円)

売 　 上 　 高	78,495
売 　 上 　 原 　 価	54,690
売 　 上 　 総 　 利 　 益	23,805
発 　 送 　 費	240
広 　 告 　 費	3,600
給 　 　 　 料	5,715
貸 倒 引 当 金 繰 入 額	3
支 　 払 　 家 　 賃	1,590
減 　 価 　 償 　 却 　 費	150
水 　 道 　 光 　 熱 　 費	210
営 　 業 　 利 　 益	12,297
受 　 取 　 利 　 息	9
支 　 払 　 利 　 息	96
経 　 常 　 利 　 益	12,210
投 資 有 価 証 券 売 却 益	30
税 引 前 当 期 純 利 益	12,240
法人税, 住民税及び事業税	3,672
当 　 期 　 純 　 利 　 益	8,568

〔その他の資料〕

1．売上および仕入取引はすべて掛けによるものとし，当期中に貸倒れは発生していない。

2．発送費と広告費と給料と支払家賃と水道光熱費は，当期中に発生した全額を現金で支払っている。

3．利息の受取額と利息の支払額は「営業活動によるキャッシュ・フロー」の区分に記載する。

4．現金預金のうち前期末90千円，当期末75千円は，満期日が3カ月を超える定期預金である。また，当期中に定期預金（3カ月超）の新規預入れ135千円と払戻し150千円があった。

5．当期中に投資有価証券を5,835千円で購入し，投資有価証券の一部を□□□？□□□千円で売却した。代金はどちらも現金で決済している。

6．短期借入金については，4,560千円の新規借入れと□□□？□□□千円の返済があり，代金はどちらも現金で決済している。

7．長期借入金については，□□□？□□□千円の新規借入れと11,400千円の返済があり，代金はどちらも現金で決済している。

8. 当期に剰余金の配当として，株主に対して ___?___ 千円を現金で支払うとともに，会社法の規定に基づいて利益準備金を積み立てている。

キャッシュ・フロー計算書

（単位：千円）

営業活動によるキャッシュ・フロー

 営業収入   （   ）

 商品の仕入支出   （   ）

 人件費支出   （   ）

 その他の営業支出   （   ）

  小　計   （   ）

 利息の受取額   （   ）

 利息の支払額   （   ）

 法人税等の支払額   （   ）

 営業活動によるキャッシュ・フロー   （   ）

投資活動によるキャッシュ・フロー

 定期預金の預入による支出   （   ）

 定期預金の払戻による収入   （   ）

 投資有価証券の取得による支出   （   ）

 投資有価証券の売却による収入   （   ）

 投資活動によるキャッシュ・フロー   （   ）

財務活動によるキャッシュ・フロー

 短期借入れによる収入   （   ）

 短期借入金の返済による支出   （   ）

 長期借入れによる収入   （   ）

 長期借入金の返済による支出   （   ）

 配当金の支払額   （   ）

 財務活動によるキャッシュ・フロー   （   ）

現金及び現金同等物の増減額（△は減少） （   ）

現金及び現金同等物の期首残高   （   ）

現金及び現金同等物の期末残高   （   ）

（注）金額がマイナスの場合には，数字の前に△を付すこと。

11-6 以下の貸借対照表，損益計算書，および〔その他の資料〕にもとづき，解答欄に示した間接法によるキャッシュ・フロー計算書を完成しなさい。なお，金額がマイナスの場合には，数字の前に△を付すこと。

貸 借 対 照 表 　　　　　　（単位：千円）

資　　　産	前期末	当期末	負債・純資産	前期末	当期末
現 金 預 金	15,345	23,865	買　　掛　　金	3,135	2,955
売　　掛　　金	7,500	8,400	未 払 法 人 税 等	2,910	3,030
貸 倒 引 当 金	△375	△420	長 期 借 入 金	7,695	29,520
有 価 証 券	3,915	3,825	資　　本　　金	27,000	27,000
商　　　　品	8,865	9,180	資 本 準 備 金	5,025	5,025
建　　　　物	31,500	48,000	利 益 準 備 金	75	465
減価償却累計額	△13,650	△1,200	繰越利益剰余金	32,910	49,305
土　　　　地	25,650	25,650			
合　　　計	78,750	117,300	合　　　計	78,750	117,300

損 益 計 算 書
（単位：千円）

売　　上　　高	96,375
売　上　原　価	43,185
売 上 総 利 益	53,190
広　　告　　費	2,520
発　　送　　費	4,185
給　　　料	10,260
貸倒引当金繰入額	45
支　払　家　賃	5,580
減 価 償 却 費	1,200
営　業　利　益	29,400
受　取　利　息	78
受 取 配 当 金	5
有 価 証 券 売 却 益	55
支　払　利　息	33
経　常　利　益	29,505
固 定 資 産 売 却 益	45
税引前当期純利益	29,550
法人税，住民税及び事業税	8,865
当 期 純 利 益	20,685

〔その他の資料〕
1．売上及び仕入取引は，すべて掛けによるものとし，当期中に貸倒れは発生していない。
2．広告費と発送費と給料と支払家賃は，当期中に発生した全額を現金で支払っている。
3．利息及び配当金の受取額と利息の支払額は「営業活動によるキャッシュ・フロー」の区分に記載する。
4．現金預金のうち，前期末330千円，当期末2,745千円は，満期日が3カ月を超える定期預金である。また，当期中に定期預金（3カ月超）の新規預入れ3,015千円と払戻し600千円があった。
5．当期中に有価証券の一部を□　?　□千円で売却し，新たに有価証券1,125千円を購入した。代金はどちらも現金で決済している。なお，この有価証券は時価のない株式である。
6．当期首に建物の全部を□　?　□千円で売却し，新たに建物48,000千円を購入した。代金はどちらも現金で決済している。
7．長期借入金については，30,000千円の新規借入れと□　?　□千円の返済があり，どちらも現金で決済している。
8．当期中に剰余金の配当として，株主に対し□　?　□千円を現金で支払うとともに，会社法の規定にもとづいて利益準備金を積み立てている。

キャッシュ・フロー計算書

（単位：千円）

営業活動によるキャッシュ・フロー	
〔　　　　　　　　　　〕	（　　　　　　　）
減価償却費	（　　　　　　　）
貸倒引当金の〔　　　　　　〕額	（　　　　　　　）
受取利息及び受取配当金	（　　　　　　　）
支払利息	（　　　　　　　）
有価証券売却益	（　　　　　　　）
固定資産売却益	（　　　　　　　）
売上債権の〔　　　　　〕額	（　　　　　　　）
棚卸資産の〔　　　　　〕額	（　　　　　　　）
仕入債務の〔　　　　　〕額	（　　　　　　　）
小　計	（　　　　　　　）
利息及び配当金の受取額	（　　　　　　　）
利息の支払額	（　　　　　　　）
法人税等の支払額	（　　　　　　　）
営業活動によるキャッシュ・フロー	（　　　　　　　）
投資活動によるキャッシュ・フロー	
定期預金の預入による支出	（　　　　　　　）
定期預金の払戻による収入	（　　　　　　　）
有価証券の取得による支出	（　　　　　　　）
有価証券の売却による収入	（　　　　　　　）
有形固定資産の取得による支出	（　　　　　　　）
有形固定資産の売却による収入	（　　　　　　　）
投資活動によるキャッシュ・フロー	（　　　　　　　）
財務活動によるキャッシュ・フロー	
長期借入れによる収入	（　　　　　　　）
長期借入金の返済による支出	（　　　　　　　）
配当金の支払額	（　　　　　　　）
財務活動によるキャッシュ・フロー	（　　　　　　　）
現金及び現金同等物の増加額	（　　　　　　　）
現金及び現金同等物の期首残高	15,015
現金及び現金同等物の期末残高	21,120

（注）金額がマイナスの場合には，数字の前に△を付すこと。

企業結合会計

▶教科書p.160～167

── ●POINT ──

1 企業結合会計の意味

(1) 企業結合の形態

① **合併**

複数の会社が１つの会社になることをいう。

② **株式交換**

２つの会社を完全親会社・完全子会社とするために行われる手続きであり，完全子会社となる会社の株主が有する株式すべてを完全親会社となる会社が有する株式と交換することにより行われる。

③ **株式移転**

たとえば完全親会社となる持株会社を新たに設立し，既存の会社を完全子会社とするために行われる手続きであり，完全親会社となる新設会社が交付する株式と交換に，完全子会社となる既存の会社の株主が有する株式すべてを完全親会社となる会社に移転することにより行われる。

④ **持株会社**

保有する子会社株式の金額が，総資産額の半分を超える場合，その会社は持株会社となる。持株会社には，**純粋持株会社**と**事業持株会社**とがある。

(2) 企業結合会計の基本

企業結合のうち，**取得**とされる企業結合には，**パーチェス法**とよばれる会計処理方法が適用される。取得とは，ある企業が他の企業に対する**支配を獲得**することである。取得する側の企業は**取得企業**，取得される側の企業は**被取得企業**とよばれる。

2 合併会計

合併に際し，合併会社は被合併会社の株主に対して株式を交付する。その交付される株式数（**交付株式数**）の算定にあたり，まず，**企業評価額**が算定される。そして**合併比率**（交換比率）が算定され，その合併比率にもとづき交付株式数が算定される。

$$合併比率 = \frac{被合併会社（消滅会社）の１株あたり企業評価額}{合併会社（存続会社）の１株あたり企業評価額}$$

$$交付株式数 = 被合併会社（消滅会社）の発行済株式数 \times 合併比率$$

合併が行われた場合，被合併会社の資産と負債は時価で評価される。ここで，被合併会社を取得するための対価の額（**取得原価**）が，被合併会社の資産（時価）から負債（時価）を控除した純資産の額を上回っている場合，その差額が**のれん**（資産）となる。

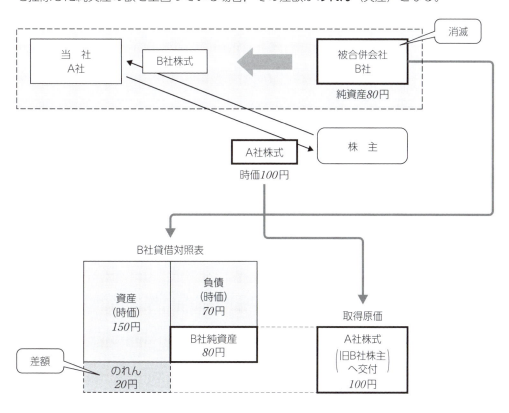

　なお，増加資本については，合併契約の定めに従い，合併会社の資本金・資本剰余金（資本準備金・その他資本剰余金）に計上される。

（仕訳例）

（借）諸　　資　　産	150	（貸）諸　　負　　債	70
の　　れ　　ん	20	資　本　剰　余　金	100

（合併後のA社貸借対照表）

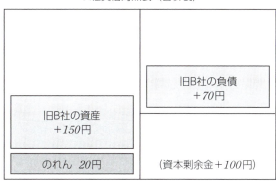

A社貸借対照表（合併後）

12－1　A社は20X2年3月31日にB社を吸収合併し，同社の株主に対して新株（1株あたりの時価 *2.44*千円）を交付した。取得企業はA社である。増加資本は，すべて資本剰余金とする。次の資料にもとづき，合併時の仕訳を示し，合併後の貸借対照表を完成しなさい。

[資　料]

① 両社の貸借対照表は次のとおりである。

貸 借 対 照 表
A社　　20X2年3月31日　（単位：千円）

諸　資　産	80,000	諸　負　債	48,000
		資　本　金	24,600
		資本剰余金	2,400
		利益剰余金	5,000
	80,000		80,000

A社発行済株式数：20,000株

貸 借 対 照 表
B社　　20X2年3月31日　（単位：千円）

諸　資　産	24,000	諸　負　債	16,000
		資　本　金	5,500
		資本剰余金	500
		利益剰余金	2,000
	24,000		24,000

B社発行済株式数：10,000株

② 合併比率は，純資産の時価を用いる方法により算出する。

③ A社の諸資産（時価）は96,000千円であった。

④ B社の諸資産（時価）は30,000千円，諸負債（時価）は18,000千円であり，A社とB社の間に相殺すべき債権債務はない。

（単位：千円）

借　　　　　方	貸　　　　　方

（合併後）貸借対照表
A社　　　　　　　　20X2年3月31日　　　　　　　　（単位：千円）

諸　資　産（　　　　）	諸　負　債（　　　　）
（　　　　）（　　　　）	資　本　金（　　　　）
	資　本　剰　余　金（　　　　）
	利　益　剰　余　金（　　　　）
（　　　　）	（　　　　）

12－2　X社は20X2年3月31日にY社を吸収合併し，同社の株主に対して新株（1株あたりの時価 *0.61*千円）を交付した。取得企業はX社である。増加資本は，すべて資本剰余金とする。次の両社の貸借対照表にもとづき，①合併比率を算定し，②交付株式数を算定しなさい。なお，合併比率は，純資産の時価を用いる方法により算出する。

[資　料]

⑴　両社の貸借対照表は次のとおりである。

貸 借 対 照 表

X社	20X2年3月31日	（単位：千円）
諸 資 産 *4,750*	諸 負 債	*3,000*
	資 本 金	*1,300*
	資本剰余金	*175*
	利益剰余金	*275*
4,750		*4,750*

X社発行済株式数：2,000株

貸 借 対 照 表

Y社	20X2年3月31日	（単位：千円）
諸 資 産 *1,500*	諸 負 債	*1,000*
	資 本 金	*400*
	資本剰余金	*50*
	利益剰余金	*50*
1,500		*1,500*

Y社発行済株式数：1,000株

⑵　X社の諸資産（時価）は*5,250*千円，諸負債（時価）は*3,250*千円であった。

⑶　Y社の諸資産（時価）は*1,750*千円であった。

①	合 併 比 率		②	交 付 株 式 数	株

◆確認テスト……………………………………………………………………………………………

12－3　A社（発行済株式総数40,000株）はB社（発行済株式総数40,000株）を20X1年4月1日に吸収合併し，新株（1株あたりの時価*4.88*千円）を交付した。取得企業はA社である。増加資本はすべて資本剰余金とする。次の資料によって，①合併比率および②交付株式数を算定しなさい。なお，合併比率は，純資産の時価を用いる方法により算出する。

資　料

⑴　両社の貸借対照表

貸 借 対 照 表

20X1年3月31日					（単位：千円）
資　　産	A　社	B　社	負債・純資産	A　社	B　社
諸 資 産	*160,000*	*48,000*	諸 負 債	*96,000*	*32,000*
			資 本 金	*49,200*	*11,000*
			資本剰余金	*4,800*	*1,000*
			利益剰余金	*10,000*	*4,000*
	160,000	*48,000*		*160,000*	*48,000*

⑵　A社の諸資産（時価）は*192,000*千円であった。

⑶　B社の諸資産（時価）は*60,000*千円，諸負債（時価）は*36,000*千円であり，A社とB社との間に相殺すべき債権債務はない。

①	合 併 比 率		②	交 付 株 式 数	株

1編 総論

2編 各論〔1〕

3編 各論〔2〕

4編 各論〔3〕

5編 財務諸表の活用

6編 監査と職業会計人

12－4 次の取引の仕訳を示しなさい。

東京商事株式会社は，×2年3月31日に江東商事株式会社を吸収合併し，同社株主に東京商事株式会社の株式200株を交付した。同日の東京商事株式会社の株式の時価は@10,000円であり，増加資本の全額を資本金とする。

なお，合併直前の江東商事株式会社の貸借対照表は以下のとおりであり，同日の諸資産の時価は2,700,000円，諸負債の時価は800,000円であった。

貸 借 対 照 表

江東商事株式会社	×2年3月31日	（単位：円）	
諸　資　産	2,600,000	諸　負　債	800,000
		資　本　金	1,250,000
		繰越利益剰余金	550,000
	2,600,000		2,600,000

借　方　科　目	金　　額	貸　方　科　目	金　　額

12－5 次の各取引の仕訳を示しなさい。

1．埼玉株式会社は浦和株式会社を取得し，取得対価10,000,000円は小切手を振り出して支払った。なお，取得時の浦和株式会社の諸資産の時価は32,000,000円，諸負債の時価は21,000,000円であった。

2．千葉商事株式会社は，×3年3月31日に浦安商事株式会社（発行済株式数3,000株）を吸収合併し，浦安商事株式会社の株主に対して，千葉商事株式会社株式3,000株を交付した。千葉商事株式会社の株式の時価は1株あたり900円である。なお，千葉商事株式会社の増加する株主資本のうち3分の1ずつを資本金，資本準備金およびその他資本剰余金とする。

なお，浦安商事株式会社の諸資産は5,400,000円，諸負債は2,900,000円であり，時価と一致している。また両社の間に相殺すべき資産と負債はない。合併に際して増加する資産は「諸資産」勘定，負債は「諸負債」勘定とする。

	借　方　科　目	金　　額	貸　方　科　目	金　　額
1				
2				

12-6 X社は×1年3月31日にY社を吸収合併した。以下の〈資料1〉に基づき，〈資料2〉の（ a ）（ b ）に入る適切な語句と，（ c ）（ d ）に入る金額を答えなさい。

なお，合併にさいして新たに計上される科目は，別建てにより表示すること。

〈資料1〉

1．×1年3月31日におけるX社株式の時価は1株当たり200千円である。

2．Y社株主に対するX社株式の交付数は80株である。

3．合併直前のX社・Y社それぞれの貸借対照表は，次のとおりである。

X社	貸借対照表 ×1年3月31日		（単位：千円）
諸 資 産 100,000	諸 負 債	50,000	
	資 本 金	37,500	
	利益剰余金	12,500	
100,000		100,000	

Y社	貸借対照表 ×1年3月31日		（単位：千円）
諸 資 産 28,500	諸 負 債	15,500	
	資 本 金	10,000	
	利益剰余金	3,000	
28,500		28,500	

4．×1年3月31日現在，Y社の諸資産の時価は31,000千円，諸負債の時価は16,000千円であった。

5．X社は合併契約に従い，増加資本のうち2分の1の金額は資本金とし，残額は資本準備金とする。

〈資料2〉

1．この合併は取得に該当するため，（ a ）法によって会計処理される。

2．合併後の貸借対照表は次のとおりである。

X社	貸借対照表 ×1年3月31日		（単位：千円）
諸 資 産 ?	諸 負 債	?	
（ b ） （ c ）	資 本 金	（ d ）	
	資本剰余金	?	
	利益剰余金	?	
?		?	

(a)		法	(b)		(c)		千円	(d)		千円

1編 総論
2編 各論〔1〕
3編 各論〔2〕
4編 各論〔3〕
5編 財務諸表の活用
6編 監査と職業会計人

13 章 連結財務諸表の作成（その１）

▶教科書p.168〜190

●POINT

1 連結財務諸表の目的と連結の範囲

(1) 連結財務諸表の目的

法律上の会社を会計単位とする財務諸表を**個別財務諸表**といい，一つの企業集団（グループ）に属する複数の企業を一つの会計単位とする財務諸表を**連結財務諸表**という。

連結財務諸表は，**親会社**が，その企業集団の財政状態と経営成績を総合的に報告する目的で作成される。

(2) 連結の範囲

親会社は原則としてすべての**子会社**を連結の範囲に含める。

子会社であるかどうかは，企業間で支配従属関係が存在するかどうかで決定される。

2 連結決算の手続き

連結財務諸表の作成は，子会社として支配できる状態になった日（これを**支配獲得日**という）から決算日ごとに行う。

連結財務諸表を作成する日	作成する連結財務諸表
支配獲得日	連結貸借対照表のみを作成する
支配獲得日後の連結決算日	連結貸借対照表，連結損益計算書，連結包括利益計算書，連結株主資本等変動計算書，連結キャッシュ・フロー計算書なども作成する

3 支配獲得日における連結貸借対照表の作成

(1) 子会社の資産および負債の時価評価

子会社の資産および負債のすべてを支配獲得日の時価で評価する。（時価と帳簿価額との差額は**評価差額**として処理する。）

(2) 投資と資本の相殺消去

支配獲得日における親会社の投資と，これに対応する子会社の資本を相殺消去する。

子会社の発行済株式のうち，親会社が取得した株式の割合を**持株比率**（または持分比率）という。

＜のれん＞

親会社の投資と子会社の資本の相殺消去にあたり，投資と資本の間に差額が生じる場合がある。この差額を**のれん**という。

のれんは借方または貸方のいずれにも生じることがある。

借方ののれんは無形固定資産として計上し，貸方ののれん（負ののれん）は**負ののれん発生益**として特別利益に計上する。

<非支配株主持分>

親会社が子会社の発行済株式のすべてを所有していない場合もある。

子会社の資本のうち，親会社に帰属している部分を**親会社持分**といい，親会社以外の株主に帰属している部分のことを**非支配株主持分**という。

➡持株比率が100％で評価差額が発生しないケース

親会社が子会社の発行済株式の100％を取得したときは，親会社の投資（子会社株式）と子会社の資本を全額相殺消去する。

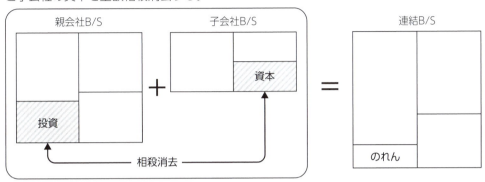

<連結仕訳>

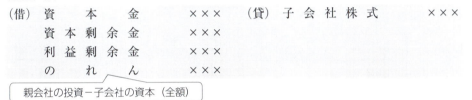

親会社の投資−子会社の資本（全額）

➡持株比率が80％で評価差額が発生しないケース

親会社が子会社の発行済株式の一部を取得した場合，親会社の投資と子会社の資本のうち親会社持分に相当する部分とが相殺消去される。

親会社に帰属しない部分は非支配株主持分に振り替える。

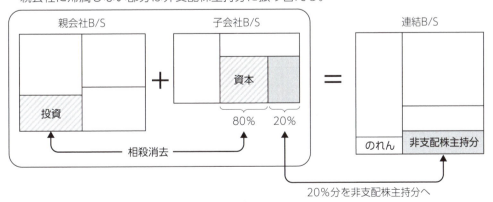

<連結仕訳>

親会社の投資−子会社の資本×持株比率（80％）

➡持株比率が80％で評価差額が発生するケース

　子会社の個別貸借対照表における資産および負債は，支配獲得日における時価で評価しなければならない。

　子会社の資産・負債の帳簿価額が時価と異なる場合には，評価差額が発生する。

　この場合，親会社の投資と時価評価後の子会社の資本（評価差額を含む）を相殺消去する。

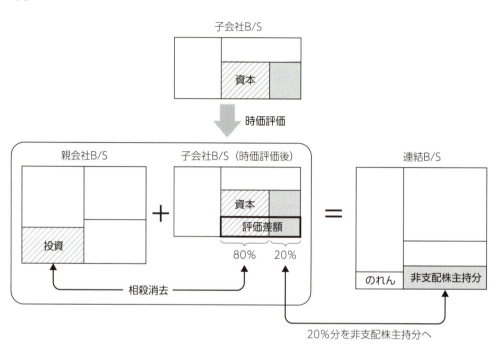

<連結仕訳>

(借)	資　　　　　産	×××	(貸)	評　価　差　額	×××
(借)	資　本　　　金	×××	(貸)	子　会　社　株　式	×××
	資　本　剰　余　金	×××		非　支　配　株　主　持　分	×××
	評　価　差　額	×××			
	利　益　剰　余　金	×××			
	の　　れ　　ん	×××			

❹ 支配獲得日後における連結財務諸表の作成

(1) 支配獲得日後の連結決算の手続き

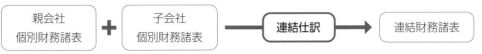

親会社
個別財務諸表
➕
子会社
個別財務諸表
➡
連結仕訳
➡
連結財務諸表

(2) 開始仕訳

前期までに行った連結仕訳をもう一度行い，前期末時点における連結財務諸表を再現する。なお，開始仕訳のうち，純資産項目は各科目の後に"当期首残高"をつけて仕訳する。

(3) 当期分の連結仕訳

① のれんの償却

・原則20年以内に償却する。

＜仕訳例＞ （借）の れ ん 償 却　×××　（貸）の　れ　ん　×××

② 支配獲得日後に生じた子会社の純利益の配分

・子会社の純利益は，持株比率により親会社持分と非支配株主持分に配分する。

＜仕訳例＞ （借）非支配株主に帰属する当期純利益　×××　（貸）非支配株主持分　×××

③ 連結会社相互間の債権・債務の相殺消去

・親会社と子会社，および子会社相互間の受取手形と支払手形，売掛金と買掛金，貸付金と借入金，未収収益と未払費用などは相殺消去する。

＜仕訳例＞ （借）支 払 手 形　×××　（貸）受 取 手 形　×××
（借）買 掛 金　×××　（貸）売 掛 金　×××

④ 連結会社相互間の取引高の相殺消去

・企業集団内部の取引（商品の売買その他の取引）は相殺消去する。

＜仕訳例＞ （借）売 上 高　×××　（貸）売 上 原 価　×××
（借）受 取 利 息　×××　（貸）支 払 利 息　×××

⑤ 棚卸資産（商品）に含まれる未実現利益の消去

・親会社と子会社，または子会社相互間で売買された商品が，連結決算日に連結会社内に残っている場合には，期末商品のなかに含まれる未実現利益を消去する。

●ダウンストリーム…親会社から子会社へ商品を販売している場合

＜仕訳例＞ （借）売 上 原 価　×××　（貸）商 品　×××

●アップストリーム…子会社から親会社へ商品を販売している場合

＜仕訳例＞ （借）売 上 原 価　×××　（貸）商 品　×××
（借）非支配株主持分　×××　（貸）非支配株主に帰属する当期純利益　×××

⑥ 剰余金処分項目の修正

・子会社からの配当金の支払いは，利益剰余金の減少額を，持株比率により親会社持分と非支配株主持分に負担させる。

＜仕訳例＞ （借）受 取 配 当 金　×××　（貸）配 当 金（剰余金の配当）　×××
（借）非支配株主持分　×××　（貸）配 当 金（剰余金の配当）　×××

13－1 20X1年3月31日，P社（親会社）は，S社（子会社）の株式80％を￥3,400で取得し支配した。このときのS社の貸借対照表は次のとおりであった。なお，株式取得時のS社の諸資産の時価は￥6,050であった。よって，20X2年3月31日における開始仕訳を示しなさい。

貸 借 対 照 表

S社		20X1年3月31日		（単位：円）
諸 資 産	5,700	諸 負 債		2,300
		資 本 金		2,600
		利益剰余金		800
	5,700			5,700

借　　　　方	貸　　　　方

13－2 13－1ののれんについて，償却年数を20年とする定額法で償却する連結仕訳を示しなさい。

借　　　　方	貸　　　　方

13－3 S社（子会社）の当期純利益￥600を，P社（親会社）持分80％と非支配株主持分20％に配分し，非支配株主持分に振り替える連結仕訳を示しなさい。

借　　　　方	貸　　　　方

13－4 P社（親会社）は，S社（子会社）に￥400を貸し付けている。連結仕訳を示しなさい。

借　　　　方	貸　　　　方

13－5 P社（親会社）は，S社（子会社）振り出しの約束手形¥500のうち，¥150を銀行で割り引き，残り¥350を期末現在保有している。連結仕訳を示しなさい。

借　　　　方	貸　　　　方

13－6 13－5において，P社では受取手形の期末残高に対して2％の貸倒引当金を設定している。連結仕訳を示しなさい。

借　　　　方	貸　　　　方

13－7 P社（親会社）は，S社（子会社）に商品を販売している。当期の子会社への売上高は¥3,200であった。連結仕訳を示しなさい。

借　　　　方	貸　　　　方

13－8 13－4において，P社（親会社）ではS社（子会社）に対する貸付金について2％の利息を受け取っている。連結仕訳を示しなさい。

借　　　　方	貸　　　　方

13－9 P社（親会社）は，S社（子会社）に15％の利益率で商品を販売している。期末現在，この商品の一部¥240が期末商品としてS社に残っている。連結仕訳を示しなさい。

借　　　　方	貸　　　　方

13－10 S社（子会社）は，P社（親会社）に10％の利益率で商品を販売している。期末現在，この商品の一部¥600が期末商品としてP社に残っている。連結仕訳を示しなさい。なお，P社はS社の株式の80％を所有している。

借　　　　方	貸　　　　方

13－11 次の資料によって，連結精算表を作成しなさい。ただし，Ｐ社もＳ社も，当期は20X1年４月１日から20X2年３月31日までである。なお，20X2年３月31日における両社の財務諸表の金額は，次ページの連結精算表に記載されてあるとおりである。

［資料］

① Ｐ社（親会社）はＳ社（子会社）の発行済株式数のうち，60％を20X1年３月31日に¥18,600で取得し支配した。そのときのＳ社の資本金は¥21,000　利益剰余金は¥9,000であった。なお，Ｓ社の資産および負債の時価は帳簿価額と一致していた。

② のれんは，20X1年度（20X1年４月１日から20X2年３月31日）より20年間にわたり定額法によって毎期均等償却する。

③ Ｓ社は，20X1年度に¥4,200の純利益を計上した。

④ Ｐ社の売掛金のうち¥12,000はＳ社に対するものであり，また，Ｓ社の借入金は全額Ｐ社からの借り入れである。

⑤ 連結上の貸倒引当金を修正する。貸倒引当金は，Ｐ社，Ｓ社とも毎期末の売上債権に２％を設定している。

⑥ Ｓ社は従来から，Ｐ社からも商品を仕入れ，外部に販売している。当期中に，ＳがＰ社から仕入れた商品は¥45,000である。期末商品棚卸高のうち，Ｐ社から仕入れた商品は¥6,750であり，期首商品棚卸高にはＰ社から仕入れた商品はなかった。なお，Ｐ社は，20％の利益率で商品をＳ社に販売している。

⑦ Ｐ社の受取利息は，全額Ｓ社に対する貸付金によるものである。

続 1 編 総 論
各 2 編 論 〔1〕
各 3 編 論 〔2〕
各 4 編 論 〔3〕
5 編 財務諸表の活用
6 編 監査と簿記会計人

連 結 精 算 表
20X2年 3 月31日
（単位：円）

科　　目	個別財務諸表			修正消去		連結財務諸表
	P　社	S　社	合　計	借　方	貸　方	
損 益 計 算 書						（連結損益計算書）
売　　上　　高	[195,000]	[110,400]	[305,400]			[　　　　　]
受　取　利　息	[90]		[90]			
そ の 他 の 収 益	[4,710]	[3,600]	[8,310]			[　　　　　]
売　上　原　価	117,000	77,100	194,100			
販売費・一般管理費	53,010	27,810	80,820			
の れ ん 償 却						
支　払　利　息		90	90			
そ の 他 の 費 用	12,090	4,800	16,890			
当 期 純 利 益	[17,700]	[4,200]	[21,900]			[　　　　　]
非支配株主に帰属する当期純利益						
親会社株主に帰属する当期純利益	[17,700]	[4,200]	[21,900]			[　　　　　]
株主資本等変動計算書						（連結株主資本等 変動計算書(一部)）
（利益剰余金）						
利益剰余金当期首残高	[18,300]	[9,000]	[27,300]			[　　　　　]
親会社株主に帰属する当期純利益	[17,700]	[4,200]	[21,900]			[　　　　　]
利益剰余金当期末残高	[36,000]	[13,200]	[49,200]			[　　　　　]
貸 借 対 照 表						（連結貸借対照表）
現　金　預　金	3,900	3,000	6,900			
売　　掛　　金	60,000	45,000	105,000			
商　　　　品	36,000	19,500	55,500			
貸　　付　　金	1,500		1,500			
子 会 社 株 式	18,600		18,600			
そ の 他 の 資 産	150,000	66,600	216,600			
の　れ　ん						
資　産　合　計	270,000	134,100	404,100			
買　　掛　　金	[49,800]	[43,500]	[93,300]			[　　　　　]
借　　入　　金		[1,500]	[1,500]			[　　　　　]
貸 倒 引 当 金	[1,200]	[900]	[2,100]			[　　　　　]
そ の 他 の 負 債	[69,000]	[54,000]	[123,000]			[　　　　　]
資　　本　　金	[114,000]	[21,000]	[135,000]			[　　　　　]
利　益　剰　余　金	[36,000]	[13,200]	[49,200]			[　　　　　]
非 支 配 株 主 持 分						[　　　　　]
負債・純資産合計	[270,000]	[134,100]	[404,100]			[　　　　　]

注 1 ：[　　　]の金額は貸方を示す。

注 2 ：本問では，「法人税，住民税及び事業税」を省略した。

注 3 ：「のれん償却」は，「販売費・一般管理費」に含まれるものであるが，本問では，独立の項目と
してある。

13−12 P社（親会社）は，S社（子会社）株式を70％所有している。S社は，当期中に配当金 ¥1,600を株主総会により決議した。よって，連結仕訳を示しなさい。

借　　方	貸　　方

13−13 次の資料によって，当期の連結包括利益計算書と連結損益及び包括利益計算書を作成しなさい。

[資料]

① P社は，前期末においてS社の発行済株式の80％を取得し支配した。

② 当期の連結損益計算書（一部）は次のとおりである。

連結損益計算書　　（単位：円）

：	：
当 期 純 利 益	3,500
非支配株主に帰属する当期純利益	900
親会社株主に帰属する当期純利益	2,600

③ P社は，当期中にA社の株式を¥200で購入し，その他有価証券として処理している。当期末のA社株式の時価は¥260であった。なお，税金については考えないこととする。

連結包括利益計算書　（単位：円）

当期純利益	（　　　）
その他の包括利益：	
その他有価証券評価差額金	（　　　）
その他の包括利益合計	（　　　）
包括利益	（　　　）
（内訳）	
親会社株主に係る包括利益	（　　　）
非支配株主に係る包括利益	（　　　）

連結損益及び包括利益計算書　（単位：円）

：	：
当 期 純 利 益	（　　　）
（内訳）	
親会社株主に帰属する当期純利益	（　　　）
非支配株主に帰属する当期純利益	（　　　）
その他の包括利益：	
その他有価証券評価差額金	（　　　）
その他の包括利益合計	（　　　）
包 括 利 益	（　　　）
（内訳）	
親会社株主に係る包括利益	（　　　）
非支配株主に係る包括利益	（　　　）

1編 時論

2編 各論 (1)

3編 各論 (2)

4編 各論 (3)

5編 財務諸表の活用

6編 監査と職業会計人

◆確認テスト‥‥‥

13－14 次の資料により，20X4年3月31日（連結決算日）の連結仕訳を示しなさい。

［資料］

(1) P社はS社の発行済株式数の80％を20X3年3月31日に7,000千円で取得し支配した。そのときの S社の貸借対照表は次のとおりであり，諸資産の時価が17,500千円であるほかは，帳簿価額と一致していた。

貸 借 対 照 表

S社	20X3年3月31日	（単位：千円）	
諸 資 産	16,500	諸 負 債	10,000
		資 本 金	5,000
		利益剰余金	1,500
	16,500		16,500

(2) のれんは，20X3年度より20年間で定額法により償却する。

(3) 20X4年3月31日の決算でS社は2,500千円の純利益を計上した。

（単位：千円）

	借　　　方	貸　　　方
(1)		
(2)		
(3)		

13−15 次の資料により，連結に必要な仕訳を示しなさい。

[資料]

(1) Ｐ社（親会社）の個別財務諸表上，Ｓ社（子会社）に対する貸付金300千円　前受収益2千円　受取利息5千円がある。

(2) Ｓ社（子会社）は，Ｐ社（親会社）に対して約束手形500千円を振り出した。Ｐ社は，このうち200千円を銀行で割り引き，残額は所有している。

　なお，Ｐ社は，受取手形の期末残高に対して2％の貸倒引当金を設定している。

(3) Ｐ社（親会社）は，Ｓ社（子会社）に商品を掛けで販売している。当期のＳ社への売上高は1,400千円であった。なお，Ｐ社のＳ社に対する期末売掛金残高が600千円ある。また，Ｐ社は売掛金に対して5％の貸倒引当金を設定している。

(単位：千円)

	借　　　　　方	貸　　　　　方
(1)		
(2)		
(3)		

13－16 次の資料から，未実現利益を消去するための連結仕訳を示しなさい。

資　料

　P社（S社株式の80％を所有）はS社に対して商品3,000千円（原価2,700千円）を売り渡したが，この商品は外部に販売されずにS社の期末商品棚卸高に含まれている。

（単位：千円）

借　　　方	貸　　　方

◆発展問題……………………………………………………………………………………………

13－17 わが国の会計諸基準に照らして，次の文章のうち正しいものには○を，誤っているものには×を解答欄に記入しなさい。

⑴　連結財務諸表は親会社が作成するが，支配獲得日には連結貸借対照表のみを作成すればよい。

⑵　連結財務諸表の作成において発生した負ののれん発生益は，特別利益として処理する。

⑶　非支配株主持分は，連結貸借対照表の負債の部に計上する。

(1)	(2)	(3)

13-18 次の資料によって連結精算表を作成し，それにもとづいた連結貸借対照表，連結損益計算書および連結株主資本等変動計算書の一部（利益剰余金の変動のみ）を作成しなさい。ただし，P社もS社も，当期は×5年4月1日から×6年3月31日までである。なお，×6年3月31日における両社の財務諸表の金額は下記のとおりである。

資 料
① P社（親会社）はS社（子会社）の発行済株式数のうち，70％を×5年3月31日に4,080千円で取得し支配した。そのときのS社の資本金は4,000千円 利益剰余金は1,600千円であった。なお，S社の資産および負債の時価は帳簿価額と一致していた。
② のれんは，当期より20年間にわたって定額法により償却する。
③ S社の当期純利益を非支配株主に配分する。
④ S社の買掛金のうち1,600千円はP社に対するものである。なお，連結上の貸倒引当金を修正する。貸倒引当金は，P社，S社とも毎期末の売上債権に2％を設定している。
⑤ 当期にS社がP社から仕入れた商品は2,400千円である。期末商品棚卸高に含まれているP社から仕入れた商品は，当期末に512千円であるが，期首商品棚卸高にはP社から仕入れた商品はない。なお，P社は25％の利益率で商品をS社に販売している。

貸 借 対 照 表
P社 ×6年3月31日 （単位：千円）

現 金 預 金		880	買 掛 金	11,760
売掛金	12,000		その他の負債	10,400
貸倒引当金	240	11,760	資 本 金	6,400
商 品		3,840	利益剰余金	3,200
子会社株式		4,080		
その他の資産		11,200		
		31,760		31,760

貸 借 対 照 表
S社 ×6年3月31日 （単位：千円）

現 金 預 金		720	買 掛 金	9,120
売掛金	8,000		その他の負債	3,760
貸倒引当金	160	7,840	資 本 金	4,000
商 品		2,080	利益剰余金	2,160
その他の資産		8,400		
		19,040		19,040

損 益 計 算 書
P社 ×5年4月1日から×6年3月31日まで （単位：千円）

売 上 原 価	16,000	売 上 高	25,920
販売費・一般管理費	8,000	その他の収益	1,200
その他の費用	1,600		
当期純利益	1,520		
	27,120		27,120

損 益 計 算 書
S社 ×5年4月1日から×6年3月31日まで （単位：千円）

売 上 原 価	11,200	売 上 高	16,000
販売費・一般管理費	4,240	その他の収益	800
その他の費用	800		
当期純利益	560		
	16,800		16,800

連結精算表
×6年3月31日

(単位：千円)

科　　目	個別財務諸表			修正消去		連結財務諸表
	P　社	S　社	合　計	借　方	貸　方	
(損益計算書)						(連結損益計算書)
売　　上　　高	[25,920]	[16,000]	[41,920]			[　　　]
その他の収益	[1,200]	[800]	[2,000]			[　　　]
売　上　原　価	16,000	11,200	27,200			
販売費・一般管理費	8,000	4,240	12,240			
の れ ん 償 却						
その他の費用	1,600	800	2,400			
当　期　純　利　益	[1,520]	[560]	[2,080]			[　　　]
非支配株主に帰属する当期純利益						
親会社株主に帰属する当期純利益	[1,520]	[560]	[2,080]			[　　　]
(株主資本等変動計算書 [一部])						(連結株主資本等変動計算書 [一部])
利益剰余金当期首残高	[1,680]	[1,600]	[3,280]			[　　　]
親会社株主に帰属する当期純利益	[1,520]	[560]	[2,080]			[　　　]
利益剰余金当期末残高	[3,200]	[2,160]	[5,360]			[　　　]
(貸借対照表)						(連結貸借対照表)
現　金　預　金	880	720	1,600			
売　　掛　　金	12,000	8,000	20,000			
商　　　　品	3,840	2,080	5,920			
子 会 社 株 式	4,080		4,080			
その他の資産	11,200	8,400	19,600			
の　れ　ん						
資　産　合　計	32,000	19,200	51,200			
買　　掛　　金	[11,760]	[9,120]	[20,880]			[　　　]
貸 倒 引 当 金	[240]	[160]	[400]			[　　　]
その他の負債	[10,400]	[3,760]	[14,160]			[　　　]
資　　本　　金	[6,400]	[4,000]	[10,400]			[　　　]
利　益　剰　余　金	[3,200]	[2,160]	[5,360]			[　　　]
非支配株主持分						[　　　]
負債・純資産合計	[32,000]	[19,200]	[51,200]			[　　　]

注. [　　　] の金額は貸方を示す。

<u>連 結 貸 借 対 照 表</u>

P社　　　　　　　　　　　　×6年3月31日　　　　　　　　　　（単位：千円）

資 産 の 部

I 流 動 資 産
　　現 金 預 金　　　　　　　　　　　　　　　　　　　（　　　　　　　　　）
　　売 掛 金　　　　　　（　　　　　　　　　　）
　　貸 倒 引 当 金　　　（　　　　　　　　　　）　（　　　　　　　　　）
　　商 品　　　　　　　　　　　　　　　　　　　　　（　　　　　　　　　）
　　そ の 他 の 資 産　　　　　　　　　　　　　　　（　　　　　　　　　）
　　流 動 資 産 合 計　　　　　　　　　　　　　　　（　　　　　　　　　）
II 固 定 資 産
　　の れ ん　　　　　　　　　　　　　　　　　　　（　　　　　　　　　）
　　資 産 合 計　　　　　　　　　　　　　　　　　（　　　　　　　　　）

負 債 の 部

I 流 動 負 債
　　買 掛 金　　　　　　　　　　　　　　　　　　　（　　　　　　　　　）
　　そ の 他 の 負 債　　　　　　　　　　　　　　　（　　　　　　　　　）
　　負 債 合 計　　　　　　　　　　　　　　　　　（　　　　　　　　　）

純 資 産 の 部

I 株 主 資 本
　　資 本 金　　　　　　　　　　　　　　　　　　　（　　　　　　　　　）
　　利 益 剰 余 金　　　　　　　　　　　　　　　　（　　　　　　　　　）
II 非 支 配 株 主 持 分　　　　　　　　　　　　　　（　　　　　　　　　）
　　純 資 産 合 計　　　　　　　　　　　　　　　　（　　　　　　　　　）
　　負 債 ・ 純 資 産 合 計　　　　　　　　　　　　（　　　　　　　　　）

<u>連 結 損 益 計 算 書</u>

P社　　　　　　　　×5年4月1日から×6年3月31日まで　　　　　（単位：千円）

売 上 原 価 （　　　　　　　）	売 上 高 （　　　　　　　）
販売費・一般管理費 （　　　　　　　）	そ の 他 の 収 益 （　　　　　　　）
の れ ん 償 却 （　　　　　　　）	
そ の 他 の 費 用 （　　　　　　　）	
非支配株主に帰属する当期純利益 （　　　　　　　）	
親会社株主に帰属する当期純利益 （　　　　　　　）	
（　　　　　　　）	（　　　　　　　）

連結株主資本等変動計算書（一部）

P社　　　　　　　　×5年4月1日から×6年3月31日まで　　　　　（単位：千円）

利 益 剰 余 金　　当 期 首 残 高　　　　　　　　　　　　（　　　　　　　　　）
　　　　　　　　　当 期 変 動 額　　親会社株主に帰属する当期純利益　（　　　　　　　　　）
　　　　　　　　　当 期 末 残 高　　　　　　　　　　　　（　　　　　　　　　）

14 章

連結財務諸表の作成（その２）

▶教科書p.191～208

─●POINT─

1 支配獲得までの段階取得

(1) 支配獲得までの段階取得

支配獲得までの段階取得とは，最初の株式の取得日では支配が獲得されておらず，その後の株式の取得により，支配が獲得されるような場合をいう。

(2) 会計処理方法

支配獲得までの段階取得では，支配獲得日に子会社の資産と負債の時価評価，および子会社株式の時価評価を行う。

そして，投資と資本の相殺消去を行い，連結貸借対照表を作成する。ここで，子会社株式の時価評価によって生じる評価差額は，**段階取得に係る損益**（親会社の利益剰余金の増減）とされる。

例 X社は20X5年３月31日にY社の発行済株式の20％を*120*千円で取得した。その後，20X6年３月31日にY社の発行済株式の60％を*400*千円で取得し，Y社に対する支配を獲得した。20X6年３月31日時点において，X社が保有するY社株式80％の時価は*600*千円であった。

子会社株式（Y社株式）の時価評価の仕訳を行う。（単位：千円）

（借）　Y　社　株　式	*80*	（貸）　段階取得に係る損益	*80*

X社が保有するY社株式80％の時価：*600*千円
X社が保有するY社株式80％の簿価：*120*千円(20％)＋*400*千円(60％)＝*520*千円
段階取得に係る損益：*600*千円(時価)－*520*千円(簿価)＝*80*千円

2 支配獲得後における子会社株式の取得

(1) 支配獲得後における子会社株式の取得

支配獲得後における子会社株式の取得とは，親会社が子会社の支配を獲得した後に，さらにその子会社株式を追加で取得したような場合をいう。

(2) 会計処理方法

支配獲得後における子会社株式の取得では，追加で取得した株式に対応する持分を**非支配株主持分から減額**し，その取得により増加した親会社の持分（追加で取得した持分）を追加の投資額と相殺消去する。

また，追加で取得した持分と追加の投資額との間に生じた差額は，**資本剰余金**として処理する。

例 X社は20X5年3月31日にY社の発行済株式の80％を*880*千円で取得し，Y社に対する支配を獲得した。その後，20X6年3月31日にY社の発行済株式の10％を*280*千円で取得した。20X5年3月31日時点におけるY社の純資産は*2,000*千円，20X6年3月31日時点におけるY社の純資産は*2,400*千円であった。

追加の投資額と追加で取得した持分の相殺消去の仕訳を行う。（単位：千円）

（借）	非支配株主持分	240	（貸）	子 会 社 株 式	280
	資 本 剰 余 金	40			

2,400千円×10％（追加で取得した持分の比率）＝240千円
280千円（子会社株式）－240千円（非支配株主持分）＝40千円

③ 子会社株式の一部売却

(1) 子会社株式の一部売却

子会社株式の一部売却とは，親会社が子会社の支配を獲得した後に，その子会社株式の一部を売却したような場合をいう。

(2) 会計処理方法

子会社株式を一部売却し，親会社と子会社の支配関係が継続している場合，売却した株式に対応する持分を親会社の持分から減額し，**非支配株主持分を増額**する。

売却による親会社の持分の減少額（売却持分）と売却価額との間に生じた差額は，**資本剰余金**として処理する。

例 X社は20X5年3月31日にY社の発行済株式の80％を*720*千円で取得し，Y社に対する支配を獲得した。その後，20X6年1月31日にY社の発行済株式の10％を*150*千円で売却し，*60*千円の子会社株式売却益を計上した。20X5年3月31日時点におけるY社の純資産は*1,050*千円，20X6年1月31日時点におけるY社の純資産は*1,300*千円であった。

子会社株式売却損益にかかる修正仕訳を行う。（単位：千円）

$720千円 \times \frac{10\%}{80\%} = 90千円$

（借）	子 会 社 株 式	90	（貸）	非支配株主持分	130
	子会社株式売却益	60		資 本 剰 余 金	20

個別上の子会社株式売却益60千円

1,300千円×10％（子会社株式売却持分）＝130千円→売却持分

④ 連結キャッシュ・フロー計算書

(1) 連結キャッシュ・フロー計算書の作成方法

① 原則法 …… 個々の連結会社における個別キャッシュ・フロー計算書を合算し，連結会社相互間のキャッシュ・フローを相殺消去することにより，連結キャッシュ・フロー計算書を作成する。

② 簡便法 …… 連結貸借対照表，連結損益計算書および連結包括利益計算書，連結株主資本等変動計算書にもとづき，連結キャッシュ・フロー計算書を作成する。

(2) 連結キャッシュ・フローの計算書の表示

連結キャッシュ・フロー計算書（直接法）	
I 営業活動によるキャッシュ・フロー	
営業収入	×××
原材料又は商品の仕入支出	△×××
人件費支出	△×××
その他の営業支出	△×××
小 計	×××
利息及び配当金の受取額	×××
利息の支払額	△×××
損害賠償金の支払額	△×××
…………………………	×××
法人税等の支払額	△×××
営業活動によるキャッシュ・フロー	×××
II 投資活動によるキャッシュ・フロー	
有価証券の取得による支出	△×××
有価証券の売却による収入	×××
有形固定資産の取得による支出	△×××
有形固定資産の売却による収入	×××
投資有価証券の取得による支出	△×××
投資有価証券の売却による収入	×××
貸付けによる支出	△×××
貸付金の回収による収入	×××
連結範囲の変更を伴う子会社株式の取得	△×××
連結範囲の変更を伴う子会社株式の売却	×××
…………………………	×××
投資活動によるキャッシュ・フロー	×××
III 財務活動によるキャッシュ・フロー	
短期借入れによる収入	×××
短期借入金の返済による支出	△×××
長期借入れによる収入	×××
長期借入金の返済による支出	△×××
社債の発行による収入	×××
社債の償還による支出	△×××
株式の発行による収入	×××
親会社による配当金の支払額	△×××
非支配株主への配当金の支払額	△×××
…………………………	×××
財務活動によるキャッシュ・フロー	×××
IV 現金及び現金同等物に係る換算差額	×××
V 現金及び現金同等物の増加額（又は減少額）	×××
VI 現金及び現金同等物の期首残高	×××
VII 現金及び現金同等物の期末残高	×××

連結キャッシュ・フロー計算書（間接法）	
I 営業活動によるキャッシュ・フロー	
税金等調整前当期純利益（又は損失）	×××
減価償却費	×××
貸倒引当金の増加額	×××
受取利息及び受取配当金	△×××
支払利息	×××
有形固定資産売却益	△×××
損害賠償損失	×××
売上債権の増加額	△×××
棚卸資産の減少額	×××
仕入債務の減少額	△×××
…………………………	×××
小 計	×××
利息及び配当金の受取額	×××
利息の支払額	△×××
損害賠償金の支払額	△×××
…………………………	
法人税等の支払額	△×××
営業活動によるキャッシュ・フロー	×××
II 投資活動によるキャッシュ・フロー	
（直接法と同じ）	
III 財務活動によるキャッシュ・フロー	
（直接法と同じ）	
IV 現金及び現金同等物に係る換算差額	×××
V 現金及び現金同等物の増加額（又は減少額）	×××
VI 現金及び現金同等物の期首残高	×××
VII 現金及び現金同等物の期末残高	×××

◆練習問題••

14−1 X社は20X5年3月31日にY社の発行済株式の10%を*110*千円で取得した。その後，20X6年3月
31日にY社の発行済株式の70%を*700*千円で取得し，Y社に対する支配を獲得した。20X6年3月31日
時点において，X社が保有するY社株式80%の時価は*800*千円であった。この場合，子会社株式の時
価評価の仕訳を示しなさい。

(単位：千円)

借　　　　方	貸　　　　方

14−2 X社は20X5年3月31日にY社の発行済株式の30%を*640*千円で取得した。その後，20X6年3月
31日にY社の発行済株式の50%を*1,100*千円で取得し，Y社に対する支配を獲得した。20X6年3月31
日時点において，X社が保有するY社株式80%の時価は*1,760*千円であった。

　両社の貸借対照表が次のとおりである場合，連結貸借対照表を作成しなさい。なお，両社とも，3
月31日を決算日とする。

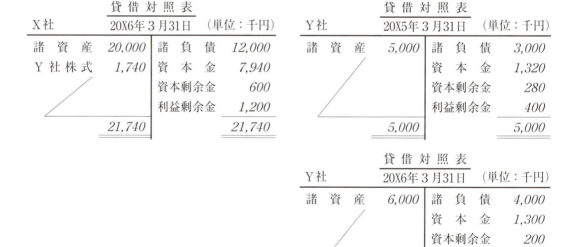

　また，20X6年3月31日時点におけるY社の諸資産（時価）は*6,300*千円，諸負債（時価）は*4,200*千
円である。

連結貸借対照表
20X6年3月31日　　　　　　　　　　　　　　　(単位：千円)

諸　　資　　産　(　　　　　)	諸　　　負　　　債　(　　　　)
(　　　　　) (　　　　　)	資　　　本　　　金　(　　　　)
	資　本　剰　余　金　(　　　　)
	利　益　剰　余　金　(　　　　)
	(　　　　) (　　　　)
(　　　　)	(　　　　)

188

188

14－3　Ｘ社は20X5年３月31日にＹ社の発行済株式の70％を*770*千円で取得し，Ｙ社に対する支配を獲得した。その後，20X6年３月31日にＹ社の発行済株式の20％を*300*千円で追加取得した。20X5年３月31日時点におけるＹ社の純資産は*1,200*千円，20X6年３月31日時点におけるＹ社の純資産は*1,300*千円であった。

　　　この場合，追加投資額と追加取得持分の相殺消去の仕訳を示しなさい。

（単位：千円）

借　　　方	貸　　　方

14－4　Ｘ社は20X5年３月31日にＹ社の発行済株式の90％を*990*千円で取得し，Ｙ社に対する支配を獲得した。その後，20X6年３月31日にＹ社の発行済株式の10％を*150*千円で売却し，*40*千円の子会社株式売却益を計上した。20X5年３月31日時点におけるＹ社の純資産は*1,050*千円，20X6年３月31日時点におけるＹ社の純資産は*1,300*千円であった。

　　　この場合，子会社株式売却損益にかかる修正仕訳を示しなさい。

（単位：千円）

借　　　方	貸　　　方

14－5　次の資料によって，連結精算表を作成し，連結貸借対照表，連結損益及び包括利益計算書ならびに連結株主資本等変動計算書の一部（利益剰余金の変動のみ）を作成しなさい。ただし，Ｘ社もＹ社も，当期は20X5年４月１日から20X6年３月31日までである。なお，20X6年３月31日における両社の財務諸表の金額は，連結精算表の個別財務諸表に記載したとおりである。

資　料

　①　20X5年３月31日，Ｘ社はＹ社の発行済株式の80％を*11,200*千円で取得し支配した。そのときのＹ社の貸借対照表は次のとおりであった。なお，Ｙ社の資産および負債の時価は，土地が*8,000*千円であるほかは，帳簿価額と一致していた。

貸 借 対 照 表

Ｙ社　　　　20X5年３月31日　（単位：千円）

現 金 預 金	1,440	買 　 掛 　 金	10,000
売 　 掛 　 金	11,600	貸倒引当金	240
商 　 　 　 品	9,000	その他の負債	9,400
土 　 　 　 地	7,200	資 　 本 　 金	7,400
その他の資産	2,200	利益剰余金	4,400
	31,440		31,440

　②　のれんは，20X5年度より20年間で定額法により償却する。

　③　Ｙ社は，20X5年度に*3,300*千円の純利益を計上した。

　④　20X5年度におけるＹ社の配当金は*2,000*千円であった。

　⑤　Ｘ社は，20X6年３月31日にＹ社の発行済株式の10％を*1,500*千円で追加取得した。

連 結 精 算 表
20X6年3月31日
(単位：千円)

科　　目	個別財務諸表			修正消去		連結財務諸表
	X　社	Y　社	合　計	借　方	貸　方	
貸借対照表						(連結貸借対照表)
現　金　預　金	1,900	1,440	3,340			
売　　掛　　金	40,000	12,000	52,000			
商　　　　　品	31,600	9,200	40,800			
の　れ　ん						
土　　　　　地	20,000	7,200	27,200			
投 資 有 価 証 券	5,000		5,000			
子 会 社 株 式	12,700		12,700			
そ の 他 の 資 産	6,200	3,340	9,540			
資　産　合　計	117,400	33,180	150,580			
買　　掛　　金	[34,000]	[10,200]	[44,200]			[　　　]
貸 倒 引 当 金	[1,000]	[280]	[1,280]			[　　　]
そ の 他 の 負 債	[23,444]	[9,600]	[33,044]			[　　　]
資　　本　　金	[40,000]	[7,400]	[47,400]			[　　　]
利 益 剰 余 金	[17,800]	[5,700]	[23,500]			[　　　]
その他有価証券評価差額金	[1,156]		[1,156]			[　　　]
評　価　差　額						
非 支 配 株 主 持 分						
						[　　　]
負債・純資産合計	[117,400]	[33,180]	[150,580]			[　　　]
損益及び包括利益計算書						連結損益及び包括利益計算書
売　　上　　高	[40,400]	[11,600]	[52,000]			[　　　]
受 取 配 当 金	[1,600]		[1,600]			
そ の 他 の 収 益	[1,200]	[260]	[1,460]			[　　　]
売 上 原 価	24,000	7,400	31,400			
販売費・一般管理費	4,600	700	5,300			
の れ ん 償 却						
そ の 他 の 費 用	1,000	460	1,460			
当 期 純 利 益	[13,600]	[3,300]	[16,900]			[　　　]
非支配株主に帰属する当期純利益						
親会社株主に帰属する当期純利益	[13,600]	[3,300]	[16,900]			[　　　]
その他有価証券評価差額金	[1,156]		[1,156]			[　　　]
包　括　利　益	[14,756]	[3,300]	[18,056]			[　　　]
株主資本等変動計算書（利益剰余金）						連結株主資本等変動計算書(一部)
利益剰余金当期首残高	[12,600]	[4,400]	[17,000]			[　　　]
追　加　取　得						
配　　当　　金	8,400	2,000	10,400			
親会社株主に帰属する当期純利益	[13,600]	[3,300]	[16,900]			[　　　]
利益剰余金当期末残高	[17,800]	[5,700]	[23,500]			[　　　]

注：[　　　] はその金額が貸方にあることを示す。

連結貸借対照表

X社　　　　　　　　　　　　　　20X6年 3 月31日　　　　　　　　　　　（単位：千円）

資　産　の　部

Ⅰ　流　　動　　資　　産
　　　現　金　預　金　　　　　　　　　　　　　　（　　　　　　　　　）
　　　売　　　掛　　　金　　　　　　　　　　　　（　　　　　　　　　）
　　　貸　倒　引　当　金　　　　　　　　　△（　　　　　　　　　）
　　　商　　　　　　品　　　　　　　　　　　　　（　　　　　　　　　）
　　　そ　の　他　の　資　産　　　　　　　　　　（　　　　　　　　　）
　　　流　動　資　産　合　計　　　　　　　　　　（　　　　　　　　　）
Ⅱ　固　　定　　資　　産
　　　土　　　　　　　　地　　　　　　　　　　　（　　　　　　　　　）
　　　の　　　れ　　　ん　　　　　　　　　　　　（　　　　　　　　　）
　　　投　資　有　価　証　券　　　　　　　　　　（　　　　　　　　　）
　　　固　定　資　産　合　計　　　　　　　　　　（　　　　　　　　　）
　　　　資　産　合　計　　　　　　　　　　　　　（　　　　　　　　　）

負　債　の　部

Ⅰ　流　　動　　負　　債
　　　買　　　掛　　　金　　　　　　　　　　　　（　　　　　　　　　）
　　　そ　の　他　の　負　債　　　　　　　　　　（　　　　　　　　　）
　　　　負　債　合　計　　　　　　　　　　　　　（　　　　　　　　　）

純　資　産　の　部

Ⅰ　株　　主　　資　　本
　　　資　　　本　　　金　　　　　　　　　　　　（　　　　　　　　　）
　　　利　益　剰　余　金　　　　　　　　　　　　（　　　　　　　　　）
Ⅱ　その他の包括利益累計額
　　　その他有価証券評価差額金　　　　　　　　　（　　　　　　　　　）
Ⅲ　非　支　配　株　主　持　分　　　　　　　　　（　　　　　　　　　）
　　　純　資　産　合　計　　　　　　　　　　　　（　　　　　　　　　）
　　　負　債・純　資　産　合　計　　　　　　　　（　　　　　　　　　）

連結損益及び包括利益計算書

X社　　　　　　　20X5年4月1日から20X6年3月31日まで　　　　（単位：千円）

Ⅰ　売　　上　　高	（	）
Ⅱ　売　上　原　価	（	）
売　上　総　利　益	（	）
Ⅲ　販売費及び一般管理費	（	）
（のれん償却を含む）		
営　業　利　益	（	）
Ⅳ　営　業　外　収　益		
その他の収益	（	）
Ⅴ　営　業　外　費　用		
その他の費用	（	）
当　期　純　利　益	（	）
（内訳）		
親会社株主に帰属する当期純利益	（	）
非支配株主に帰属する当期純利益	（	）
その他の包括利益：		
その他有価証券評価差額金	（	）
包括利益	（	）
（内訳）		
親会社株主に係る包括利益	（	）
非支配株主に係る包括利益	（	）

連結株主資本等変動計算書　　（一部）

X社　　　　　　　20X5年4月1日から20X6年3月31日まで　　　　（単位：千円）

利益剰余金	当期首残高		（	）
	当期変動額	追　加　取　得	△（	）
		剰余金の配当	△（	）
		親会社株主に帰属する当期純利益	（	）
	当期末残高		（	）

192

14-6 次のW社の資料にもとづいて，直接法による連結キャッシュ・フロー計算書および間接法による連結キャッシュ・フロー計算書を作成しなさい。なお，連結キャッシュ・フロー計算書の作成は，簡便法によること。

[資料1]

比較連結貸借対照表

（単位：千円）

	20X5年度	20X6年度
現　　　　　金	2,520	4,410
売　　掛　　金	3,120	4,095
貸　倒　引　当　金	△117	△285
商　　　　　品	1,680	3,150
建物（取得原価）	1,800	2,535
減価償却累計額	△420	△450
の　　れ　　ん	90	81
資　　産　　計	8,673	13,536
買　　掛　　金	2,700	5,760
借　　入　　金	1,950	3,270
資　　本　　金	3,000	3,000
利　益　剰　余　金	360	705
非支配株主持分	663	801
負債・純資産計	8,673	13,536

[資料2]

連結損益計算書（2計算書方式）

（20X6年度）　　　（単位：千円）

売　　上　　高	7,560
売　上　原　価	4,875
売　上　総　利　益	2,685
人　　件　　費	1,440
貸　倒　引　当　金　繰　入	168
減　価　償　却　費	30
の　れ　ん　償　却	9
営　業　利　益	1,038
支　払　利　息	48
経　常　利　益	990
税金等調整前当期純利益	990
法　人　税　等	300
当　期　純　利　益	690
非支配株主に帰属する当期純利益	138
親会社株主に帰属する当期純利益	552

[資料3]

連結株主資本等変動計算書　（一部）

20X6年度　　　（単位：千円）

利益剰余金	当期首残高		360
	当期変動額	剰余金の配当	207
		親会社株主に帰属する当期純利益	552
	当期末残高		705

[資料4]
① 建物の新規購入は，すべて現金による。建物の売却はない。
② 人件費は，すべて現金により支払われている。
③ 支払利息は，「財務活動によるキャッシュ・フロー」の区分に記載する方法による。
④ 剰余金の配当はすべて親会社によるものであり，子会社による剰余金の配当は行われていない。

	連結キャッシュ・フロー計算書（直接法）	（単位：千円）

Ⅰ．営業活動によるキャッシュ・フロー
　　　　営業収入 　　　　　　　　　　　　　　（　　　　　　　）
　　　　商品仕入支出 　　　　　　　　　　　　（　　　　　　　）
　　　　人件費支出 　　　　　　　　　　　　　（　　　　　　　）
　　　　　小　計 　　　　　　　　　　　　　　（　　　　　　　）
　　　　法人税等の支払額 　　　　　　　　　　（　　　　　　　）
　　　営業活動によるキャッシュ・フロー 　　　（　　　　　　　）
Ⅱ．投資活動によるキャッシュ・フロー
　　　　有形固定資産の取得による支出 　　　　（　　　　　　　）
　　　投資活動によるキャッシュ・フロー 　　　（　　　　　　　）
Ⅲ．財務活動によるキャッシュ・フロー
　　　　借入れによる収入 　　　　　　　　　　（　　　　　　　）
　　　　利息の支払額 　　　　　　　　　　　　（　　　　　　　）
　　　　配当金の支払額 　　　　　　　　　　　（　　　　　　　）
　　　財務活動によるキャッシュ・フロー 　　　（　　　　　　　）
Ⅳ．現金及び現金同等物の増加額 　　　　　　　（　　　　　　　）
Ⅴ．現金及び現金同等物の期首残高 　　　　　　（　　　　　　　）
Ⅵ．現金及び現金同等物の期末残高 　　　　　　（　　　　　　　）

1編 総論

2編 各論[1]

3編 各論[2]

4編 各論[3]

5編 財務諸表の活用

6編 簿記と国際会計入

連結キャッシュ・フロー計算書（間接法）　　　（単位：千円）

Ⅰ．営業活動によるキャッシュ・フロー

　　　　税金等調整前当期純利益　　　　　　　（　　　　　　　）

　　　　減価償却費　　　　　　　　　　　　　（　　　　　　　）

　　　　のれん償却　　　　　　　　　　　　　（　　　　　　　）

　　　　貸倒引当金の増加額　　　　　　　　　（　　　　　　　）

　　　　支払利息　　　　　　　　　　　　　　（　　　　　　　）

　　　　売掛金の増加額　　　　　　　　　　　（　　　　　　　）

　　　　棚卸資産の増加額　　　　　　　　　　（　　　　　　　）

　　　　買掛金の増加額　　　　　　　　　　　（　　　　　　　）

　　　　　小　計　　　　　　　　　　　　　　（　　　　　　　）

　　　　法人税等の支払額　　　　　　　　　　（　　　　　　　）

　　　営業活動によるキャッシュ・フロー　　（　　　　　　　）

Ⅱ．投資活動によるキャッシュ・フロー

　　　　有形固定資産の取得による支出　　　　（　　　　　　　）

　　　　投資活動によるキャッシュ・フロー　　（　　　　　　　）

Ⅲ．財務活動によるキャッシュ・フロー

　　　　借入れによる収入　　　　　　　　　　（　　　　　　　）

　　　　利息の支払額　　　　　　　　　　　　（　　　　　　　）

　　　　配当金の支払額　　　　　　　　　　　（　　　　　　　）

　　　　財務活動によるキャッシュ・フロー　　（　　　　　　　）

Ⅳ．現金及び現金同等物の増加額　　　　　　　（　　　　　　　）

Ⅴ．現金及び現金同等物の期首残高　　　　　　（　　　　　　　）

Ⅵ．現金及び現金同等物の期末残高　　　　　　（　　　　　　　）

◆発展問題 ··

14-7　わが国の会計諸基準に照らして，次の文章のうち正しいものには○を，誤っているものには×を解答欄に記入しなさい。

⑴　個別財務諸表でその他有価証券評価差額金など評価・換算差額等として表示していた項目は，連結貸借対照表ではその他の包括利益として表示する。

⑵　支配獲得後において，子会社株式を追加で取得した場合には，追加で取得した株式に対応する持分について非支配株主持分を増額する。

⑶　子会社株式を一部売却し，親会社と子会社の支配関係が継続している場合，売却した株式に対応する持分を非支配株主持分から減額し，親会社の持分を増額する。

(1)	(2)	(3)

15 章

持分法

▶教科書p.209〜217

●POINT

1 持分法の意義

　持分法は，投資会社が被投資会社に対する投資の額を，連結決算日ごとに修正する方法である。

　その修正は，資本と損益の変動のうち投資会社に帰属する部分に応じて行われる。

　持分法では，修正された投資の額が，連結財務諸表に反映される。

2 持分法の適用対象

　持分法は，**非連結子会社**と**関連会社**に対する投資に対して適用される。

3 持分法の会計処理

　持分法では，投資（主に**関連会社株式**）の額を，損益の変動のうち投資会社に帰属する部分に応じて，連結決算日ごとに増減させるとともに，**持分法による投資損益**（営業外損益）を計上する。

(1) 投資差額（のれん）の償却

（借）　持分法による投資損益　　×××　　（貸）　関 連 会 社 株 式　　×××
　　　　　　　　　　　　　　　　　　　　　　　　（ A 社 株 式 ）

(2) 当期純利益の計上

（借）　関 連 会 社 株 式　　×××　　（貸）　持分法による投資損益　　×××
　　　　（ A 社 株 式 ）

(3) 配当金の修正

（借）　受 取 配 当 金　　×××　　（貸）　関 連 会 社 株 式　　×××
　　　　　　　　　　　　　　　　　　　　　　　（ A 社 株 式 ）

関連会社株式（A社株式）

◆練習問題 ··

15-1　P社は20X4年3月31日にA社の発行済株式の40%を*4,320*千円で取得し，連結決算上における持分法適用会社とした。20X4年3月31日におけるA社の諸資産は*9,000*千円，諸負債は*3,000*千円であった。なお，A社の諸資産の時価は*9,400*千円であった。のれんは，20年間で定額法により償却を行う。20X5年3月31日（連結決算日）における修正仕訳を示しなさい。

（単位：千円）

借　　　方	貸　　　方

15-2　P社は20X4年3月31日にA社の発行済株式の40%を*1,600*千円で取得し，連結決算上における持分法適用会社とした。のれん（または負ののれん）は発生していない。

　20X5年3月31日（連結決算日）における修正仕訳を示しなさい。なお，当期（20X4年4月1日から20X5年3月31日まで）におけるA社の当期純利益は*40*千円であった。

（単位：千円）

借　　　方	貸　　　方

15-3　P社は20X4年3月31日にA社の発行済株式の50%を*1,600*千円で取得し，連結決算上における持分法適用会社とした。のれん（または負ののれん）は発生していない。

　20X5年3月31日（連結決算日）における修正仕訳を示しなさい。なお，A社は，20X4年6月25日の株主総会における決議にもとづいて，配当金*100*千円を支払った。

（単位：千円）

借　　　方	貸　　　方

15－4 P社は20X5年3月31日にA社の発行済株式の40％を*1,200*千円で取得し，連結決算上における持分法適用会社とした。以下の資料にもとづき，①20X6年3月31日（連結決算日）における修正仕訳を示し，②連結貸借対照表に記載されるA社株式の金額と③連結損益計算書に記載される持分法による投資損益の金額を計算しなさい。

〔資料〕

(1) 20X5年3月31日における両社の貸借対照表は次のとおりである。

P社	貸借対照表 20X5年3月31日 （単位：千円）		
諸 資 産	*14,550*	諸 負 債	*9,000*
A 社 株 式	*1,200*	資 本 金	*5,400*
		資本剰余金	*525*
		利益剰余金	*825*
	15,750		*15,750*

A社	貸借対照表 20X5年3月31日 （単位：千円）		
諸 資 産	*4,500*	諸 負 債	*3,000*
		資 本 金	*1,000*
		資本剰余金	*110*
		利益剰余金	*390*
	4,500		*4,500*

なお，A社の諸資産の時価は*5,250*千円である。

(2) のれんは，20年間で定額法により償却を行う。

(3) A社は，20X5年6月28日の株主総会において，利益剰余金の配当*60*千円を決議した。

(4) 当期（20X5年4月1日から20X6年3月31日まで）におけるA社の当期純利益は*150*千円であった。

① 修正仕訳

・のれんの償却 （単位：千円）

借　　　　方	貸　　　　方

・当期純利益の計上 （単位：千円）

借　　　　方	貸　　　　方

・配当金の修正 （単位：千円）

借　　　　方	貸　　　　方

② 連結貸借対照表に記載されるA社株式の金額 | 千円

③ 連結損益計算書に記載される持分法による投資損益の金額 | 千円

◆確認テスト・・

15－5 P社は20X5年3月31日にA社の発行済株式の40％を10,000千円で取得し，連結決算上における持分法適用会社とした。以下の資料にもとづき，①20X6年3月31日（連結決算日）における修正仕訳を行い，②連結貸借対照表に記載されるA社株式の金額と③連結損益計算書に記載される持分法による投資損益の金額を計算しなさい。

資　料

(1) 20X5年3月31日における貸借対照表は次のとおりである。

貸 借 対 照 表			
P社	20X5年3月31日		（単位：千円）
諸 資 産	101,000	諸 負 債	63,000
A 社 株 式	10,000	資 本 金	37,000
		資本剰余金	4,500
		利益剰余金	6,500
	111,000		111,000

貸 借 対 照 表			
A社	20X5年3月31日		（単位：千円）
諸 資 産	40,000	諸 負 債	30,000
		資 本 金	6,300
		資本剰余金	1,000
		利益剰余金	2,700
	40,000		40,000

(2) A社の諸資産の時価は47,500千円である。

(3) のれんは，20年間で定額法により償却を行う。

(4) A社は，20X5年6月29日の株主総会において，利益剰余金の配当600千円を決議した。

(5) 当期（20X5年4月1日から20X6年3月31日まで）におけるA社の当期純利益は1,500千円であった。

① 修正仕訳

・のれんの償却　　　　　　　　　　　　　　　　　　　　　　　　　　（単位：千円）

借　　　　　　方	貸　　　　　　方

・当期純利益の計上　　　　　　　　　　　　　　　　　　　　　　　　（単位：千円）

借　　　　　　方	貸　　　　　　方

・配当金の修正　　　　　　　　　　　　　　　　　　　　　　　　　　（単位：千円）

借　　　　　　方	貸　　　　　　方

② 連結貸借対照表に記載されるA社株式の金額　　　　　　　　　　　　　　　　　千円

③ 連結損益計算書に記載される持分法による投資損益の金額　　　　　　　　　　千円

◆発展問題・・

15－6 わが国の会計諸基準に照らして，次の文章のうち正しいものには○を，誤っているものには×を解答欄に記入しなさい。

(1) 非連結子会社とは，子会社と判定されない会社のことである。

(2) 持分法は，非連結子会社と関連会社に対する投資に対して適用される。

(1)	(2)

16章 連結税効果会計

▶教科書p.218〜224

●POINT

■ 連結税効果会計の意義

連結税効果会計は，連結財務諸表固有の一時差異について適用される。

連結財務諸表固有の一時差異は，連結決算手続の結果として生じる一時差異である。

連結財務諸表固有の一時差異（例）

・子会社の資産および負債の時価評価による評価差額に係る一時差異
・連結会社間の取引から生じる未実現損益の消去に係る一時差異
・連結会社間の債権と債務の相殺消去（貸倒引当金の減額修正）に係る一時差異

■ 評価差額に係る税効果会計

資本連結手続において子会社の資産・負債を時価評価し，評価差額が生じた場合には，連結財務諸表固有の一時差異について繰延税金資産または繰延税金負債を計上する。

例 P社（親会社）は20X1年３月31日にS社（子会社）の発行済株式の80％を取得した。取得時におけるS社の資産および負債の時価は，土地（帳簿価額：¥480,000，時価：¥500,000）を除いて帳簿価額と同額であった。税効果会計（法人税の実効税率　30％）を適用する。

（借）土　　地	❶ 20,000	（貸）繰延税金負債	❷ 6,000
		評　価　差　額	14,000

❶ ¥500,000（時価）− ¥480,000（帳簿価額）= ¥20,000
❷ ¥20,000❶×30％（実効税率）= ¥6,000

■ 未実現損益に係る税効果会計

連結会社間の取引で生じた未実現利益（または未実現損失）の消去に係る連結財務諸表固有の一時差異について，売却元の連結会社において繰延税金資産（または繰延税金負債）を計上する。

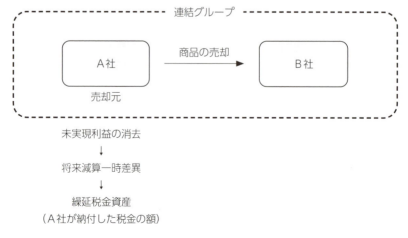

① ダウンストリーム

売却元である親会社で付加した利益は，未実現利益として消去する。

未実現利益が控除された資産の連結貸借対照表価額が個別貸借対照表価額よりも小さくなり，将来減産一時差異が生じ，繰延税金資産を計上する。

例 P社（親会社）はS社（子会社）に原価の20%増しで商品を販売している。当期のS社への売上高は¥280,000であり，S社の期末商品にP社が販売した商品¥38,400が含まれていた。税効果会計（法人税の実効税率　30%）を適用する。

(借)	売　上　高		280,000	(貸)	売　上　原　価		280,000
	売　上　原　価		6,400		商　　　　品	❶	6,400
	繰　延　税　金　資　産	❷	1,920		法　人　税　等　調　整　額		1,920

❶　¥38,400（期末商品）×0.2÷1.2＝¥6,400（未実現利益）
❷　¥6,400❶×30%（実効税率）＝¥1,920

例 当期首に，P社（親会社）はS社（子会社）に対して帳簿価額¥90,000の建物を¥110,000で売却した。期末現在，S社はこの建物を保有している。この建物は耐用年数が10年，残存価額¥0，定額法で減価償却されており，間接法で記帳している。税効果会計（法人税の実効税率　30%）を適用する。

(借)	固　定　資　産　売　却　益	❶	20,000	(貸)	建　　　　物		20,000
	建物減価償却累計額		2,000		減　価　償　却　費	❷	2,000
	繰　延　税　金　資　産	❸	5,400		法　人　税　等　調　整　額		5,400

❶　¥110,000（売却額）−¥90,000（帳簿価額）＝¥20,000（未実現利益）
❷　¥110,000÷10年（個別上の減価償却費）−¥90,000÷10年（連結上の減価償却費）＝¥2,000
❸　（¥20,000❶−¥2,000❷）×30%（実効税率）＝¥5,400

② アップストリーム

売却元である親会社で付加した利益は，未実現利益として消去する。

未実現利益が控除された資産の連結貸借対照表価額が個別貸借対照表価額よりも小さくなり，将来減産一時差異が生じ，繰延税金資産を計上する。

さらに子会社に非支配株主がいる場合には，未実現利益の消去額に対応する法人税等調整額を親会社持分と非支配株主持分に配分する。

例 S社（子会社）はP社（親会社）に原価の15%増しで商品を販売している。当期のP社への売上高は¥53,000であり，P社の期末商品にS社が販売した商品¥23,000が含まれていた。税効果会計（法人税の実効税率　30%）を適用する。なお，P社はS社の株式90%を所有している。

(借)	売　上　高		53,000	(貸)	売　上　原　価		53,000
	売　上　原　価		3,000		商　　　　品	❶	3,000
	繰　延　税　金　資　産	❷	900		法　人　税　等　調　整　額		900
	非支配株主持分当期変動額		210		非支配株主に帰属する当期純利益	❸	210

❶　¥23,000（期末商品）×0.15÷1.15＝¥3,000（未実現利益）
❷　¥3,000❶×30%（実効税率）＝¥900
❸　（¥3,000❶−¥900❷）×（100%−90%）＝¥210

例 当期に，S社（子会社）はP社（親会社）に対して帳簿価額¥40,000の土地を¥45,000で売却した。期末現在，P社はこの土地を保有している。税効果会計（法人税の実効税率30％）を適用する。なお，P社はS社の株式90％を所有している。

（借）	土 地 売 却 益	❶	5,000	（貸）	土　　　　　地		5,000
	繰 延 税 金 資 産	❷	1,500		法 人 税 等 調 整 額		1,500
	非 支 配 株 主 持 分 当 期 変 動 額		350		非支配株主に帰属 する当期純利益	❸	350

❶　¥45,000（売却額）−¥40,000（帳簿価額）＝¥5,000（未実現利益）
❷　¥5,000❶×30%（実効税率）＝¥1,500
❸　(¥5,000❶−¥1,500❷)×(100%−90%)＝¥350

④　債権・債務の相殺消去に係る税効果会計

　個別において，連結会社に対する債権に貸倒引当金が計上されている場合，連結では，その債権が債務と相殺消去されることに伴い，貸倒引当金が減額修正される。

　ここで，貸倒引当金に係る連結財務諸表固有の将来加算一時差異が生じる。

　この将来加算一時差異に係る会計処理については，個別において，その貸倒引当金に係る貸倒引当金繰入額が損金算入されている場合と，損金算入されていない場合とで，以下の通りとなる。

➡　貸倒引当金繰入額が損金算入されている場合
　　貸倒引当金に係る連結財務諸表固有の将来加算一時差異に対して，繰延税金負債を計上する。

➡　貸倒引当金繰入額が損金算入されていない場合
　　個別において貸倒引当金繰入額に係る将来減算一時差異に対する繰延税金資産が計上されているときは，貸倒引当金に係る連結財務諸表固有の将来加算一時差異に対して，その繰延税金資産と同額の繰延税金負債を計上する。そして，その繰延税金負債を繰延税金資産と相殺する。

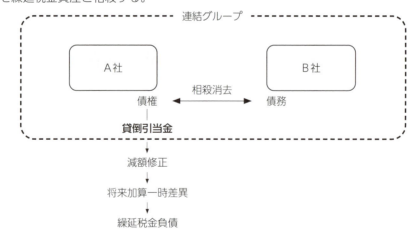

① ダウンストリーム

例 P社（親会社）はS社（子会社）振り出しの約束手形¥6,000を期末現在保有している。また，P社では受取手形の期末残高に対して2％の貸倒引当金¥120を設定している。貸倒引当金¥120のうち¥40は損金算入されている。一方，¥80は損金算入されておらず，P社の個別財務諸表上，繰延税金資産が計上されている。税効果会計適用上におけるP社の実効税率は30％である。

（借）	支　払　手　形		6,000	（貸）	受　取　手　形		6,000
	貸　倒　引　当　金	❶	120		貸倒引当金繰入		120
	法　人　税　等　調　整　額		36		繰　延　税　金　負　債	❷	36
	繰　延　税　金　負　債		24		繰　延　税　金　資　産	❸	24

❶　¥6,000×2％＝¥120
❷　¥120×30％＝¥36
❸　¥80×30％＝¥24

例 P社（親会社）の期末売掛金のうち¥40,000はS社（子会社）に対するものである。P社は期末の売掛金に対して1％の貸倒引当金を設定しており，これは貸倒引当金の繰入限度内であり損金算入されている。税効果会計（法人税の実効税率　30％）を適用する。

（借）	買　　掛　　金		40,000	（貸）	売　　掛　　金		40,000
	貸　倒　引　当　金	❶	400		貸倒引当金繰入		400
	法　人　税　等　調　整　額	❷	120		繰　延　税　金　負　債		120

❶　¥40,000×1％＝¥400
❷　¥400❶×30％（実効税率）＝¥120

② アップストリーム

例 S社（子会社）の期末売掛金のうち¥10,000はP社（親会社）に対するものである。S社は期末の売掛金に対して1％の貸倒引当金を設定しており，これは貸倒引当金の繰入限度内であり損金算入されている。税効果会計（法人税の実効税率　30％）を適用する。なお，親会社は子会社の株式90％を所有している。

（借）	買　　掛　　金		10,000	（貸）	売　　掛　　金		10,000
	貸　倒　引　当　金	❶	100		貸倒引当金繰入		100
	法　人　税　等　調　整　額	❷	30		繰　延　税　金　負　債		30
	非支配株主に帰属する当期純利益		7		非支配株主持分当期変動額	❸	7

❶　¥10,000×1％＝¥100
❷　¥100❶×30％（実効税率）＝¥30
❸　（¥100❶－¥30❷）×（100％－90％）＝¥7

◆練習問題
··

16－1 X社は20X4年 3 月31日にY社の発行済株式の80％を*1,320*千円で取得した。両社の貸借対照表
が次のとおりである場合，連結仕訳を示し，連結貸借対照表を作成しなさい。なお，両社とも， 3 月
31日を決算日とする。

X社	貸 借 対 照 表 20X4年 3 月31日	（単位：千円）
諸 資 産 *15,000*	諸 負 債	*9,000*
Y 社 株 式 *1,320*	資 本 金	*5,970*
	資本剰余金	*450*
	利益剰余金	*900*
16,320		*16,320*

Y社	貸 借 対 照 表 20X4年 3 月31日	（単位：千円）
諸 資 産 *4,500*	諸 負 債	*3,000*
	資 本 金	*900*
	資本剰余金	*150*
	利益剰余金	*450*
4,500		*4,500*

　また，Y社の諸資産（時価）は*4,700*千円で諸負債（時価）は*3,100*千円であり，税効果会計適用
における実効税率は30％である。

Y社の資産と負債の時価評価　　　　　　　　　　　　　　　　　　　　　　（単位：千円）

借　　　方	貸　　　方

投資と資本の相殺消去　　　　　　　　　　　　　　　　　　　　　　（単位：千円）

借　　　方	貸　　　方

連 結 貸 借 対 照 表

X社	20X4年 3 月31日	（単位：千円）
諸 資 産 （　　　）	諸 負 債 （　　　）
の れ ん （　　　）	繰 延 税 金 負 債 （　　　）
	資 本 金 （　　　）
	資 本 剰 余 金 （　　　）
	利 益 剰 余 金 （　　　）
	非 支 配 株 主 持 分 （　　　）
（　　　）	（　　　）

16－2 P社（親会社）は，S社（子会社）に20％の利益率で商品を販売している。期末現在，この商品の一部¥400が期末商品として子会社に残っている。税効果会計適用上におけるP社の実効税率は30％である。よって，連結仕訳を示しなさい。

借　　　方	貸　　　方

16－3 P社（親会社）はS社（子会社）振り出しの約束手形¥5,000を期末現在保有している。また，P社では受取手形の期末残高に対して2％の貸倒引当金¥100を設定している。貸倒引当金¥100のうち¥30は損金算入されている。一方，¥70は損金算入されておらず，P社の個別財務諸表上，繰延税金資産が計上されている。税効果会計適用上におけるP社の実効税率は30％である。連結仕訳を示しなさい。

借　　　方	貸　　　方

◆確認テスト……………………………………………………………………………………………………

16－4 X社は20X4年3月31日にY社の発行済株式の80％を2,200千円で取得した。両社の貸借対照表が次のとおりである場合，連結貸借対照表を作成しなさい。なお，両社とも，3月31日を決算日とする。

貸　借　対　照　表
X社　20X4年3月31日　（単位：千円）

諸　資　産	25,000	諸　負　債	15,000
Y　社　株　式	2,200	資　本　金	9,950
		資本剰余金	750
		利益剰余金	1,500
	27,200		27,200

貸　借　対　照　表
Y社　20X4年3月31日　（単位：千円）

諸　資　産	7,500	諸　負　債	5,000
		資　本　金	1,620
		資本剰余金	250
		利益剰余金	630
	7,500		7,500

　また，Y社の諸資産（時価）は7,600千円で諸負債（時価）は5,150千円であり，税効果会計適用における実効税率は30％である。

連　結　貸　借　対　照　表
X社　20X4年3月31日　（単位：千円）

諸　　資　　産	（　　　）	諸　　負　　債	（　　　）
（　　　　　）	（　　　）	資　　本　　金	（　　　）
（　　　　　）	（　　　）	資　本　剰　余　金	（　　　）
		利　益　剰　余　金	（　　　）
		（　　　　　）	（　　　）
	（　　　）		（　　　）

16－5　次の各取引の仕訳を示しなさい。

⑴　X社は20X3年3月31日にY社の発行済株式の20％を*1,200*千円で取得した。その後，20X5年3月31日にY社の発行済株式の60％を*7,920*千円で取得し，Y社に対する支配を獲得した。20X5年3月31日時点においてX社が保有するY社株式80％の時価は*9,260*千円であった。この場合の，子会社株式の時価評価の仕訳を示しなさい。

⑵　X社は20X5年3月31日にY社の発行済株式の70％を*1,400*千円で取得し，Y社に対する支配を獲得した。その後，20X6年3月31日にY社の発行済株式の20％を*420*千円で追加取得した。20X5年3月31日時点におけるY社の純資産は*1,900*千円，20X6年3月31日時点におけるY社の純資産は*1,900*千円であった。この場合の，追加投資額と追加取得持分の相殺消去の仕訳を示しなさい。

⑶　X社は20X5年3月31日にY社の発行済株式80％を*2,000*千円で取得し，Y社に対する支配を獲得した。その後，20X6年3月31日にY社の発行済株式の30％を*800*千円で売却し，*50*千円の売却益を計上した。20X5年3月31日時点におけるY社の純資産は*2,400*千円，20X6年3月31日時点におけるY社の純資産は*2,450*千円であった。この場合の，子会社株式売却損益にかかる修正仕訳を示しなさい。

⑷　親会社は子会社に原価の20％増しで商品を販売している。当期の子会社への売上高は*560,000*千円であり，子会社の期末商品に親会社が販売した商品*76,800*千円が含まれていた。よって，税効果会計（法人税の実効税率　30％）を適用して，連結仕訳を示しなさい。

⑸　親会社の期末売掛金のうち*80,000*千円は子会社に対するものである。親会社は期末の売掛金に対して1％の貸倒引当金を設定しており，これは貸倒引当金の繰入限度内である。よって，税効果会計（法人税の実効税率　30％）を適用して，連結仕訳を示しなさい。

⑹　当期首に，親会社は子会社に対して帳簿価額*180,000*千円の建物を*220,000*千円で売却した。期末現在，子会社はこの建物を保有している。この建物は耐用年数が10年，残存価額*0*円，定額法で減価償却されており，間接法で記帳している。よって，税効果会計（法人税の実効税率　30％）を適用して，連結仕訳を示しなさい。

⑺　子会社は親会社に原価の15％増しで商品を販売している。当期の親会社への売上高は*106,000*千円であり，親会社の期末商品に子会社が販売した商品*46,000*千円が含まれていた。よって，税効果会計（法人税の実効税率　30％）を適用して，連結仕訳を示しなさい。なお，親会社は子会社の株式90％を所有している。

⑻　子会社の期末売掛金のうち*20,000*千円は親会社に対するものである。子会社は期末の売掛金に対して1％の貸倒引当金を設定しており，これは貸倒引当金の繰入限度内である。よって，税効果会計（法人税の実効税率　30％）を適用して，連結仕訳を示しなさい。なお，親会社は子会社の株式90％を所有している。

⑼　当期首に，子会社は親会社に対して帳簿価額*80,000*千円の土地を*90,000*千円で売却した。期末現在，親会社はこの土地を保有している。よって，税効果会計（法人税の実効税率　30％）を適用して，連結仕訳を示しなさい。なお，親会社は子会社の株式90％を所有している。

	借　　　方	貸　　　方
(1)		
(2)		
(3)		
(4)		
(5)		
(6)		
(7)		
(8)		
(9)		

◆発展問題‥‥‥

16－6　親会社および子会社の×7年3月31日（決算日，1年決算）における財務諸表の金額は，連結精算表に記入したとおりである。以下の〈資　料〉に基づき，連結精算表を完成しなさい。なお，法人税等の実効税率は40％とし，繰延税金資産と繰延税金負債については流動・固定の区別，および相互の相殺は行わない。

（注）　1．連結精算表において［　　　］を付けた金額は貸方金額を表している。
　　　　2．連結精算表における修正消去欄の記入は採点対象とはしない。

〈資　料〉
　　1．親会社は×6年3月31日に，現在の子会社の発行済株式の90％を788,000千円で取得した。×6年3月31日における子会社の資産および負債の時価は，土地（帳簿価額：600,000千円，時価：620,000千円）を除いて帳簿価額と同額であった。税効果会計を考慮して評価替えを行う。
　　　　また，×6年3月31日における子会社の資本構成は，資本金：700,000千円，利益剰余金：128,000千円であった。
　　2．子会社の当期純利益のうち非支配株主持分割合に相当する額は，非支配株主持分に振り替える。
　　3．のれんは，発生年度の翌年から20年間にわたって定額法により償却する。
　　4－1．当期に，子会社は親会社に対して商品106,000千円を販売した。
　　4－2．親会社の期末商品のうち，46,000千円は当期に子会社から仕入れたものである。子会社が親会社に販売する際の価額は原価の15％増しで設定しており，未実現利益の消去にあたっては，税効果会計を考慮して処理する。ただし，親会社の期首商品に子会社から仕入れたものはない。
　　5．期末の子会社の売掛金のうち，親会社に対するものは20,000千円である。なお，子会社は期末売掛金に対して1％の貸倒引当金を設定しており，これは貸倒引当金の繰入限度額内である。また，当期首時点では，子会社の売掛金に親会社に対するものはなかった。
　　　　なお，貸倒引当金の修正に伴う税効果会計および非支配株主持分への配分の処理は，連結精算表の修正消去欄に記入済である。
　　6．当期首において，親会社は子会社に対して帳簿価額240,000千円の建物を300,000千円で売却した。期末現在，子会社はこの建物を保有している。なお，この建物は両社ともに耐用年数10年，残存価額0円，定額法で減価償却されており，間接法で記帳されている。また，これに関する繰延税金資産および法人税等調整額は連結精算表の修正消去欄に記入済である。
　　7．子会社の長期貸付金のうち40,000千円は親会社に対するものであり，当期首に利率年3％，利払日3月末日（年1回），期間4年で貸し付けたものであり，利息の受払いは行われている。
　　　　なお，子会社はこの貸付金に対する貸倒引当金を設定していない。
　　8．親会社，子会社が株主に対して当期中に支払った配当金は次のとおりである。

	親　会　社	子　会　社
株　主　配　当　金	32,000千円	26,000千円

　　9．親会社が保有する投資有価証券（その他有価証券）は当期に取得したものである。

連 結 精 算 表

(単位：千円)

勘定科目	個別財務諸表			修 正 消 去		連結財務諸表
	親会社	子会社	合　計	借　方	貸　方	
貸借対照表						(連結貸借対照表)
現 金 及 び 預 金	120,000	64,000	184,000			
売 掛 金	600,000	200,000	800,000			
貸 倒 引 当 金	[6,000]	[2,000]	[8,000]			[　　　　　]
商 品	147,600	68,000	215,600			
建 物	920,000	540,000	1,460,000			
減価償却累計額	[276,000]	[108,000]	[384,000]			[　　　　　]
土 地	500,000	640,000	1,140,000			
投 資 有 価 証 券	400,000		400,000			
子 会 社 株 式	788,000		788,000			
長 期 貸 付 金	200,000	52,000	252,000			
貸 倒 引 当 金	[600]	[400]	[1,000]			[　　　　　]
の れ ん						
繰 延 税 金 資 産	48,000	20,800	68,800		21,600	
資 産 合 計	3,441,000	1,474,400	4,915,400			
買 掛 金	[784,000]	[448,000]	[1,232,000]			[　　　　　]
長 期 借 入 金	[270,000]	[184,000]	[454,000]			[　　　　　]
繰 延 税 金 負 債	[22,400]	[8,400]	[30,800]		80	[　　　　　]
資 本 金	[1,800,000]	[700,000]	[2,500,000]	d 〈　　　〉		[　　　　　]
利 益 剰 余 金	[538,600]	[134,000]	[672,600]	b 〈　　　〉	b' 〈　　　〉	[　　　　　]
その他有価証券評価差額金評価差額	[26,000]		[26,000]			[　　　　　]
非 支 配 株 主 持 分				c 〈　　　〉	c' 〈　　　〉	[　　　　　]
負 債 純 資 産 合 計	[3,441,000]	[1,474,400]	[4,915,400]			[　　　　　]
損益及び包括利益計算書						(連結損益及び包括利益計算書)
売 上 高	[1,658,000]	[584,000]	[2,242,000]			[　　　　　]
受 取 利 息	[3,600]	[2,400]	[6,000]			[　　　　　]
受 取 配 当 金	[34,000]	[800]	[34,800]			[　　　　　]
建 物 売 却 益	[64,000]		[64,000]			[　　　　　]
売 上 原 価	1,234,000	388,000	1,622,000			
貸倒引当金繰入額	5,400	600	6,000			
減 価 償 却 費	23,000	54,000	77,000			
の れ ん 償 却						
その他の営業費用	357,600	75,800	433,400			
支 払 利 息	13,000	7,200	20,200			
法 人 税 等	86,000	33,600	119,600			
法 人 税 等 調 整 額	[10,000]	[4,000]	[14,000]	80	21,600	[　　　　　]
当 期 純 利 益	[50,600]	[32,000]	[82,600]			[　　　　　]
非支配株主に帰属する当期純利益				12		
親会社株主に帰属する当期純利益	[50,600]	[32,000]	[82,600]	a 〈　　　〉	a' 〈　　　〉	[　　　　　]
その他有価証券評価差額金	[26,000]		[26,000]			
包 括 利 益	[76,600]	[32,000]	[108,600]			[　　　　　]
株主資本等変動計算書						(連結株主資本等変動計算書)
資本金当期首残高	[1,800,000]	[700,000]	[2,500,000]			
資本金当期末残高	[1,800,000]	[700,000]	[2,500,000]	d 〈　　　〉		[　　　　　]
利益剰余金当期首残高	[520,000]	[128,000]	[648,000]			
剰 余 金 の 配 当	32,000	26,000	58,000			
親会社株主に帰属する当期純利益	[50,600]	[32,000]	[82,600]	a 〈　　　〉	a' 〈　　　〉	[　　　　　]
利益剰余金当期末残高	[538,600]	[134,000]	[672,600]	b 〈　　　〉	b' 〈　　　〉	[　　　　　]
非支配株主持分当期首残高						[　　　　　]
非支配株主持分当期変動額					12	[　　　　　]
非支配株主持分当期末残高				c 〈　　　〉	c' 〈　　　〉	[　　　　　]

(注) a，a'，b，b'，c，c'，d の〈　　　〉には，それぞれ同じ金額が入る。

16-7　親会社および子会社の×6年3月31日（決算日，1年決算）における財務諸表の金額は，連結精算表に記入したとおりである。以下の〈資　料〉に基づき，連結精算表を完成しなさい。なお，法人税等の実効税率は40％とし，繰延税金資産と繰延税金負債については流動・固定の区別，および金額の相殺は行わない。

（注）　1．連結精算表において［　　　］を付けた金額は貸方金額を表している。
　　　　2．連結精算表における修正消去欄の記入は採点対象としない。

〈資　料〉
　　1．親会社は×5年3月31日に，現在の子会社の発行済株式の70％を542,000千円で取得した。×5年3月31日における子会社の資産および負債の時価は，土地（帳簿価額：120,000千円，時価：140,000千円）を除いて帳簿価額と同額であった。税効果会計を考慮して評価替えを行う。
　　　　また，×5年3月31日における子会社の資本構成は，資本金：600,000千円，利益剰余金：148,000千円であった。
　　2．子会社の当期純利益のうち非支配株主持分割合に相当する額を，非支配株主持分に振り替える。
　　3．のれんは，発生年度の翌年から10年間にわたって定額法により償却する。
　　4－1．当期に，子会社は親会社に対して商品を240,000千円で掛け販売した（アップストリーム）。
　　4－2．親会社の期末商品のうち30,000千円は当期に子会社から仕入れたものである。子会社が親会社に販売する際の価格は原価の20％増しで設定しており，未実現利益の消去にあたっては，税効果会計を考慮して処理する。ただし，親会社の期首商品に子会社から仕入れたものはない。
　　5．期末の子会社の売掛金のうち，親会社に対するものは40,000千円である。なお，子会社は期末売掛金に対して1％の貸倒引当金を設定しており，これは貸倒引当金の繰入限度額内である。また，当期首時点では，子会社の売掛金に親会社に対するものはなかった。
　　　　なお，貸倒引当金の修正に伴う税効果会計および非支配株主持分への配分の処理は，連結精算表の修正消去欄に記入済である。
　　6．当期中において，親会社は子会社に対して帳簿価額180,000千円の土地を190,000千円で売却した。これについては税効果会計を考慮して処理する。なお，期末現在，子会社はこの土地を保有している。
　　7．親会社の長期貸付金のうち60,000千円は子会社に対するものであり，当期首に利率年2％，利払日3月末日（年1回），期間5年の条件で貸し付けたものであり，利息の受け払いを行っている。
　　　　なお，親会社はこの貸付金に対する貸倒引当金を設定していない。
　　8．親会社，子会社が株主に対して当期中に支払った配当金は次のとおりである。

	親　会　社	子　会　社
株　主　配　当　金	80,000千円	40,000千円

連 結 精 算 表

(単位：千円)

勘定科目	個別財務諸表			修正消去		連結財務諸表
	親会社	子会社	合 計	借 方	貸 方	
貸借対照表						(連結貸借対照表)
現 金 及 び 預 金	70,000	51,200	121,200			
売 掛 金	240,000	140,000	380,000			
貸 倒 引 当 金	[2,400]	[1,400]	[3,800]			[　　　　]
商 品	106,000	76,000	182,000			
土 地	1,000,000	720,000	1,720,000			
子 会 社 株 式	542,000		542,000			
長 期 貸 付 金	100,000	20,000	120,000			
貸 倒 引 当 金	[400]	[200]	[600]			[　　　　]
の れ ん						
繰 延 税 金 資 産	10,800	6,000	16,800			
資 産 合 計	2,066,000	1,011,600	3,077,600			
買 掛 金	[142,000]	[112,000]	[254,000]			[　　　　]
長 期 借 入 金		[140,000]	[140,000]			[　　　　]
繰 延 税 金 負 債	[4,000]	[3,600]	[7,600]		160	[　　　　]
資 本 金	[1,400,000]	[600,000]	[2,000,000]	d〈　　〉		[　　　　]
利 益 剰 余 金	[520,000]	[156,000]	[676,000]	b〈　　〉	b'〈　　〉	[　　　　]
評 価 差 額						
非支配株主持分				c〈　　〉	c'〈　　〉	[　　　　]
負 債 純 資 産 合 計	[2,066,000]	[1,011,600]	[3,077,600]			[　　　　]
損益及び包括利益計算書						(連結損益及び包括利益計算書)
売 上 高	[1,600,000]	[1,040,000]	[2,640,000]			[　　　　]
受 取 利 息	[3,200]	[1,000]	[4,200]			[　　　　]
受 取 配 当 金	[28,000]		[28,000]			[　　　　]
固 定 資 産 売 却 益	[50,000]		[50,000]			[　　　　]
売 上 原 価	1,120,000	680,000	1,800,000			
貸倒引当金繰入額	2,000	1,200	3,200			
の れ ん 償 却						
その他の営業費用	359,200	276,200	635,400			
支 払 利 息		3,600	3,600			
法 人 税 等	82,000	33,600	115,600			
法 人 税 等 調 整 額	[2,000]	[1,600]	[3,600]	160		[　　　　]
当 期 純 利 益	[120,000]	[48,000]	[168,000]			[　　　　]
非支配株主に帰属する当期純利益				72		
親会社株主に帰属する当期純利益	[120,000]	[48,000]	[168,000]	a〈　　〉	a'〈　　〉	[　　　　]
包 括 利 益	[120,000]	[48,000]	[168,000]			[　　　　]
株主資本等変動計算書						(連結株主資本等変動計算書)
資本金当期首残高	[1,400,000]	[600,000]	[2,000,000]			
資本金当期末残高	[1,400,000]	[600,000]	[2,000,000]	d〈　　〉		
利益剰余金当期首残高	[480,000]	[148,000]	[628,000]			
剰 余 金 の 配 当	80,000	40,000	120,000			
親会社株主に帰属する当期純利益	[120,000]	[48,000]	[168,000]	a〈　　〉	a'〈　　〉	
利益剰余金当期末残高	[520,000]	[156,000]	[676,000]	b〈　　〉	b'〈　　〉	
非支配株主持分当期首残高						[　　　　]
非支配株主持分当期変動額						[　　　　]
非支配株主持分当期末残高				c〈　　〉	c'〈　　〉 72	[　　　　]

(注) a，a'，b，b'，c，c'，d の〈　　〉には，それぞれ同じ金額が入る。

16－8 親会社および子会社の×4年3月31日（決算日，1年決算）における資料に基づき，解答欄の連結損益及び包括利益計算書を完成しなさい。なお，法人税等の実効税率は30％とし，親会社の繰延税金資産と繰延税金負債，子会社の繰延税金資産と繰延税金負債については，それぞれ相殺を行う。また，法人税等調整額の金額がマイナスの場合には，数字の前に△を付すこと。

〈資料1〉　×4年3月31日における個別財務諸表（単位：千円）

貸 借 対 照 表

資　　　産	親会社	子会社	負債・純資産	親会社	子会社
現 金 及 び 預 金	2,447,000	103,800	買　　掛　　金	2,164,000	706,200
売　　掛　　金	3,200,000	492,000	短 期 借 入 金	720,400	12,800
貸 倒 引 当 金	△32,000	△24,600	長 期 借 入 金	2,086,200	18,400
商　　　　　品	1,085,600	206,400	繰 延 税 金 負 債	—	24,000
短 期 貸 付 金	830,000	8,000	資　　本　　金	7,800,000	287,000
貸 倒 引 当 金	△83,000	△200	利 益 剰 余 金	1,222,200	245,200
建　　　　　物	8,000,000	320,000	その他有価証券評価差額金	126,000	—
減価償却累計額	△5,000,000	△160,000			
土　　　　　地	1,890,000	348,200			
そ の 他 有 価 証 券	841,000	—			
子 会 社 株 式	668,400	—			
繰 延 税 金 資 産	271,800	—			
	14,118,800	1,293,600		14,118,800	1,293,600

損 益 計 算 書

費　　　用	親会社	子会社	収　　　益	親会社	子会社
売 上 原 価	11,010,000	1,307,200	売　　上　　高	15,152,200	1,899,200
貸倒引当金繰入額	140,000	6,000	受 取 利 息	6,800	300
減 価 償 却 費	200,000	8,000	受 取 配 当 金	24,600	160
その他の営業費用	3,445,800	492,200	土 地 売 却 益	14,600	—
支 払 利 息	64,600	860			
法 人 税 等	124,200	26,800			
法人税等調整額	13,600	3,200			
当 期 純 利 益	200,000	55,400			
	15,198,200	1,899,660		15,198,200	1,899,660

株主資本等変動計算書

	親会社	子会社
資 本 金 当 期 首 残 高	7,800,000	287,000
資 本 金 当 期 末 残 高	7,800,000	287,000
利益剰余金当期首残高	1,082,200	201,000
剰 余 金 の 配 当	△60,000	△11,200
当 期 純 利 益	200,000	55,400
利益剰余金当期末残高	1,222,200	245,200
その他有価証券評価差額金当期首残高	110,400	—
当 期 変 動 額	15,600	—
その他有価証券評価差額金当期末残高	126,000	—

212

〈資料2〉連結に関する事項

1. 親会社は×3年3月31日に668,400千円で子会社の発行済株式の70%を取得した。取得時の子会社の資産および負債の時価について，土地（帳簿価額：200,000千円，時価：320,000千円）を除いて時価と帳簿価額は同一で，税効果会計を適用する。

   また，取得時における子会社の資本の金額は，資本金：287,000千円，利益剰余金：201,000千円であった。

2. 子会社の当期純利益〈資料1〉のうち非支配株主持分割合に相当する額は，非支配株主持分に振り替える。

3. のれんは，発生年度の翌年から20年間にわたって定額法により償却する。

4－1. 当期首から，親会社は子会社に商品を販売している。なお，当期中に親会社は子会社に対して商品を500,000千円で掛け販売した。

4－2. 子会社の期末商品のうち，92,000千円は当期に親会社から仕入れたものである。なお，親会社が子会社に販売する際の価格は原価の15%増しで設定しており，未実現利益の消去にあたっては，税効果会計を考慮して処理する。また，子会社の期首商品に親会社から仕入れたものはない。

5. 親会社の期末売掛金のうち，400,000千円は子会社に対するものである。なお，親会社は期末売掛金に対して1%の貸倒引当金を設定している。これについて税効果会計を考慮して処理する。また，この貸倒引当金は，税務上，損金算入が認められたため，個別上，繰延税金資産を計上していない。なお，当期首時点では，親会社の売掛金のうち子会社に対するものはなかった。

6. 当期首において，親会社は子会社に対して帳簿価額12,000千円の土地を16,000千円で売却した。期末現在，子会社はこの土地を保有している。なお，これについて税効果会計を考慮して処理する。

7. 子会社の短期貸付金のうち6,000千円は親会社に対するものである。この貸付金は，当期首に利率年4%，利払日3月末日（年1回），期間1年で貸し付けたものである。なお，利息の受け払いは既に行われている。また，子会社はこの貸付金に対する貸倒引当金を設定していない。

8. 親会社および子会社が，当期中に株主に対して支払った利益剰余金を原資とする配当金は，次のとおりである。

	親 会 社	子 会 社
株 主 配 当 金	60,000千円	11,200千円

9. 親会社の繰延税金資産と繰延税金負債，子会社の繰延税金資産と繰延税金負債については，それぞれ相殺を行う。

連結損益及び包括利益計算書

×3年4月1日から×4年3月31日まで　　　（単位：千円）

Ⅰ	売上高	(	)
Ⅱ	売上原価	(	)
	売上総利益	(	)
Ⅲ	販売費及び一般管理費		
	貸倒引当金繰入額	(	)
	減価償却費	(	)
	のれん償却	(	)
	その他の営業費用		3,938,000
	営業利益	(	)
Ⅳ	営業外収益		
	受取利息	(	)
	受取配当金	(	)
Ⅴ	営業外費用		
	支払利息	(	)
	経常利益	(	)
Ⅵ	特別利益		
	土地売却益	(	)
	税金等調整前当期純利益	(	)
	法人税，住民税及び事業税		151,000
	法人税等調整額	(	)
	法人税等合計	(	)
	当期純利益	(	)
	（内訳）		
	親会社株主に帰属する当期純利益	(	)
	非支配株主に帰属する当期純利益	(	)
	その他の包括利益		
	その他有価証券評価差額金		15,600
	包括利益	(	)
	（内訳）		
	親会社株主に係る包括利益	(	)
	非支配株主に係る包括利益	(	)

16－9 親会社および子会社の×3年3月31日（決算日，決算年1回）における財務諸表の金額は，解答欄の連結精算表に記入したとおりである。以下の〈資 料〉にもとづき，解答欄の連結精算表を完成しなさい。なお，法人税等の実効税率は35％とし，繰延税金資産と繰延税金負債については，流動・固定の区別および相互の相殺は行わない。

(注)　1．連結精算表において［　　　　］を付けた金額は貸方金額を表している。
　　　　2．連結精算表における修正消去欄の記入は採点対象とはしない。

〈資　料〉
1．親会社は×2年3月31日に，現在の子会社の発行済株式の90％を295,600千円で取得した。
　　なお，取得時の子会社の資産および負債について，土地（帳簿価額：120,000千円，時価：144,000千円）を除いて，帳簿価額と時価は同一であった。これについて税効果会計を考慮して処理する。
　　また，取得時における子会社の資本の金額は，資本金：140,000千円，利益剰余金：128,400千円であった。
2．子会社の当期純利益のうち非支配株主持分割合に相当する額は，非支配株主持分に振り替える。
3．のれんは，発生年度の翌年から20年間にわたって定額法により償却する。
4－1．当期首から，子会社は親会社に商品を販売している。なお，当期中に子会社は親会社に対して商品を600,000千円で掛け販売した。
4－2．親会社の期末商品のうち，176,000千円は当期に子会社から仕入れたものである。なお，子会社が親会社に販売する際の価格は原価の10％増しで設定しており，未実現利益の消去にあたっては，税効果会計を考慮して処理する。また，親会社の期首商品に子会社から仕入れたものはない。
5．子会社の期末売掛金のうち，400,000千円は親会社に対するものである。なお，子会社は期末売掛金に対して1％の貸倒引当金を設定している。これについて税効果会計を考慮して処理する。また，当期首時点では，子会社の売掛金のうち親会社に対するものはなかった。また，貸倒引当金の修正に伴う税効果会計の処理は，連結精算表の修正消去欄に記入済である。
6．当期首において，親会社は子会社に対して帳簿価額32,000千円の建物を40,000千円で売却した。当期末現在，子会社はこの建物を保有している。なお，この建物は両社ともに耐用年数10年，残存価額零（0），定額法で減価償却されており，間接法で記帳されている。また，これに関する繰延税金資産および法人税等調整額は連結精算表の修正消去欄に記入済みである。
7．親会社の長期貸付金のうち，4,000千円は子会社に対するものである。この貸付金は，当期首に利率年4％，利払日3月末日（年1回），期間6年で貸し付けたものである。なお，利息の受け払いは既に行われている。また，親会社はこの貸付金に対する貸倒引当金を設定していない。
8．親会社および子会社が，当期中に株主に対して支払った利益剰余金を原資とする配当金は，次のとおりである。

	親　会　社	子　会　社
株　主　配　当　金	21,000千円	16,000千円

連 結 精 算 表

（単位：千円）

勘定科目	個別財務諸表			修 正 消 去		連結財務諸表
	親会社	子会社	合　計	借　方	貸　方	
（貸借対照表）						（連結貸借対照表）
現 金 及 び 預 金	*97,800*	*63,800*	*161,600*			
売 　 掛 　 金	*519,800*	*475,200*	*995,000*			
貸 倒 引 当 金	*[3,800]*	*[760]*	*[4,560]*			[　　　　]
商 　 　 　 品	*768,400*	*182,800*	*951,200*			
建 　 　 　 物	*1,128,000*	*90,800*	*1,218,800*			
減 価 償 却 累 計 額	*[724,000]*	*[44,800]*	*[768,800]*			[　　　　]
土 　 　 　 地	*385,400*	*151,600*	*537,000*			
投 資 有 価 証 券	*25,400*	*11,920*	*37,320*			
子 会 社 株 式	*295,600*		*295,600*			
長 期 貸 付 金	*12,000*	*1,600*	*13,600*			
貸 倒 引 当 金	*[800]*	*[160]*	*[960]*			[　　　　]
の 　 れ 　 ん						
繰 延 税 金 資 産	*59,400*		*59,400*	*2,520*		
資 産 合 計	*2,563,200*	*932,000*	*3,495,200*			
買 　 掛 　 金	*[727,000]*	*[476,600]*	*[1,203,600]*			[　　　　]
長 期 借 入 金	*[369,800]*	*[38,000]*	*[407,800]*			[　　　　]
繰 延 税 金 負 債		*[2,000]*	*[2,000]*		*1,400*	[　　　　]
資 　 本 　 金	*[540,000]*	*[140,000]*	*[680,000]*	d〈　　　〉		[　　　　]
利 益 剰 余 金	*[925,000]*	*[275,400]*	*[1,200,400]*	b〈　　　〉	b'〈　　　〉	[　　　　]
その他有価証券評価差額金	*[1,400]*		*[1,400]*			
評 　 価 　 差 　 額						
非 支 配 株 主 持 分				c〈　　　〉	c'〈　　　〉	[　　　　]
負債・純資産合計	*[2,563,200]*	*[932,000]*	*[3,495,200]*			[　　　　]
（損益及び包括利益計算書）						（連結損益及び包括利益計算書）
売 　 上 　 高	*[3,223,000]*	*[751,600]*	*[3,974,600]*			[　　　　]
受 取 利 息	*[1,400]*	*[260]*	*[1,660]*			[　　　　]
受 取 配 当 金	*[15,000]*	*[380]*	*[15,380]*			[　　　　]
建 物 売 却 益	*[8,000]*		*[8,000]*			
売 上 原 価	*2,301,600*	*416,600*	*2,718,200*			
貸 倒 引 当 金 繰 入	*1,600*	*4,400*	*6,000*			
減 価 償 却 費	*36,200*	*2,800*	*39,000*			
の れ ん 償 却						
その他の営業費用	*527,400*	*164,000*	*691,400*			
支 払 利 息	*2,600*	*1,020*	*3,620*			
法 人 税 等	*26,000*	*560*	*26,560*			
法 人 税 等 調 整 額	*[1,600]*	*[140]*	*[1,740]*	*1,400*	*2,520*	[　　　　]
当 期 純 利 益	*[353,600]*	*[163,000]*	*[516,600]*			[　　　　]
非支配株主に帰属する当期純利益						
親会社株主に帰属する当期純利益	*[353,600]*	*[163,000]*	*[516,600]*	a〈　　　〉	a'〈　　　〉	[　　　　]
その他有価証券評価差額金	*[1,400]*		*[1,400]*			
包 　 括 　 利 　 益	*[355,000]*	*[163,000]*	*[518,000]*			
（株主資本等変動計算書）						（連結株主資本等変動計算書）
資本金当期首残高	*[540,000]*	*[140,000]*	*[680,000]*			[　　　　]
資本金当期末残高	*[540,000]*	*[140,000]*	*[680,000]*	d〈　　　〉		[　　　　]
利益剰余金当期首残高	*[592,400]*	*[128,400]*	*[720,800]*			[　　　　]
剰 余 金 の 配 当	*21,000*	*16,000*	*37,000*			
親会社株主に帰属する当期純利益	*[353,600]*	*[163,000]*	*[516,600]*	a〈　　　〉	a'〈　　　〉	[　　　　]
利益剰余金当期末残高	*[925,000]*	*[275,400]*	*[1,200,400]*	b〈　　　〉	b'〈　　　〉	[　　　　]
非支配株主持分当期首残高						[　　　　]
非支配株主持分当期変動額						[　　　　]
非支配株主持分当期末残高				c〈　　　〉	c'〈　　　〉	[　　　　]

216　（注）a，a'，b，b'，c，c'，dの〈　　　〉には，それぞれ同じ金額が入る。

17章 財務諸表の活用

▶教科書p.226〜248

◆練習問題

17−1 次の資料にもとづいて，①PER，②PBR，③PSR，④PCFRを計算しなさい。なお，計算で算出された倍率は小数点以下第３位を四捨五入すること。

（単位：千円）

株 式 時 価 総 額	14,850	純 資 産	8,500	売上高	19,000
営業キャッシュ・フロー	2,080	当 期 純 利 益	800		

①	倍	②	倍	③	倍	④	倍

17−2 次の資料にもとづいて加重平均資本コストを計算しなさい。なお，実効税率は40％である。

有利子負債コスト　3％　　　有利子負債時価　　3,000千円

株主資本コスト　　9％　　　株式時価総額　　12,000千円

（　　　　　　　　　　　　　　　%）

17−3 フリー・キャッシュ・フローの予測可能期間は５年であり，各年度のフリー・キャッシュ・フローの金額は次のとおりである。５年分のフリー・キャッシュ・フローの現在価値を計算しなさい。なお，割引率は４％とする。千円未満は四捨五入すること。

第１年度	第２年度	第３年度	第４年度	第５年度
840千円	980千円	700千円	840千円	980千円

（　　　　　　　　　　　　千円）

17−4 17−3の資料にもとづき，第５年度のフリー・キャッシュ・フローが継続するとみなして，第６年度以降のフリー・キャッシュ・フローの現在価値を計算しなさい。

（　　　　　　　　　　　　千円）

17−5 17−3，17−4の結果にもとづいて，企業価値を計算しなさい。

（　　　　　　　　　　　　千円）

◆確認テスト

17−6 次の資料にもとづき，(1)，(2)に答えなさい。

(1) それぞれの企業グループの連単倍率を計算しなさい。

(2) 両グループを比較したとき，親会社が相対的に大きく，子会社の規模がそれほど大きくないグループはどちらか答えなさい。

	連結財務諸表	個別財務諸表
Ａグループの総資産（千円）	425,000	250,000
Ｂグループの総資産（千円）	214,200	178,500

(1)	Ａグループ	
	Ｂグループ	

(2)	

17－7 次の資料はＡ社グループの連結財務諸表の一部である。これをもとに次の指標を計算しなさい。

(1) 営業キャッシュ・フロー対売上高比率

(2) 営業キャッシュ・フロー対流動負債比率

連結貸借対照表	連結損益計算書	連結キャッシュ・フロー計算書
負債の部 　流動負債合計　*510*	売　上　高　*2,400*	営業活動による キャッシュ・フロー　*326.4*

※連結財務諸表の数値の単位はすべて百万円

(1)	％	(2)	％

17－8 次の文章の_____にあてはまる語を記入しなさい。

投資家の関心事である株価には，市場での実際の株価である_____ア_____と本来あるべき株価である_____イ_____がある。_____イ_____は，_____ウ_____を_____エ_____で割った値である。ただし，_____ウ_____を計算するには手数がかかり，また客観性が保証されないという欠点がある。そこで投資家の多くは投資の判断材料として財務諸表の実際数値にもとづく_____オ_____を用いることが多い。

ア		イ		ウ	
エ		オ			

17－9 次の資料にもとづいて，①PER　②PBR　③PSR　④PCFRを計算しなさい。なお，値（倍率）は小数点以下第３位を四捨五入すること。

（単位：万円）

株式時価総額	*41,000*	純資産	*20,000*
売上高	*51,250*	営業キャッシュ・フロー	*8,200*
当期純利益	*2,500*		

①	倍	②	倍	③	倍	④	倍

17－10 次の資料にもとづいて，加重平均資本コストを計算しなさい。なお，実効税率は40％である。

有利子負債コスト　4％	有利子負債時価　8,000千円	％
株主資本コスト　　6％	株式時価総額　　24,000千円	

17－11 Ｄ社のフリー・キャッシュ・フローの予測可能期間は５年であり，各年度のフリー・キャッシュ・フローの金額は次のとおりである。そこでＤ社の企業価値を計算しなさい。なお，割引率は５％とし，千円未満は四捨五入すること。

第１年度	第２年度	第３年度	第４年度	第５年度
*320*千円	*360*千円	*330*千円	*380*千円	*350*千円

千円

◆練習問題⋯⋯⋯⋯⋯⋯⋯⋯⋯⋯⋯⋯⋯⋯⋯⋯⋯⋯⋯⋯⋯⋯⋯⋯⋯⋯⋯⋯⋯⋯⋯⋯⋯⋯⋯⋯⋯

18－1 会社法および金融商品取引法にもとづく監査のしくみを述べた次の文の＿＿＿＿に入る最も適当な語を答えなさい。

① 会社法によれば，監査役による監査には，＿＿ア＿＿と会計監査がある。

② 会社法でいう会計監査人とは，公認会計士または＿＿イ＿＿をさしている。

③ 会社法では，株式会社を非公開・非大会社，非公開・大会社，公開・＿＿ウ＿＿，公開・大会社の4つに区分している。

④ 非公開・非大会社以外の3つの種類の株式会社においては＿＿エ＿＿を必ず置かなければならず，また，大会社の場合には，公開，非公開にかかわらず，＿＿オ＿＿による監査を必ず受けなければならない。

⑤ 会計・監査の規制対象を上場会社としているのは＿＿カ＿＿法による。

⑥ ＿＿カ＿＿法の目的は，＿＿キ＿＿の意思決定に必要な情報を信頼できるかたちで適時に提供できるようにして＿＿キ＿＿を保護することにある。

⑦ ＿＿カ＿＿法の規制は，＿＿ク＿＿市場における規制と流通市場における規制に分けることができる。

⑧ 上記2つの市場において開示される財務諸表は，＿＿ケ＿＿または監査法人による＿＿コ＿＿を受けなければならない。

ア	イ	ウ	エ	オ

カ	キ	ク	ケ	コ

18－2 次の各文が示していることを答えなさい。

① 財務諸表が一般に公正妥当と認められる企業会計の基準に従って，その会社の財政状態や経営成績などの状況を，すべての重要な点において適正に表示しているかどうかの意見表明。

② 監査を実施した結果，財務諸表の適正性に問題がないと判断された場合に表明される監査意見。

③ 経営者が作成した財務諸表に対して，監査人が表明する意見。

④ サンプリングにもとづく試査に対して，母集団のすべての項目を抽出して監査手続きを実施すること。

⑤ 財務諸表を作成する責任は，経営者にあり，財務諸表に対する意見表明の責任は，監査人にあるというように，経営者と監査人の責任を明確に区別する原則。

①	②	③

④	⑤	

18－3　下記のＡ群の用語を示す記述をＢ群から選び，その番号を解答欄に記入しなさい。

Ａ　群
　ア　統制リスク　　イ　リスク・アプローチ　　ウ　発見リスク
　エ　固有リスク　　オ　監査リスク

Ｂ　群
① 会社の内部統制によって防止または発見されなかった財務諸表の重要な虚偽表示が，監査人による監査手続によっても発見されない可能性のこと。
② 財務諸表の重要な虚偽表示が，会社の内部統制によって防止または適時に発見・是正されない可能性のこと。
③ 内部統制が会社に存在していないと仮定した場合に，財務諸表に重要な虚偽表示がなされる可能性のことで，つまり，財務諸表にそもそも誤謬や不正が存在してしまう可能性のこと。
④ 重要な虚偽表示のリスクが高い部分に，重点的に監査人などの監査資源を配分することによって，監査の有効性と効率性を両立しようとする監査の手法。
⑤ 監査人が，財務諸表の重要な虚偽表示を見逃して，誤った監査意見を形成する可能性のことであり，固有リスク×統制リスク×発見リスクとして示される。

ア	イ	ウ	エ	オ

18－4　下記の監査の手法としての監査手続を何というか，答えなさい。
① 監査人自らが，有形資産の現物を実際に確かめる監査手続。
② 会計上のデータとそれを裏付ける証憑書類とを照合することによって，証憑書類に示された取引が，会計上に正しく反映されていることを確かめる監査手続。
③ 会社が行う棚卸資産の実地棚卸の状況を確かめる監査手続。

①	②	③

18－5　次の①〜⑪は，監査の基本的なプロセスを示している。（　　　　）に入る語を答えなさい。
① 会社からの監査の依頼
② 監査契約に係る予備的な活動
③ 会社との監査（　ア　）の締結
④ （　イ　）計画の作成１（監査の基本的な方針の策定）
⑤ 監査（　ウ　）の作成２（詳細な監査計画の作成）〈リスク評価手続の監査計画〉
⑥ （　エ　）評価手続の実施
⑦ 監査計画の作成３（詳細な監査計画の作成）〈リスク対応手続の監査計画〉
⑧ リスク（　オ　）手続の実施
⑨ 監査（　カ　）の形成
⑩ 会社への監査（　キ　）の提出
⑪ 監査（　ク　）の整理と保存

ア	イ	ウ	エ

オ	カ	キ	ク

◆確認テスト……………………………………………………………………………………

18−6 監査意見と監査報告書について述べた次の文の＿＿＿＿に入る最も適当な語を答えなさい。

① 財務諸表がすべての重要な点において適正に表示されているかについて，監査人が自ら入手した＿＿ア＿＿にもとづいて判断した結果を表明したものを監査意見という。

② 監査意見には，無限定適正意見と＿＿イ＿＿付意見がある。＿＿イ＿＿付意見には，限定付適正意見・不適正意見・意見不表明の3つがある。

③ 上記において＿＿イ＿＿とは，監査の結果または過程における問題点のことで，意見に関する除外事項と監査範囲の制約に係る除外事項があり，＿＿ウ＿＿と広範性の2つの観点から検討する必要がある。

④ 監査人が形成した監査意見を表明する手段のことを＿＿エ＿＿といい，会社法や金融商品取引法などの法律にもとづくものは，その様式や記載内容が基本的に統一されている。

⑤ ＿＿エ＿＿の記載内容は，監査の対象・財務諸表に対する経営者の責任・監査人の責任・＿＿オ＿＿の4つに大きく区分される。

ア	イ	ウ	エ	オ

18−7 下記のA群の内容を示す用語をB群から選び，その記号を解答欄に記入しなさい。

A 群

① 各監査事務所における品質管理が適切に実施されているかどうかについて調査を行っている組織。

② 企業会計審議会によって設定・公表されたもので，一定以上の監査の品質を維持することを要請する基準。

③ 日本公認会計士協会による品質管理レビューの状況をモニタリングする金融庁に設置されている機関。

B 群

ア　公認会計士・監査審査会　　イ　日本公認会計士協会　　ウ　監査に関する品質管理基準

①	②	③

18−8 職業会計人の社会的役割と倫理について述べた下記の文の[   ]に入る最も適当な語を語群から選び，番号で答えなさい。

① 公認会計士の使命は，独立した立場において，財務書類その他の財務に関する情報の[ア]を確保することにより，会社等の公正な事業活動，投資家および[イ]の保護等を図り，[ウ]の健全な発展に寄与することである。

② 公認会計士の倫理に関する基本原則として，誠実性の原則・[エ]の原則・職業的専門家としての能力および[オ]の原則・守秘義務の原則・[カ]としての行動の原則がある。

③ 税理士の使命は，税務に関する専門家として，独立した公正な立場において，[キ]制度の理念に沿って，納税義務者の信頼にこたえ，[ク]に関する法令に規定された納税義務の適正な実現を図ることである。

④ 税理士の業務には，所得税・法人税・相続税などの租税に関し，納税義務者に代わって申告等の行為，税務書類の作成，[ケ]などを行うことや，税理士の名称を用いて，税理士業務に付随して，財務書類の作成，[コ]の記帳代行，その他財務に関する事務を行うことなどがある。

⑤ 税理士の職業倫理に関する規定には，脱税相談等の禁止・信用失墜行為の禁止・[サ]義務などがある。

語　群
　1．申告納税　　2．誠実性　　3．国民経済　　4．信頼性　　5．租税
　6．秘密を守る　　7．会計帳簿　　8．税務相談　　9．投資家　　10．債権者
　11．正当な注意　　12．職業的専門家　　13．公正性

ア	イ	ウ	エ

オ	カ	キ	ク

ケ	コ	サ	

●学習振り返りシート

項　　　目	学習日	復習日 （1回目）	復習日 （2回目）	チェック
■第1編　総論―財務会計の基本概念と会計基準―				
第1章　財務会計の基本概念	月　日	月　日	月　日	☐
第2章　資産負債アプローチと収益費用アプローチ	月　日	月　日	月　日	☐
第3章　会計基準の国際的統合	月　日	月　日	月　日	☐
■第2編　各論〔1〕―財務会計の実際―				
第4章　資産会計	月　日	月　日	月　日	☐
第5章　負債会計	月　日	月　日	月　日	☐
第6章　純資産会計	月　日	月　日	月　日	☐
第7章　損益会計	月　日	月　日	月　日	☐
第8章　リース会計	月　日	月　日	月　日	☐
第9章　税効果会計	月　日	月　日	月　日	☐
■第3編　各論〔2〕―企業活動の展開と財務会計―				
第10章　外貨換算会計	月　日	月　日	月　日	☐
第11章　キャッシュ・フロー計算書	月　日	月　日	月　日	☐
■第4編　各論〔3〕―企業結合の会計―				
第12章　企業結合会計	月　日	月　日	月　日	☐
第13章　連結財務諸表の作成（その1）	月　日	月　日	月　日	☐
第14章　連結財務諸表の作成（その2）	月　日	月　日	月　日	☐
第15章　持分法	月　日	月　日	月　日	☐
第16章　連結税効果会計	月　日	月　日	月　日	☐
■第5編　財務諸表の活用				
第17章　財務諸表の活用	月　日	月　日	月　日	☐
■第6編　監査と職業会計人				
第18章　監査と職業会計人	月　日	月　日	月　日	☐

〔（商業　742）財務会計Ⅱ〕準拠

財務会計Ⅱ 準拠問題集

表紙デザイン
エッジ・デザインオフィス

● 編　者──実教出版編修部

● 発行者──小田　良次

● 印刷所──図書印刷株式会社

● 発行所───実教出版株式会社

〒102-8377
東京都千代田区五番町5
電話 〈営業〉(03)3238-7777
　　 〈編修〉(03)3238-7332
　　 〈総務〉(03)3238-7700
https://www.jikkyo.co.jp/

0024602024

ISBN 978-4-407-36269-5